U0102071

辛

国运 1911

亥

—— 龙成武◎著 ——

中国民主法制出版社

图书在版编目 (CIP) 数据

辛亥：国运 1911 / 龙成武著 . —北京：中国民主法制出版社，2011.7
ISBN 978-7-80219-909-5

I. ① 辛…　II. ① 龙…　III. ① 中国历史—历史事件—1911　IV. ①
K252.05

中国版本图书馆 CIP 数据核字（2011）第 150119 号

图书出品人／肖启明
出 版 统 筹／赵卜慧
责 任 编 辑／万方正

书名／辛亥：国运 1911
　　　 XINHAI: GUOYUN 1911
作者／龙成武　著

出版·发行／中国民主法制出版社
地址／北京市丰台区右安门外玉林里 7 号（100069）
电话／ 010-63292534　63057714（发行中心）　63055259（总编室）
传真／ 010-63292534
Http://www.rendabook.com.cn
E-mail: mzfz@263.net
经销／新华书店
开本／ 16 开　787 毫米 × 1092 毫米
印张／ 15.75
字数／ 195 千字
版本／ 2011 年 8 月第 1 版　　2012 年 6 月第 3 次印刷
印刷／北京华正印刷有限公司

书号／ ISBN 978-7-80219-909-5
定价／ 28.00 元
出版声明／版权所有，侵权必究。

目 录

监国摄政王

1911

醇王府

时光倒退到光绪三十四年十月（1908 年 11 月）的一个傍晚，北京什刹海边的醇王府，3 岁的溥仪被一群皇宫里来的人吓得大哭，随后他被这群人抱走。接下来两天之内，光绪皇帝和慈禧太后相继病逝，小溥仪在哭声中继承了皇位，他的父亲醇亲王载沣（光绪的亲弟弟）则作为了监国摄政王，代替儿皇帝执掌天下大权。

醇王府连续出了两个皇帝、一个摄政王，一时间，京城到处流传着醇王府"两代潜龙、一朝摄政"各种版本的神奇故事，这是多么荣耀的事情啊！

然而，事情恰恰相反。有些时候，被荣耀笼罩了的人，往往感觉不到荣耀。醇王府里面的人不仅感觉不到荣耀，反而在荣耀的面前抬不起头来。这是为什么呢？这一切都得从第一代醇亲王奕譞说起。

奕譞是道光皇帝的第七个儿子。他的四哥哥奕詝继承了皇位，即咸丰皇帝。奕譞 19 岁奉旨成婚，妻子是慈禧太后的亲妹妹叶赫那拉氏。21 岁那年，他亲手捕杀顾命大臣肃顺，与六哥哥恭亲王奕䜣一道帮助慈禧太后成功地发动了历史上著名的"辛酉政变"。

慈禧太后执掌大权以后，半年之内就颁给她的妹夫奕譞一大堆头衔，什么都统啊、御前大臣啊、领侍卫内大臣啊、管理神机营事务管事啊等等。在同治一朝，官职上能够跟奕谯相提并论的，只有他的六哥哥恭亲王奕䜣。奕䜣比他大 8 岁，长期主持军机处，内政外交都管，运筹帷幄，气度非凡，人称"鬼子六"（"鬼子六"是当时"传统派"送给作为"洋务派"领袖奕䜣的称号，有点鄙视的意思，但也可以作为奕䜣能力和魅力的表现）。奕谯当时年轻气盛，一心想跟六哥哥一比高下。

就在奕谯在政治上想要有所作为，准备跟六哥哥一比高下的时候，18 岁的同治皇帝突然驾崩。同治帝无嗣，奕谯的长子载湉继承了皇位，改号光绪。这样一来，作为皇帝的老子，一度热心政治的"太上皇"奕谯，不得不跪在"女强人"慈禧太后面前请求退休。慈禧太后很不客气地撤销了他的所有职位，直到光绪十一年（1885 年）才请他出来担任新成立的帝国海军大臣。由于内心对慈禧太后的恐惧，奕谯竟然挪用海军军费来为慈禧太后修建颐和园，对日后甲午战败这件事他是有相当责任的。

儿子做了皇帝，老子马上退休，奕谯过得十分窝囊。

随着光绪的长大，对慈禧太后越来越不满，两人关系不好，作为老子的奕谯更加不安。在当帝国海军大臣期间，慈禧太后赐给他一顶杏黄轿子，他一次都不敢坐。

在醇王府，他管自己住的正房叫"思谦堂"，管书房叫"退省斋"，连家里的器物都刻有"满招损，谦受益"这样的字眼。他思前想后，写出"财也大，产也大，后来子孙祸也大，若问此理是若何？子孙钱多胆也大，天样大事都不怕，不丧身家不肯罢"这样的话作为格言家训，在每个子女的房间里张挂。

奕谯死的时候只有 51 岁，死后慈禧太后派人砍掉他坟头的白果树。因为有人对慈禧太后说，那地方风水好，"皇"是"白""王"两个字的重叠。

"白果树事件"给醇王府留下忧郁的阴影，几十年后，溥仪的弟弟溥杰回忆起这件事，还耿耿于怀。

奕谯的妻子、慈禧太后的妹妹，这位老福晋（亲王的老婆叫福晋）跟她那位太后姐姐秉性完全不同。她夏天不进花园，因为怕踩死蚂蚁。她不知道该如何疼爱孩子，怕孩子们吃饱了撑着，不给孩子吃饱，搞得孩子们个个营养不良，甚至她的一个亲生儿子因为营养不良而死去。她成天烧香拜佛，祈求神灵不要把坏消息带给她。

奕䜣死的时候，我们的摄政王载沣当时只有8岁，他继承了父亲的爵位，成为第二代醇亲王。载沣不是这位老福晋的亲生子，但依照家规要受她的管教。载沣笑一笑都分外小心，如果笑出声来，她就会吆喝："笑什么？没个规矩！"她这么本能地吆喝，因为她自己就是一个规矩得跟木头一样的人！

王府里的孩子跟别的同龄孩子不一样，当别的孩子在玩耍嬉笑中过着健康自然的童年生活的时候，他们就要开始学习如何谈话得体，如何规矩做事，如何在觐见皇帝的时候下跪磕头。这种教育往往抹杀了孩子的天性，使得皇族的孩子一代不如一代！

侧福晋刘佳氏是载沣的生母，她是个有精神病的女人。造成她精神病的原因跟慈禧有关。她一生生有三个儿子，即载沣、载洵、载涛。慈禧太后先后把载洵和载涛过继给皇族的其他成员，又强行让载沣与荣禄的女儿瓜尔佳氏结婚，最后还带走了她最疼爱的孙子溥仪进宫当皇帝。她每次都哭得死去活来，精神病时好时犯，一直到她死去。

介绍到这里，我们知道，我们的摄政王载沣从小生活在这样的家庭：有一个他难得一见的，住在深宫里当皇帝的哥哥；有一个因儿子当了皇帝而战战兢兢的父亲；有一个整天烧香拜佛、规矩僵化的嫡母和一个犯精神病的生母。他们都生活在慈禧太后的阴影之下，喜怒哀乐受人操控。载沣从小养成了谦逊、沉默寡言的性格，做事规矩，对人和善。

载沣从小养成的性格和他所受的教育，使他在未来的各种社交场合中应付自如，显得很有修养。如果是在一个和平安稳的时代，他将成长为一个彬彬有礼、风度翩翩的绅士。但是时代变了，天下躁动不安，他的性格将成为他一生的桎梏。

18岁以前，我们未来的摄政王几乎没有机会离开醇王府的家，除了读书还是读书，日子过得相当平静。醇王府以外的世界发生了许多巨大变化，他也许知道，也许不知道，不知道的别人可能会告诉他。他对他知道的外面的一切漠不关心，因为他关心不到。他只关心着如何依照嫡母的要求有板有眼地做好本分的事，好好学习，天天向上。有时候，他似乎也关心是否有人带他进宫，去看望他的皇帝哥哥。

这种相对平静的生活陪伴着他度过了17个春秋之后，历史进入1900年。

这一年，北京城潮水般涌来一帮自称"义和团"的山东农民，高呼"刀枪不入"、"扶清灭洋"，自由地穿梭在大街小巷，见到高鼻碧眼的外国人就杀，德国公使克林德不幸成为了刀下之鬼。以暴躁和好战而著称的德皇威廉二世闻讯后暴跳如雷，他对即将远征中国的德国士兵说："我派遣你们远征中国，要让德国的旗帜跟其他国家的旗帜一道傲然飘扬在长城之上，中国人才会接受我们的和平。你们勇敢地去战斗吧，见到敌人就杀，要让中国人从今往后再也不敢对德国人侧目而视！"

当德国士兵穿越大半个地球来到中国的时候，战争已经结束了。八国联军统帅瓦德西（德国陆军元帅）亲自点名，要光绪皇帝的亲弟弟、醇亲王载沣到德国赔礼道歉。

毫无疑问，这是一次屈辱之行，但不得不行！

这是大清帝国历史上从未有过的事情！自开国两百六十多年以来，清朝的皇子很少出过北京，更不用说走出国门了！一句话，大清帝国没有先例啊！

世道沧桑，国运多变。尝受过颠沛流离之苦的慈禧太后对外国人十分害怕。外国人想要什么，她就会给什么，从来没想过反抗，当外国人做到什么程度她才会反抗呢？只有当外国人拿着刀架到她的脖子上，要她的脑袋，这时她可能会反抗，可能会表现得大义凛然。

载沣18岁之前过着那种"养在深宫人未识"的生活，从未出过远门，现在却突然命令他漂洋过海到万里之外的德国去，而且不是去游山玩水，而是去赔礼道歉，要卑躬屈膝，他能不能胜任？

人们不禁要为他捏一把汗。

初出茅庐

1901 年 7 月 12 日，载沣从北京动身，4 天后船过上海，停留在黄浦江上的各国兵舰升旗鸣炮向他致敬。整个城市万人空巷，中外人士争先恐后前去一睹御弟的容颜。南京路上张灯结彩，龙旗飞扬，各国租界出动了上千军警，早已做好布置。人们惊讶地注意到，这位长得跟白面书生一样的小皇弟并没有因第一次出远门而慌乱不安。他沉着稳重，说话得体，举止修养令人折服，上海的中外报纸立即流露出一片褒扬之声。

在上海停留 4 天，载沣对众多前来求见的各界人物，纵然不能亲自接见，也委托随员代为接客，并不拒之门外。当他乘船离开上海，站在船头向岸边的各国领事、文武百官以及成千上万欢呼的百姓挥手告别的时候，一种认为他具有谦逊、办事周到和平易近人的美德便从上海这个中国最大的口岸城市传播开来。

一路前行，路过香港，路过新加坡，路过槟城，海外各国和当地的华人华侨对他的迎送盛况跟上海有得一拼，对他的褒扬更是不相上下。

从一路上迎送的盛况来看，人们似乎忘记了这是一次屈辱之行。老百姓并没有因朝廷一再战败，战败后又割地赔款而唾弃它。载沣本人也没有在人们的欢呼声中迷失自我，他知道这次出行的根本目的，真正的考验在等待着他。他坚持写日记，写一路上的所见所闻、所思所想，表现出超越他年龄的镇定和坚毅。

距离德国国境越来越近，载沣在途中突然接到德国方面的一封电报，要求中国使臣觐见德皇威廉二世的时候行跪拜礼。跪拜是中国礼节，外国人没有这种习惯，德国方面突然提出这样的要求，明显有羞辱中国人的意思。载沣立即托病停止前进，在瑞士边境靠近德国的城市巴塞尔暂时住了下来。他据理力争，毫不妥协，事情僵持了10多天，最后是德国人妥协了，同意对中国人平等，载沣一行才从巴塞尔动身，进入德国国境。

载沣在巴塞尔的表现赢得了德国人对他的尊重，虽然那位以暴躁和好战而著称的德皇威廉二世在接见他的时候表现非常傲慢，但随后德国政府立即就派出威廉二世的弟弟亨利亲王负责接待这位远道而来的东方客人。

很快，载沣跟亨利亲王建立了良好的私人关系，他们一起检阅德国军队，听取德国将领有关德国军事工作的介绍。载沣还专门郑重地参拜了德国前皇帝威廉一世的陵墓，并敬献了花圈。德皇威廉二世授予他一枚红鹰大十字勋章。

德国之行回来，载沣本人一炮走红，中外闻名。

当时的中外报纸处处流露出对他的褒扬，特别是国内的报纸，更是一片欢呼声。报纸上评论说，载沣以皇亲贵胄的身份不避风浪，远渡重洋，不辱使命出使异国，小小年纪就表现出高人一等的外交能力，日后必然成为中国的希望。他的阅历，以及从阅历中积累起来的经验，跟那些整月整日待在王宫深府里不知道外面情况的其他亲王、贝勒们相比起来，真有天壤之别。有人甚至直接这样说，醇亲王载沣的确是当今中国真正的贤王，他是中国的未来。

有一首吹捧他的诗这样写道：

> 一朵红云下沪滨，英姿龙凤洵超伦。
> 五洲士女争相睹，俱道黄衣是圣人。
> 破浪绥夷万里行，顿教戎马化承平。
> 从今一代撑天柱，要仗吾王手自擎。

见过世面的载沣很快成为了一个时新人物。他对在外国被称为"奇技淫巧"的东西非常感兴趣，醇王府是清朝第一个备汽车、装电话的王府，辫子剪得最早、在王公中首先穿上西服的是载沣。更令人刮目相看的是，醇王府里有人生病，他不请中医却偏请来高鼻碧眼的洋大夫。一次他生病，他母亲亲自叫"大神婆"来为他治病，那"大神婆"敲起皮鼓和手铃，拉开架子准备施法"神力"的时候，载沣把脚一跺，声音不高不低地嘟哝："纯粹是胡扯，这套糊弄人的把戏我见得多了！"

另外，载沣对天文学相当感兴趣，他的儿子溥仪后来回忆说，如果他生在对的时代，说不定可以成为一名天文学家。

运筹帷幄的慈禧太后，尽管身在宫中，也把目光投向了这位初出茅庐的醇亲王载沣。她更注意到了中外人士对载沣的那片褒扬之声，很快便施展手腕，给载沣安排了一门亲事，女方是第一宠臣荣禄的女儿瓜尔佳氏。在婚礼的热闹与喧嚣声中，人们似乎看到了载沣这颗政治新星正在冉冉升起。

慈禧太后的这一指婚，在短短的几十年间，第二代醇亲王的前途似乎正在朝着他的父亲第一代醇亲王奕谭所走过的路走下去。鉴于父亲的教训，载沣在慈禧太后面前表现得更加服服帖帖。经验告诉他，他必须表现出比他的父亲更善于当慈禧太后忠实的下臣。

他知道，他的未来是这个老女人给的，但这个老女人同时也阻碍着他的未来。

历史的轮回果真出现了，他的长子溥仪就像当年他的哥哥载湉（奕谭的长子）那样，被慈禧太后的一道懿旨带到宫中，做了皇帝。然而，他比他的父亲幸运，第一代醇亲王因为儿子做了皇帝而一辈子都活在慈禧太后的阴影之下。而当他的儿子溥仪做了皇帝，那位威风八面的老女人已驾鹤西归，再没有人能够阻碍他的未来。他当上了大清帝国的监国摄政王，他要把属于儿子的天下君权牢牢地控制在自己的手中，他要奋发，他要向上，他要复兴那个奄奄一息的晚清王朝。看吧，属于他的机会到来了。他成为帝国的舵手，要将帝国带向何方？

在所有人的生命中，经历是一个人智慧和能力的源泉。25 岁当上监国摄政王的载沣，生平最大的经历就是他 18 岁那年的德国之行。他施政的源泉就来源于此。

年轻的摄政王载沣

前面提到，在德国期间，德国的皇弟亨利亲王和载沣建立了良好的私人关系，告诉他一些德国皇室的情况，以及德国军队称霸欧洲乃至世界的秘诀。德国的皇室制度，要求皇族子弟人人都要接受军事训练，没有一个不是从陆军学校毕业的。毕业了要去军队当兵，接受严格的军事训练，然后由低级军官一路升迁，最后直接掌管国家海陆军大权。统治国家，第一要紧的就是皇室必须掌握兵权，革新武备。18 岁的载沣当时听得连连点头，大为振奋。4 年之后，亨利亲王来中国访问，载沣亲自接待，再见面时两人已经是老朋友了。载沣又向亨利亲王请教创建皇室武装的问题。从此，在载沣的内心深处，不声不响地酝酿出一套成熟的治国方略：模仿德国，让皇室掌握兵权，革新武备，以实现国家的强大。当时慈禧太后总揽大权，光绪皇帝被囚禁，自己是光绪的弟弟，为避嫌疑，他不敢在慈禧太后面前把他的治国方略提出来。

当上监国摄政王之后，载沣就迫不及待地派自己的弟弟载涛组织禁卫军，创立皇家军队，他自己直接担任禁卫军总司令。接着，他罢免了时任军机大臣兼外务部尚书而权倾朝野的袁世凯，让他告老还乡，随即诏告天下，自己代替儿皇帝溥仪行大元帅之职，把全国军队的统帅权抓在手上。

获得了对全国军队的统帅权，载沣派他的另一个弟弟载洵当海军大臣（相当于海军总司令），载涛则升任陆军军谘府大臣（相当于陆军参谋总部参谋长）。

载洵

载涛

权力抓到手了，权威还没有抓上来。权威是一只看不见的手，它的作用远比权力大，因为权威能真正让人信服和服从。载沣对这一问题的认识或许没上升到理论高度，但他知道他需要权威。机会来了，那个自称"引刀成一快，不负少年头"的革命党才子汪精卫造出一个铁罐子炸药，埋在载沣经常路过的一座石板桥底下，打算炸死他。幸亏及早发现，载沣逃过了一劫。他利用这次机会，秘密授意一位老太监抓来一只黄鼠狼，偷偷藏在醇王府附近的一座山神庙后面。山神庙前烧香的人很多，载沣下朝归来，也去烧香，当他点完三炷香，跪下去磕头时，黄鼠狼突然从供桌后面窜了出来。人们无不惊奇，认为那只黄鼠狼就是神仙显灵，都说摄政王八字通天，连神仙都受不了他这么一拜。此事很快在京城中传开了，越传越神，载沣身上被附加的神秘力量，朝廷内外信以为真。

制造这样的"神话"远比制造出其他一切更重要，因为这"神话"本身是别人耳闻目见的事实，具有超越的力量。历代打天下的帝王，尽管有的人出身卑微，但以后的野史家们都喜欢攀龙附凤，编出一个又一个神话，人们都信以为真，以为这些人最终能够当上皇帝是理所当然的事，上天眷顾着他们。

我们不得不佩服，载沣这一招做得高明。神话给权力提供合理性。短短两三年的时间，载沣就把他的施政方略付诸实际，并一一实现了。从这一点来看，载沣算是一个颇有头脑的政治家。然而，政治家的本领不仅体现在结果上，更表现在过程中。载沣在施政过程中，他究竟表现得怎么样呢？

有心无力撼天下

当上监国摄政王的载沣，第一次最重要的国务活动就是主持儿子溥仪的登基大典。

登基典礼上，载沣单膝侧身跪在宝座下面，双手扶着儿子，文武百官三跪九叩，小皇帝耐不住性子，挣扎着哭喊起来："我不挨这儿！我要回家！我不挨这儿！我要回家！"载沣满头大汗，急不暇择，就把平日哄孩子的话连声说了出来："别哭！别哭！快完了！快完了！"

底下群臣听着他们父子俩的对话，心惊肉跳。

典礼结束以后，文武百官垂头丧气，窃窃私议起来，怎么可以说"快完了"呢？"说要回家可是什么意思啊？"一股不祥之兆在京城的上空蔓延。3年之后，清朝果然完了，似乎是这股不祥之兆的应验，那是后话。

载沣的这次表现显然是失分的。他让满朝文武看到的是一个把握不了分寸的摄政王，让人感觉他不是一个靠得住的人。

登基大典一过，载沣就急着要除掉他的眼中钉袁世凯。

袁世凯成为他的眼中钉有两个原因。原因之一为袁世凯是他蓄谋已久的施政方略的绊脚石。只要袁世凯还在朝廷，他这个摄政王就会大权旁落，仿效德国的理想将是枉然。原因之二为袁世凯是10年前出卖他的哥哥光绪皇帝的人。曾有传言说，光绪皇帝在临死之前，曾给弟弟载沣下遗

善耆

载泽

诏杀袁世凯。肃亲王善耆和镇国公载泽为他出谋划策，打算学当年康熙皇帝擒杀大臣鳌拜的办法，在宫里准备一把缺一条腿的椅子让袁世凯坐下，以造成"君前失礼"的事实定他死罪，然后由第二代恭亲王溥伟带着他家祖传的一把白虹刀，一刀结果袁世凯的性命。

然而此事重大，载沣顾虑重重，不能当机立断，就去找军机大臣庆亲王奕劻和那桐他们商量。庆亲王奕劻是袁世凯的死党，哪能同意载沣把袁世凯干掉呀？踌躇又踌躇，载沣又去找当时的朝廷元老、德高望重的老臣张之洞。张之洞直接告诉他说："国家新遭大丧，主上又年幼，当前稳定大局最为重要，此时诛杀大臣，先例一开，恐怕后患无穷。"张之洞的态度非常明确：袁世凯杀不得！袁世凯不能杀！

在张之洞这里碰壁之后，载沣被迫放弃了杀掉袁世凯的念头，只好找其他借口让袁世凯告老还乡。

本来是要杀掉袁世凯，结果却把袁世凯放走，载沣在这件事情上再次失分。他的优柔寡断使得各方面的人都不满意他，想保袁世凯的人不满意他，想杀袁世凯的人更是对他愤愤不平。"杀袁派"的镇国公载泽跟"保袁派"的庆亲王奕劻是死对头。奕劻在慈禧太后死前是领班军机大臣，载沣当摄政王的时候他也是领班军机大臣，朝廷改制后又任内阁总理大臣。担任支度部尚书（相当于财政部长）的载泽一有机会就在载沣面前揭奕劻的短。奕劻只要称病躲在家里不上朝，摄政王载沣立刻就慌了手脚。载泽就对着载沣大声嚷道："老大哥这是为你打算，再不听我老大哥的，老庆就把大清断送啦！"摄政王载沣听了，低下头去，半晌不出声，最后只说了一句："好，好，明儿跟老庆再说……"载泽自以为得计，满意地回家去了。可是到了第二天，载沣对老庆竟是啥也没说，或者说了没用，载泽算是白费工夫。

从上述两个至关重要的政治事件上，我们看到，载沣作为帝国的掌权者，缺乏掌权者应变的特质，做事优柔寡断，没有驾驭别人的手腕和威力。他的弟弟载洵想当海军大臣，他明明知道这个弟弟对海军完全是外行，就百般推脱，但载洵声色俱厉，软磨硬泡，非要当不可，结果还是让他当上了海军大臣。

载沣在外是监国摄政王，手握天下大权，可是，在他的醇王府之内，他却什么事情都不管。他的母亲跟他的妻子有时候争吵，他不知道该说什么，傻傻地站在旁边，像个局外人。妻子瓜尔佳氏做女儿时在娘家很受宠，从小就聪明漂亮，讨人喜欢。父亲荣禄又是慈禧太后身边的大红人，瓜尔佳氏便经常有机会进宫陪伴慈禧。慈禧非常喜欢这个丫头，曾当着荣禄的面夸奖她说："这丫头真的有一点儿我年轻时的模样，不光长得像我，说话处事更像，真让我喜欢得不得了。"不过，慈禧也感到纳闷："这丫头的胆子可够大的了，她一点也不知道怕我！"嫁到醇王府以后，她一连生下好几个孩子，尤其生了两个男孩，家庭地位随之上升，胆敢向府上地位最高的婆婆发出挑战。瓜尔佳氏有些看不惯她的丈夫，认为他过于软弱、谦恭，没有雄心大志，缺乏男子汉气概。她让她的子女和府上的奴才称她为"老爷子"，她自己充当男子汉。她总是不甘寂寞，总想在政治上露一手。

载沣担任监国摄政王，慈禧太后临死之前，曾下过一道懿旨，要他凡是遇有重大事情，必须找隆裕太后商量，然后才能作最后的决定。

隆裕太后是光绪皇帝的遗孀,是个不幸的女人。她的丈夫和婆婆都在世的时候,她惧怕婆婆,而丈夫又存心冷漠她,明目张胆地去爱别的女人。等到这两个人死了,她在满眼的泪光中加冕成为宣统皇帝的母后。一开始,隆裕太后对政治相当陌生,女人对享乐有着与生俱来的天分,她请了很多著名的演员进宫为她唱戏,在美丽动人的说唱声中消磨时光。但是,光绪去世的那年她才41岁。女人正值壮年,她也想效仿慈禧太后垂帘听政。然而,她实在是一个没有什么本事的人,凡事都轻信一个叫张兰德的太监。这位太监人称"小德张",因为受到太后的宠信,得以扬名京城,处处敛财受贿。于是,由小德张从外面带进宫来的消息有的是过滤的,有的是粉饰的,她常常得不到真实的东西。

在皇权社会,权力的高度集中至关重要。载沣是监国摄政王,代替他的儿子宣统皇帝行使帝国的最高权力。他处心积虑加强中央集权,不遗余力提高皇室地位。可是,当他把军政大权都抓回来之后,在皇室内部,他却驾驭不了那些钩心斗角的亲人们。亲人们个个都不把他这个监国摄政王当回事,各自拉帮结派,各起炉灶,纷纷分割本来应该集中在他身上的权力。宫中的隆裕太后依靠太监"小德张"在外活动,妻子瓜尔佳氏联络她的娘家人到处贿赂。他的两个弟弟载涛和载洵,分别掌管帝国陆军和海军,各自独立门户。肃亲王善耆掌握国家的民政大权,镇国公载泽控制国家的财政大权。庆亲王奕劻更是在这些人之外独树一帜。

就这样,本来应该集中于载沣一个人身上的权力,被他的亲人们分割得七零八碎。虽然,他的亲人们个个都在为皇室的江山不遗余力地奔波劳累。但他们越是劳累,权力越是分散,皇室越没有重心,这给当时的朝廷带来了前所未有的混乱。在朝廷之外,天下的混乱局面早已开始,各种风风雨雨都向着北京,对准紫禁城的方向吹打过来。

强人袁世凯

第二章

- 从教育孩子说起
- 峥嵘岁月
- 洹上钓客

从教育孩子说起

　　宣统三年（1911 年），小皇帝溥仪 6 岁了，照例要去毓庆宫读书。作为溥仪的父亲，摄政王载沣自然要常来查看儿子的功课。他每次来之前，溥仪的老师都特别紧张，赶忙把书桌收拾好，又把见面时溥仪该做什么都说好。等父亲来了，溥仪按照家礼给父亲请安，然后按照老师的指示读书给父亲听。

　　溥仪每隔一个月就能见到父亲一次，但每次都很紧张。可是，他的父亲比他还要紧张，一说话就点头，而且说话很少，声音很轻，除了几个"好，好，好"以外，别的话很难听清楚。

　　父亲每次来查看儿子的功课，待的时间不超过两分钟。溥仪后来回忆说，父亲紧张时说话有点结巴，说起话来脑后的花翎子总是跳动。这跟他生平最大的政敌袁世凯比起来，简直有天壤之别！袁世凯的二公子袁克文是后来有名的"民国四公子"之首，浪荡成性，姨太太一个接一个送上门来，袁克文的第一个妻子哭闹得很厉害。作为父亲，袁世凯却哈哈大笑，说："有作为的人才有三妻四妾，女人吃醋是不对的。"显然，袁世凯一点也没有责怪儿子的意思，反倒认为儿子娶三妻四妾是有作为的人应有的能力。三小姐袁静雪因为听说父亲要将她许配给溥仪（民国以后的事），也哭闹得相当厉害。袁世凯向来对儿女的事说一不二。父亲的权威是从不允许孩子们挑战的，别的孩子都被他吓破了胆，这个三小姐竟然胆敢反抗，袁世凯哈哈大笑起来，说："我们家的男孩子，没有一个像她那样有勇气的！"

这就是载沣最大的政敌袁世凯！一个连教育子女都与众不同的袁世凯！

袁世凯欣赏有作为和胆敢反抗权威的行为，因为他是强者！

袁世凯长得不高，五短身材。在他的家里，他有一妻九妾，17个儿子和15个女儿，一切都要以他为中心，服从他的命令。他给他的妻妾们定了严格的家规，任何人不得违反；他给他的孩子们也定了严格的家规，任何人只要违反就要受到惩罚。他的妻妾们怕他，他的孩子们更怕他。他说一是一，说二是二，孩子们谁要是不服，就拿皮鞭或木棍来抽打他，直到他顺从。

袁世凯无论是站着还是坐着，总是挺直腰杆。就是背靠着沙发，坐着跟人家说话，也是直着腰杆坐着的。他平时很少有笑容，说话的神情很严肃，语气斩钉截铁，从不絮絮叨叨。袁世凯有一个口头禅："嗯，你懂不懂？"跟别人说话说到一半，袁世凯突然冒出一句："嗯，你懂不懂？"眼神定定地看着对方，好像对方是个傻子，他自己在和一个傻子说话。这种对人轻慢的语气和眼神让人感觉极不舒服。他就是这样一个人，凡是和他接触过的人，尤其是他的部下，不了解他的会觉得反感；了解他的会感到恐惧。

这就是强者袁世凯！

那么，强者袁世凯是如何练就的呢？袁世凯是不是天生就是个强者？

这一切，都得从袁世凯的人生经历说起。

咸丰九年八月二十日（1859年9月16日），袁世凯出生在河南项城的一户官宦人家。这天正好他的叔祖袁甲三打了胜仗（跟捻军作战）的家书传来。双喜临门，大喜过望。他的父亲袁保中按照"保世克家，企文绍武"的家族排行，给刚出生的婴儿取名"袁世凯"。"凯"是"凯旋"

的意思，袁世凯一出世就跟战争有关。这似乎暗示了他以后的命运与战争相关。

袁世凯是袁保中9个孩子中的第四个儿子，叔父袁保庆的一妻一妾都没有生育，袁保中就把袁世凯过继给他当嗣子。袁世凯从小跟在外地做官的嗣父袁保庆一起生活，曾在济南、南京生活过。一般的小孩子，只要是离开了亲生父母，离开了熟悉的家乡，就容易看别人的脸色生活，有"寄人篱下"之感，性情很难阳光起来。但袁世凯的性格完全不是这样，他喜欢玩耍，最不喜欢读书。他有一种几乎是天生的本领，能够很自如地在嗣父、嗣母以及嗣父的姨太太之间快乐地生活。嗣母和嗣父的姨太太不和，袁世凯还能够在这两人之间设法调和。很自然地，嗣母和姨太太都特别喜欢他，在她们丈夫面前掩盖袁世凯不好读书、不务正业的种种行为。

从8岁到15岁，很多孩子都把时间献给了学校，把成长中最美好的光阴献给了没完没了的读书。但少年袁世凯是个公子哥儿，学校的天地太狭小，他十二三岁就喜欢骑马在南京城里到处游玩，小小年纪便能够很自如地驾驭一些不驯服的烈马，就像他能够很自如地穿梭于他的家庭一样。他是快乐的，甚至是放纵的，习武、打架、赌博，样样都来。

这段时光无疑是袁世凯一生当中最值得回味的美好时光。他敢作敢为，机巧、灵敏的性格就是在这段时光里铸造出来的。性格决定命运，如果我们相信这句话，就相信袁世凯后来的人生都源自这里。

15岁那年，嗣父袁保庆死在南京，袁世凯的美好时光随之烟消云散。他随嗣母回归了故乡项城。

项城是个小地方，长久地居住下去，容易让一个聪明的孩子变得孤陋寡闻。袁世凯的另一个叔父袁保恒很快看到了这一点。袁保恒仔细一看这位侄子的相貌，认真一听他的说话，立刻觉得这孩子非同寻常，将来前途无量，就有意要培植他。

袁保恒是道光三十年的进士，年轻时随父亲袁甲三从军，成为袁氏家族中功名仅次于袁甲三的二号人物。咸丰七年（1858年），也就是袁世凯出生的前一年，袁保恒因战功获得"伊勒图巴图鲁"的封号。（"巴图鲁"是满语"勇士"的意思，大清王朝喜欢将"巴图鲁"封给最勇敢的将士，这是巨大的荣誉，只有极少数人能够得到）袁保恒是李鸿章、左宗棠的高级幕僚，见到袁世凯那年他正在西北帮着左宗棠办理军务，于是就把这个侄子带到西北去。后来，袁保恒到北京任朝廷大员，请了好几个非常有名望的人教袁世凯读书，但袁世凯就是不喜欢读书，他倒喜欢帮他的叔父办事，而且办得很好，弄得他的叔父不知道怎么说他才好。

命运有时候喜欢重复。袁世凯在他的叔父袁保恒这里似乎过得顺风顺水，然而事情正如他 15 岁那年在南京过得最快乐的时候，袁保庆忽然去世一样，袁保恒突然病死，袁世凯只好又再次回到故乡项城。

第二次回到故乡的袁世凯已经不安分了，但是小地方的人想要出人头地还得靠考试。袁世凯先后考过两次"童子试"，都没有考中。盛怒之下，他把过去所作的诗文全部烧掉，打算去捐官。捐官不是正途，但袁世凯从来就不是一个按常理出牌的人。他带钱到了北京，见过世面的他以闪电般的速度融入京城的花花世界，很快把捐官的正事给忘了，一味地吃喝玩乐，最后把准备用来捐官的钱全赌光了。要不是正巧碰到做了京官的同乡徐世昌，他连灰溜溜地回家的路费都没有。这是一次巨大的教训，后来，袁世凯从来不准他的家人赌钱。

捐官不成，回家没脸去见亲人。要知道，这次捐官的钱，是他的生母刘氏和嗣母牛氏两个人的私房钱凑起来的。袁世凯决心去上海闯荡。上海是中国最繁华的城市，袁世凯投身其间，很快又找不着北了，他感到孤独，感到寂寞，尽管心里清楚自己再也不能像上次在京城那样荒唐地生活，但十里洋场的灯红酒绿又使他把持不住诱惑，他像是喝醉了酒，半醉半醒中，敲开一个又一个妓女的房门。

十里洋场的烟花女子真能干，她们不仅有本领俘虏男人的肉体，更有本领俘虏男人的灵魂。一来二去，袁世凯跟一个苏州籍名妓沈氏感情很好。沈氏鼓励袁世凯离开上海，大丈夫怎么能整天投入烟花巷女人的怀抱？另谋出路吧，沈氏资助了袁世凯一大笔钱，要他早日成行。临行前，沈氏为了给袁世凯壮行，特意准备了一桌酒席。酒足饭饱之后，两人指天誓日，挥泪而别。

离别了沈氏，袁世凯决心投笔从戎，去投奔山东海防督办吴长庆，由此开始了他一生的飞黄腾达！

袁世凯至少是个男子汉，有情有义，自始至终没有忘记那个与他指天誓日的上海烟花女子，等他在吴长庆的帐下站稳脚跟之后，他把沈氏接到身边，做他的大姨太太。沈氏一生没有生育，但并不影响袁世凯对她的一往情深，尽管袁世凯在她身后一连又娶了八位姨太太。沈氏在袁家的地位远远高于袁的其他夫人，她生育不了，他即向她许诺，要将别的夫人生的第一个男孩过继给她，以后袁家所有的儿女都叫她"亲妈"，以示对她的敬爱。

就像袁世凯本人说的那样，有作为的人才有三妻四妾。那袁世凯到底有什么样的作为呢？

峥嵘岁月

吴长庆是李鸿章麾下有名的骁将，和刘铭传、张树声、潘鼎新三人并称"淮军四名将"。当年袁保庆在南京病故，吴长庆亲自跑到南京在灵堂为他哭丧。袁世凯是袁保庆唯一的嗣子，吴长庆自然对他另眼相看。当时的社会，好铁不打钉，好男不当兵，从军绝不是正常人选择的出路，人人羡慕的出路是"金榜题名时，洞房花烛夜"。吴长庆虽然接受了袁保庆的嗣子投奔自己，但内心深处并不愿意他走上从军这条道路，就让当时还没考上状元的张謇先生教袁世凯读书，希望他回心转意，将来仍回到科举的

考场去。袁世凯知道吴长庆让他跟张
謇读书是为了他好，但他明摆着就讨
厌四书五经，他要让吴长庆看好他，
就必须表现出自己适合从军的办事能
力来。

　　张謇的儿子张孝若后来回忆说，
是他的父亲首先发现袁世凯具有很强
的办事能力这一特点。这个发现无从
考证，但也不失为一家之言。一般来
说，投靠亲人或在跟亲人相关的人那
儿做事，你不论是在做什么，做对了
会得到最大的回报，而做错了大体上

袁世凯

是不会受到惩罚的。袁世凯很懂得利用这一点，做事特别胆大，别人不敢
做的他敢做，别人不能做的他能做。有一年过年，军官们放假回家过年去
了，没回家的士兵酒足饭饱之后聚众赌博，几句话不和就吵，吵得不可开
交，最后竟发展到相互开枪的地步。正在这万分危急的时刻，袁世凯擅自
主张，假传吴长庆的命令，带上亲兵直奔出事现场，果断下令把为首肇事
的士兵就地正法，事情很快得到平息。

　　擅自主张，假传长官的命令，只有袁世凯才胆敢去做。事情得到圆
满解决，但这样的做法，无疑是不可行的。因为这样的做法一开先例，后
来的人便会模仿，长官的权威将被大大削弱。但吴长庆并不责怪袁世凯违
反军规假传命令，反而称赞袁世凯能随机应变，遇事果断。吴长庆的赞赏
让袁世凯深受鼓舞，并从中得到启发。一个人一生行事，往往能从他年轻
时期某一次不寻常的事件中找到答案，非同寻常的成功能让人尝到一种莫
名其妙的甜头。袁世凯何尝不是这样？这个事情之后，非常时期行非常之
事，成为袁世凯一生中最拿手的把戏。

　　1882 年，清政府火速派吴长庆率军赶赴属国朝鲜，扑灭朝鲜内乱。

吴长庆的军队进入朝鲜之后，纪律败坏，烧杀抢劫，无恶不作。袁世凯实在看不下去了，就去找吴长庆，要求严肃军纪，吴长庆说："我们现在孤军在外，万一处理不当，发生变故，怎么办？"袁世凯说："要是发生变故，我个人承担责任！"吴长庆便把严肃军纪的任务交给袁世凯去办，袁世凯亲自率领他的执法稽查队，日夜巡查，一连斩杀了几个人之后，部队的军纪果然给他纠正过来了。

吴长庆很惊喜地看到这位晚辈在这件事上所表现出来的魄力和能力，他完全被袁世凯征服了。于是，在朝鲜的军务以及清朝对朝鲜的外交事务，吴长庆统统交给袁世凯来负责办理，自己撒手一边，退居幕后，默默地欣赏着袁世凯的所作所为。

1884年，中法战争在中国南疆海岸突然爆发。渤海湾防卫空虚，清政府急令吴长庆亲率三营驻朝庆军回国，驻防辽东半岛大连湾一带。剩下的三营庆军仍驻汉城，朝廷任命提督吴兆有为代理统领。吴兆有虽然对三营驻朝庆军有统率权，但归他直接指挥的只有一营，剩下的两个营分别由张光前和袁世凯指挥。袁世凯除了指挥一营庆军外，还掌握着朝鲜国王的一个亲军营。日本公使趁中法战争正进行得如火如荼之际，支持朝鲜亲日派发动叛乱，囚禁朝鲜国王。朝鲜局面一下子失控了，正在这千钧一发之际，袁世凯自作主张，擅自率由他指挥的一营庆军士兵冲入王宫，经过一夜激战，将朝鲜亲日派和日本军队一网打尽，迅速平定了朝鲜的叛乱。

袁世凯的这次果断行动，消灭了朝鲜亲日派，并扫除了日本在朝势力。但是，他的自作主张，擅自命令部队出击的行动触犯了他的上级。此时，他的直接上级已不再是那个处处袒护他和包容他的吴长庆，而是吴兆有。一时间，各种侮辱、谩骂的言论鼓噪而起，从四面八方朝袁世凯袭来。张謇痛斥袁世凯行为不端，目中无人，桀骜不驯，并写出一篇长达三千字的文章《致袁慰庭司马绝交书》公之于众，对袁世凯大加数落，极尽讥讽。加上日本人最恨袁世凯，要求清政府追查袁世凯的责任。清政府害怕北边的朝鲜发生事端，想杀掉袁世凯以敷衍日本，就派钦差大臣吴大激前来朝鲜进行查办。袁世凯不慌不忙地对吴大激说："我袁某人带兵驻扎朝鲜，保卫朝鲜是我的责任，如果失掉了朝鲜，朝廷会不会责怪我？"

吴大激说："当然会责怪你！"

袁世凯说："既然如此，现在朝鲜和国王都在，我拼死尽到了我的责任，犯了擅自挑起争端的罪名，愿意服从朝廷的法律惩罚而问心无愧！"

吴大激一听，急忙说："不，你没有责任，你是国家的功臣。我们相见恨晚，我一定要以实际情况向朝廷汇报你的功绩！"

由于钦差大臣吴大激的暗中保护，袁世凯得以保全性命。但他在朝鲜的处境非常危险，他的嗣母牛氏得知他在朝鲜处境危险，吓得大病一场，急忙写信催袁世凯回家。袁世凯接到信，二话不说，便以母病为由请假回国，赶紧离开了这是非之地。

失去吴长庆祖护的袁世凯，他的性格和做事法则，注定了他必将受尽委屈。在所有的委屈面前，他采取不争辩、不解释的态度，默默地承受着该有的一切和不该有的一切。一个人，想要做大事，必须具有能承受别人不能承受的痛苦的能力，袁世凯无疑具有这样的能力。

袁世凯心灰意冷地回到国内，回到他的嗣母身边，嗣母看着他平安地回来，病也就好了。叔父袁保龄虽然认同他这个侄儿超人的办事能力，但总觉得他连个举人的资格也没有，将来仕途难料。他写信告诫袁世凯，要他在家重拾书本，好好读书，再来参加科举考试。叔父自然是为袁世凯好，但袁世凯厌恶考试，叔父的告诫自然听不进去。正好李鸿章的召唤及时到来，他也就应召前往朝鲜去了。

李鸿章是一个欣赏袁世凯的人，他曾当着袁世凯的面，大声地夸奖袁世凯，说他两次带兵救护朝鲜国王，屡立战功。李鸿章让袁世凯再去朝鲜，名义上给袁世凯的官职是中国驻朝鲜总理交涉通商大臣、二品驻外大员，实际上是朝鲜的"太上皇"。朝鲜国王想做任何事情，都得先跟袁世凯商量，袁世凯要是不同意，事情就没办法做下去。朝鲜皇后为了拉拢袁世凯，甚至不惜将自己的妹妹委身嫁作袁世凯的小妾。在袁世凯驻朝鲜前后 10 年的时间里，朝鲜王国几乎等同于大清帝国的一个省份，内政、外交等一切事务，一举一动都掌握在帝国官员袁世凯手里。而这个时候，袁世凯仅仅只有 26 岁。袁世凯秘密上书李鸿章，说："乘朝鲜内敝，日本尚不敢鲸吞朝鲜，列强亦尚未深入，我政府应立即彻底收拾朝鲜，建为一个行省。"袁世凯担心李鸿章不能采用他的这个计策，就建议李鸿章让朝鲜实行"门户开放，免得与日本或帝俄正面冲突，索性约同英美德法俄日意各国，共同保护朝鲜"。李鸿章觉得问题重大，便把这个问题提交给朝廷讨论，但最后的结果却不了了之。

1892 年，俄国打算从海参崴修铁路到朝鲜的元山港，日本也打算包修由釜山到汉城的电线，袁世凯认为在朝鲜修路和修电线是中国的主权，不许外国人干涉，俄国和日本没办法，最终打算落空。

从 1884 年袁世凯扫清日本在朝鲜的势力之后，日本人对袁世凯恨之入骨。他们把对袁世凯的恨转化为一股潜在的力量，暂时隐忍起来，等待他们的国家强大到可以跟中国决一雌雄的时候，就是他们向袁世凯复仇的时候了。

10 年的时间，10 年的准备，日本国上上下下都在为和中国决一雌雄而努力。到了 1894 年，他们认为跟中国决战的日子到了。朝鲜东学党起义给他们提供了机会，日本乘机派兵涌入朝鲜，明摆着要跟中国大起冲突。涌入汉城的日本兵直接将炮口对准中国驻朝鲜大使馆，一部分朝鲜人整天监视袁世凯的行踪，寻找各种机会暗杀他。他在朝鲜的处境极其危险，整天躲在大使馆里不敢出门，李鸿章只好把他调回国内。

李鸿章是当时走在时代最前列的中国人之一，但遗憾的是，他竟没有发现中日战争的不可避免性，因而一味地避战。奇怪的是，中日战争爆发后，首先打响的黄海海战是 19 世纪世界上最大规模的蒸汽机舰队的海战。西方人发明的最先进的坚船利炮，竟然离奇地让东方的两个大国在战场上硬碰硬地真正干起来。日本在海上的胜利，使得战火在短短的一两个月时间，从朝鲜半岛迅速向中国国境蔓延。

这场战争一夜之间改变了中日几千年的力量对比，强弱倒置，堂堂大清国居然给蕞尔国家小日本打败，谁能咽下这一口气？！

首先咽不下这一口气的是光绪皇帝。这位只有 20 多岁的年轻的皇帝想要振作起来，决心变法图强。但年轻人做事往往凭着一股子冲劲。他所轻信的康有为只是一个刚刚中了进士的六品官员，之前几乎没做过什么事，只会说一些危言耸听的话。为了实践他激进的改革主张，他甚至不惜颠倒是非，写出《孔子改制考》和《新学伪经考》这样篡改历史的著作来。

康有为组织的强学会，每三天举行一次例会，是激进派的舆论中心。强学会拒绝李鸿章的加入，但没有拒绝袁世凯，还接受了袁世凯的捐钱。李鸿章虽然直接承担了战争失败的责任，但他仍然是那个时代中国最能够接受新事物的人物之一。有人写奏章弹劾李鸿章，说李鸿章是康党。慈禧太后把奏章直接拿给李鸿章说："有人中伤你是康党。"李鸿章不慌不忙，承认自己是康党，说："六部的确可以废除，如果旧方法可能致富强，中国早就富强了，还用等到今天？主张变法者即指为康党，臣无可逃避，实在是康党。"慈禧听了以后，一句话也说不出来。

中日战争失败，改革已成为朝廷内外、全国上下的共识。但是怎么改？这是问题的焦点。慈禧太后并不反对变法，她不只是一个只知道玩弄权力和迂腐守旧的女人。她是这个国家真正的主人，有着 30 多年的执政经验，知道一个国家的前进，每走一步都要必须小心翼翼，急进是要不得的。在心灵深处，她可能害怕年轻而任性的光绪利用一帮同样是任性和冲动的年轻人，突然之间把大清帝国带向难以预测的明天。因此，她一边打压他们，一边让他们继续改革下去。

光绪贵为皇帝，实际上是慈禧的傀儡。他已经亲政 10 年了，仍然要向慈禧汇报政务，每隔一天一次。要是遇上重大事情，没有她的拍板就必定不行。光绪皇帝有自己的独立思想，有自己的治国理念，但是他在慈禧面前却没有自己的施展空间。母子之间的情感常常因为政见的不同而变得矛盾起来。经过痛苦地抉择之后，光绪鼓足勇气异常坚决地对他的母后说：“我现在决心变法，假如母后你不能给我实权的话，我宁愿不当这个有名无实的皇帝！”慈禧太后生气地说：“你爱怎么办就怎么办吧，我可以不管！你如果办不好，我就要管了！”

这次对话成为他们母子失和的关节点。光绪皇帝以年轻人的激情和冲动一连下了几十道上谕，宣布实行维新变法。变法是有风险的。越是冲动的改革，风险越大，阻力也就更大。光绪皇帝主持的变法一夜之间在全国各地铺展开来，反对变法的声音同时从全国各地纷纷传进慈禧太后的耳朵里。于是，母子之间的矛盾一夜之间被变法推向了水火不容的境地。光绪皇帝没有实权，他想要从慈禧太后那边夺取实权。于是，一个手上握有7000精兵的袁世凯不知不觉被推上了矛盾的风口浪尖。

袁世凯何以手握7000精兵？这一切都得从天津一个叫小站的地方说起。1895年中日战争失败后，背负战败之耻的袁世凯使尽手段，费了九牛二虎之力，才从朝廷那里拿到一道圣旨，策马奔赴天津小站，开始了后来历史上赫赫有名的“小站练兵”。

小站练兵，是当时朝廷最为倚重的三位大臣荣禄、翁同龢、李鸿藻联合一致推荐，并由庆亲王奕劻领衔奏报光绪皇帝和慈禧太后，要求准许袁世凯督练中国新式陆军。规格之高，牵动之大，注定了袁世凯必将成为当时中国一颗冉冉升起的新星。

小站练兵，袁世凯满怀抱负，他提出编练新军的目的是抵御外侮，训练模式完全按照西方军事制度和编练方法进行。袁世凯决心训练出一支全新的中国军队。相信以后公正的历史学家们无不认同这么一句话：袁世凯的“小站练兵”标志着中国的军事制度开始走出中世纪，向现代化靠拢。

但是，奇怪的是，作为编练中国第一支现代化陆军的袁世凯，一生都没有受过正规的军事教育，但这并不影响袁世凯指挥他麾下一批从国内外正规军事院校毕业的高材生。这批高材生中的杰出代表有：

段祺瑞，留学德国，柏林陆军军校炮兵科毕业，曾在世界最大的军火商德国克虏伯兵工厂实习半年。

冯国璋，天津北洋武备学堂1885年第一期步兵科学员。学习期间，还曾回他的家乡去参加科举考试，考中过秀才。冯国璋学习刻苦，专业知识掌握得特别精通，得到该学堂总办荫昌和德国教官的赏识，毕业后直接留校任教。

王士珍，天津北洋武备学堂1885年第一届炮兵科毕业，跟冯国璋是校友，毕业后直接担任山海关炮队教习。一直以来，坚持用西式教法教炮兵使用大炮，经验丰富。

段祺瑞、王士珍、冯国璋三人，后来被观操的德国人盛赞为袁世凯麾下的"北洋三杰"，威名远扬。袁世凯一开始对军事差不多是个外行，但他不声不响，部队出操，野地演练，他都跟着出勤，偷偷地听那些专业人士滔滔不绝地向士兵们讲演军事知识，那些专业人士讲演完了，他们说的专业知识统统都被袁世凯记到心里去了。袁世凯不仅直接从部下专业人士那里偷偷地学习，他还找来有关操典、战术一类的军事书籍，闭门研究，以弥补不足。渐渐地，袁世凯对军事由外行变成内行。这种转变使袁世凯充满自信，到处对别人讲："这比起作文章来，到底容易多了"。作文

段祺瑞

冯国璋

章，袁世凯三番五次去参加科举考试，读书读到吐血，还是照样落第，心中的郁闷可想而知。

扯一点题外话，发动人类历史上最大规模战争的德国元首希特勒，他本人也跟袁世凯一样，一开始并没有多少军事知识，但他麾下有一大群专业人才。他经常把这群专业人才召集起来开会，让这些人在会上各抒己见，相互争得面红耳赤，自己坐在一旁不声不响地留心听着别人的发言和争论。这样的会议听得多了，到后来希特勒召集他的将军们开会，整个会场都是他在滔滔不绝地讲话，别人很难插上一两句。当第二次世界大战渐渐对德国不利的时候，被誉为现代坦克战之父的古德里安将军在希特勒面前阐述自己的看法，希特勒竟对古德里安将军大声咆哮说："我这么多年来一直都在指挥着德国陆军，难道我的看法错了？"

不论是希特勒，还是袁世凯，他们在军事上的过人之处，只能用"天才"加以概括，否则难以解释清楚。有一次，张之洞问袁世凯练兵的秘诀，袁世凯说："练兵的事情，看起来似乎很复杂，其实也很简单，主要的是要练成'绝对服从命令'。我们一手拿着官和钱，一手拿着刀，服从就有官有钱，不从就吃刀。"

练兵要练成绝对服从命令，袁世凯的办法是一手拿官和钱，一手拿刀。从以后的历史发展来看，袁世凯的办法虽然不科学，但是很实用。以后，清政府用了10年时间，花大力气在全国各省编练现代化新军，除了袁世凯编练的北洋六镇陆军以外，其他各省的新式陆军都背叛了清政府，成为埋葬清朝政府的最直接推手，这是后话。无论哪一个国家训练军队，都得讲求士兵绝对服从长官，下级长官绝对服从上级长官，这是颠扑不破的真理。如果不能做到这一点，部队一乱，整个国家跟着也就乱了。清朝政府的最后覆灭，就是从它的士兵不服从长官，率先发难开始。

袁世凯有一个特点，他对麾下的各级军官和幕僚，甚至棚头弁目（相当于排长和班长），几乎都能认出他们的面目，叫出他们的姓名，并且还能大致了解他们每个人的秉性脾气以及他们的长处、缺点。袁世凯用起人来有点像三国时的曹操，不拘一格，唯才是举。谁要是有真正本事，不管你有什么样的家庭背景、出身背景，能够服从他的命令，他就用你，给你官做！他在军中开办随营学堂，让一些有知识的士兵能够通过自己的努力考进学堂，学习现代军事知识而得到提升。对那些不识字的士兵，袁世凯通过编写一些通俗易通的《劝兵歌》来唱给士兵们听：

谕尔兵，仔细听：

为子当尽孝，为臣当尽忠。

朝廷出利借国债，不惜重饷来养兵。

一年吃穿百十两，六品官俸一般同。

如再不为国出力，天地鬼神必不容。

自古将相多行伍，休把当兵自看轻。

一要用心学操练，学了本事好立功。

军装是尔护身物，时常擦洗要干净。

二要打仗真奋勇，命不该死自然生。

如果退缩干军令，一刀两断落劣名。

三要好心待百姓，粮饷全靠他们耕。

只要兵民成一家，百姓相助功自成。

四莫奸淫人妇女，哪个不是父母生？

尔家也有妻与女，受人羞辱怎能行？

五莫见财生歹念，强盗终究有报应。

纵得多少金银宝，拿住杀了一场空。

六要敬重朝廷官，越份违令罪不轻。

要紧不要说谎话，老实做事必然成。

七戒赌博吃大烟，官长查出当重刑。

安分守己把钱剩，养活家口多光荣。

尔若常记此等话，必然就把头目升，

如果全然不经意，轻打重杀不容情。

一篇劝尔要紧歌，务必字字记得清。

《劝兵歌》唱响之后，如果士兵们还是不听，袁世凯给他的士兵规定了十八条军律：

一、临阵进退不候号令及战后不归队伍者，斩。

二、临阵回顾退缩及交头接耳私语者，斩。

三、临阵探报不实，诈功冒赏者，斩。

四、遇差逃亡，临阵诈病者，斩。

五、守卡不严，敌得偷过及票报迟误，先自惊走者，斩。

六、临阵奉命怠慢，有误戎机者，斩。

七、长官阵殁，首领、属官援护不力，无一伤亡；及头目战死本棚兵丁无伤亡者，全部斩首示众。

八、临阵失火误事者，斩。

九、行队遗失军械及临阵未经受伤，抛弃军器者，斩。

十、泄露密令，有心增减传达的指示及窃听密议者，斩。

十一、骚扰居民，抢掠财物，奸淫妇女者，斩。

十二、结盟立会，造言惑众者，斩。

十三、黑夜惊呼，疾走乱伍者，斩。

十四、持械斗殴及聚众哄闹者，斩。

十五、有意违抗军令及凌辱本管官长者，斩。

十六、深夜逃出军营流浪者，斩。

十七、官弁有意纵兵扰民者，官兵并斩。

十八、在营内吸食鸦片烟者，斩。

这十八条军律，条条是斩。斩字当头来，人人都得担心自己的脑袋。

于是，一个别开生面的威武之师，从一开始就深受朝野的关注。天津是北京的门户，离北京只有短短的130公里。这么近的距离，使得袁世凯有条件第一时间打探到北京城内的风言风语。他并不像一般的武将那样，除了练兵和带兵打仗外，对政治一窍不通。相反，袁世凯还是一个玩政治的高手。他之所以能够被派来编练中国第一支新式陆军，也跟他懂得怎样钻营政治有关。政治和军事很多时候是相辅相成、相生相灭的。一个不懂得政治的人搞军事，一旦浮出水面，到最后肯定会淹没在政治的漩涡当中。

袁世凯是一个浮出水面的人，与其被动地卷入政治的漩涡，不如主动地参与其中。袁世凯一开始就参与了康有为的强学会，给康有为留下了相当好的个人印象。

1898年9月14日（光绪二十四年七月二十九日），袁世凯从奉召由天津乘火车抵达北京，住在北京法华寺。光绪皇帝两天之内连续两次紧急召见袁世凯，突然宣布把袁世凯从一个练兵统领破格提升为兵部侍郎。这一不明不白的提升，使得袁世凯心惊胆战，寝食难安。9月18日深夜，谭嗣同夜闯法华寺，几句话出口，就提出要袁世凯率兵诛杀荣禄和慈禧太后，发动政变。袁世凯当时一听，吓得魂飞魄散。但他毕竟是一个经历过大风大浪的人，知道怎么敷衍年轻的谭嗣同。谭嗣同听了袁世凯的敷衍之后，昂着头满意地走了。

这是袁世凯一生中面临的最尴尬的局面！当他从京城赶回天津，匆匆忙忙跑到直隶总督府向荣禄汇报这个惊天密谋的时候，慈禧太后先下手为强，把光绪皇帝软禁起来，把他身边的维新派人士全部抓了起来。

袁世凯暗自庆幸自己没有上了贼船，但他还是摆脱不了干系。慈禧太后要治袁世凯的罪，称袁为首鼠两端，见风使舵。最终，在荣禄的竭力担保之下，袁世凯才保住了官职。

洹上钓客

戊戌政变以后，慈禧太后性情大变，喜怒无常，思想越来越极端，彻底地失去了理性，竟然一口气向世界上最强大的 11 个国家宣战。这是晚清以来最为荒唐的行为，国家即将面临灭顶之灾！在这种情况下，两广总督李鸿章、湖广总督张之洞和两江总督刘坤一联合宣布"东南互保"，保住中国东南的半壁江山。袁世凯时任山东巡抚，他是北部中国唯一一个响应"东南互保"的封疆大吏，成功地使山东百姓免遭祸害。

八国联军侵华战争中清朝的惨败，使得 65 岁的慈禧太后重新回归了理性。她下诏罪己，布告天下，同时对李鸿章、张之洞、刘坤一等敢于抗旨"互保"的封疆大吏进行褒奖。袁世凯由于参与"共保东南疆土"而勋劳卓著，被赏加太子少保衔（"太子少保"是王朝社会极尽尊荣的称号，从此以后，袁世凯喜欢别人叫他"袁宫保"）。不久，李鸿章去世，袁世凯接任直隶总督兼北洋大臣，一跃而成为举世瞩目的全国八大总督之首！

这个时候，袁世凯 42 岁，正处于人生的壮年。有一个进士出身的人叫杨士骧，他原本是李鸿章的亲信幕僚，也是李的安徽老乡。他对袁世凯说："曾文正（曾国藩）创立湘军，最后能够将他的事业发扬光大的只有两个人，一个是左宗棠，一个是李鸿章。左宗棠喜欢说大话，不务实，所以他平定新疆之后，回来就不能再掌握兵权了。李鸿章能够掌握他的淮军，是因为国家连年发生事端，需要他出来维持。如今袁公你继承了李鸿章的衣钵，如果能够竭尽全力，扩练新军，掌握新军到底，那么袁公你将成为大清的支柱，将来建功立业，肯定不在曾文正、李鸿章之下。"这句话太说到袁世凯的心里了。但是，在没有事端的情况下扩军，很容易成为舆论的风口浪尖，袁世凯深知这个道理。所以到 1904 年日俄战争爆发前夕，三四年的时间，袁世凯的新军也只能悄悄地从一万多人扩充到两万多人。

1904 年，日俄战争在中国东北爆发，全国各地一片恐慌，害怕战祸漫出山海关。京城内外人心惶惶，流言满天飞，甚至传说慈禧太后和光绪皇帝已经做好打算第二次出逃西安的准备。为了安定人心，拱卫京城，袁世凯受命率领他的两万精兵驻守山海关。战争期间，袁世凯乘势把他的部队从两万人扩展到 6 万人，军队编制也从原来的一个镇扩充成六个镇，成功地把战火挡在了山海关外。

战争最后以日本人的胜利而结束。日本人的胜利极大地刺激了当时的中国人。人们普遍认为，日本战胜俄国，是"宪政"战胜"专制"，全国各地掀起了一股强烈的宪政呼声，使得朝廷循序渐进推行新政的步伐不得不加快了。袁世凯在日俄战争中暗地里帮助过日本人，他对日本由于施行了宪政而战胜强大的俄国感到由衷佩服。

袁世凯很快成为朝廷"宪政"的支持者，他甚至放言："官可以不做，但立宪不得不为！"在一次宫廷举行的宪政讨论会上，来参加讨论会的大多数是亲王和皇族大臣，汉族大臣寥寥无几，袁世凯仍然放言无忌，滔滔不绝。辩论进行得十分激烈，充满着火药味。会议由当时还没当上摄政王的光绪皇帝的弟弟载沣主持，生性懦弱的载沣被袁世凯气得掏出手枪，威胁说要一枪崩了他。

载沣未必真的就敢一枪崩了袁世凯，但这一例子说明了袁世凯对宪政有着不可动摇的支持和鼓吹。然而，在这一问题上，袁世凯所表现出来的咄咄逼人的气势，肯定会为他的将来埋下祸根。

日俄战争以后，袁世凯的部队一下子由一个镇变成 6 个镇共 6 万精兵，是当时中国最精锐的部队。而且，他的 6 万精兵大多驻扎在京城和京城附近。这在朝廷看来，一个汉族的封疆大臣掌握了这么多的军队，不能不对朝廷构成威胁。袁世凯有着多年的宦海经历，他敏锐地感觉到了这一点，在1906年举行的彰德秋操之后，主动将北洋6镇中的4个镇的兵权交给朝廷，只留下两个镇名义上归属直隶总督府辖制，实际上仍掌握在自己的手里。一年以后，朝廷解除了袁世凯的直隶总督这一职务，把他调到朝廷任军机大臣兼外务大臣。

1908年9月15日（光绪三十四年八月二十日），是袁世凯的50岁大寿。这时的袁世凯刚刚由直隶总督上调朝廷中央，任军机大臣兼外务部尚书。他是六位军机大臣中活动能量最大、办事能力最强、管理具体政务最繁重的一位，权势如日中天，处在红得发紫的时期，各方人士无不刻意巴结。锡拉胡同袁府内外，前来祝寿的人络绎不绝，盛况空前。

当时除了送礼之外，送祝寿的对联或寿屏是最风光、最体面的事。据当时的报纸报道，袁世凯共收到寿联五百余副，寿屏一百二十余堂，全部是用金箔和胶水涂饰的泥金笺。一时之间，北京、天津、保定三地的泥金笺、寿屏为之购买一空。庆亲王奕劻的对联是："有猷有为有守；多福多寿多男。"张之洞的对联是："朝有王章威九译；寿如召奭佐重光。"袁世凯一手提拔起来的直隶总督杨士骧，早在四五年前就留心为袁世凯的50大寿购买了多件礼物，每件价值都超过千两白银。袁世凯对所有寿联、寿屏、寿礼照收不误。

这次生日过后不久，慈禧太后和光绪帝相继死去，皇位由醇亲王载沣的儿子溥仪继承，载沣监国摄政。有一天庆王奕劻向袁世凯透露说，载沣将有不利于他的举动，劝他最好赶快躲避一下。袁世凯闻讯后连夜逃到天津，并准备逃往日本。虽然后来被杨士骧劝回北京，但一颗心总是七上八下，直到接了让他"回籍养疴"的命令，他内心的恐惧，才慢慢地缓和下来。

1909年1月6日，一辆火车从北京城出发，车上坐着一个几天前还是军机大臣兼外务部尚书的朝廷重臣。他就是袁世凯。来为他送行的人寥寥无几，一种落寞、惆怅的情绪随着轰隆轰隆的汽笛声的远去而渐行渐远。

随着袁世凯的离去，《泰晤士报》发表文章说："就是这样一个官吏，居然被满洲政府用侮辱性的方式放逐了。"京城内外的外国观察家们纷纷长吁短叹，当时，英国驻中国公使朱尔典认为，中国失去了唯一一个强有力的人。日本最著名的领袖人物伊藤博文更是评论道："随着袁世凯退休，北京政府中再也没有一个性格坚强，并有知识和才能的人。"

这个性格坚强，有知识和才能的人离开京城之后，并没有一路驱车赶回他的故乡河南项城。这是为什么呢？

原来，袁世凯在任直隶总督时，他的生母刘氏去世，从天津搬运灵柩回故乡安葬。袁世凯的生母只是他父亲的小老婆，不准埋入袁氏家族的祖坟正穴，只能附葬在祖坟正穴的旁边。袁世凯不干，就跟他的大哥袁世敦大吵。袁世敦是袁家的嫡子，对他这位当了大官回来的威风八面的同父异母的弟弟不屑一顾，坚决不答应。袁世凯没法，最后只得另外买了一块新坟地把母亲埋葬。这件事情深深地伤害了兄弟之间的感情，更伤害了袁世凯的自尊。从此以后，不管外面发生多么大的变故，袁世凯都不愿再回到他的项城老家去。反目成仇的兄弟到死都不相往来，尽管袁世凯一度贵为民国总统。

那么袁世凯将自己的养老地选在了什么地方呢？他打算先到河南辉县暂住一段时间，闭门思过，然后才迁往安阳洹上村隐居下来。

袁世凯被罢职后，摄政王载沣顺势罢免了袁世凯的一大批得力干将，但时任东三省总督的徐世昌是一例外，徐世昌是袁世凯最亲密的朋友，是北洋集团中仅次于袁世凯的第二号人物。摄政王载沣不但没有罢黜他的东三省总督，反而调他回京担任邮传部尚书，接着又不断给他加官，到朝廷责任内阁成立的时候，他官居内阁协理大臣，是任何汉族官员都没有达到的最高官职，超过了袁世凯，成为朝廷倚重的元老重臣。

摄政王载沣将北洋集团的第一号人物袁世凯罢免之后，接着就大踏步地提拔北洋集团的第二号人物徐世昌，将他推向汉族大臣难以到达的高度。这种"打一压一"的做法是一种很高明的政治手段，载沣的做法无非是利用徐世昌来稳定北洋，不至于使北洋集团因失去袁世凯而一蹶不振。徐世昌不像袁世凯那样气派浩大，咄咄逼人，而是为人平易，说话留有余地，耐人寻味；做事容可转圜，随机进退，与人保持不即不离，做事八面玲珑、左右逢源。载沣认为像徐世昌这样的人不会对朝廷构成威胁，因此能够安心地使用他。载沣唯一感到不安的是，徐世昌会不会继续跟下野的袁世凯频繁往来呢？袁世凯会不会暗地里跟他的北洋部下继续往来呢？

事实上，袁世凯定居洹上村，一开始是没有什么别的念头的。洹上村位居安阳城北门外，因面临洹水而得名。洹水自西向东，蜿蜒横贯安阳，然后注入渭水。水边有一座别墅，原是天津一大盐商何炳莹修建的，袁世凯把这座别墅买下来，又大兴土木，重新修建，周围修筑有高大的院墙，院墙上修筑有炮楼。地方当局还派两营马队驻在那里守卫。整个宅院占地二百余亩，袁世凯把它命名为"养寿园"。养寿园内建有多处精致的楼台亭榭，栽种了很多奇花异草，洹水被人工引入，穿园而过，中间还开凿了一个人工湖，湖中修有九曲桥，桥连湖中亭台。人工湖里种有许多荷花，养了许多鱼。湖中还修有一座水心亭，须坐船才能到达亭上。在宽敞的宅园内还开辟有菜园、瓜园、果木园、桑园等各处园子。整个宅院内假山风景、喷泉瀑布、湖水平碧、荷花怒放、小桥流水、花木葱翠、亭台楼阁、曲栏幽径，非常漂亮。各楼台亭榭上镶有各种匾额和楹联，楹联如："心似南湖常淡定，身倚北斗觉高寒"、"鸟声和悦钧天乐，棋子纵横百练兵"、"君思毂向渔樵说，身世无如屠钓宽"、"逃名渔父蒙恩泽，退步神仙在俊雄"、"虚室千弓皆悟境，明漪一曲是恩波"；匾额如："养寿堂"、"乐静楼"、"洗心亭"、"枕泉亭"、"碧峰洞"、"谦益堂"、"临洹亭"、"五柳草堂"等等，以此表示袁世凯对名利仕途的淡泊。

袁世凯还写了很多表达这种心情的诗，比如其中一首这样写道：

> 百年心事总悠悠，壮志当时苦未酬。
>
> 野老胸中负兵甲，钓翁眼底小王侯。

思量天下无磐石，叹息神州持缺瓯。

散发天涯从此去，烟蓑雨笠一渔舟。

洹上村暂时的宁静让袁世凯也宁静了下来。由于多年的习惯，袁世凯吃东西的速度比一般人快，一大碗的面条几口就能吞完。他的嘴唇留着两撮胡子，吃稀饭或喝汤的时候常常弄得胡子、衣服上全是汤汁，完了以后弯起胳膊一擦，就完事了，从来不用手绢。即使是流鼻涕，他也是习惯性地用袖子擦，以致衣袖上常常留有污垢。他的太太们决心借助洹上村的宁静替他改掉一些不良习惯，平时吃饭时多备几条手绢或毛巾，以便给他擦衣服。袁世凯本人也知道这一不良习惯被别人看到会产生恶感，想改但还是改不掉。他又不习惯洗澡，一年他只洗一次澡。每年过年，中国北方的家庭都有洗澡的习俗，他是为遵循这一习俗才洗澡的，平时都是靠太太们拿湿毛巾来给他擦身。他喜欢缠足的女人。他的太太中除了三个朝鲜人是天足外，其他的都是裹着小脚。他喜欢看着他的太太们踩着颤颤巍巍的脚步，轻盈地走到他的床前。那三个朝鲜太太都是国色天香的美女，但为了取悦他，只得穿上鞋底面很小的高头木屐，走路颤颤巍巍。后来袁世凯去世，这三个女人把穿了大半辈子的高头木屐扔掉，反倒不能正常走路了。

袁世凯在安阳洹上村住下以后，就将其兄袁世廉接来同住，袁世廉曾任徐州道台，因病解职回家。他是袁世凯的众兄弟中唯一在外做官的人。兄弟二人有时扶杖漫步，有时下棋解忧。当时袁世凯曾照了一张照片，他头戴斗笠，身披蓑衣，坐在船头；袁世廉持篙，站立船尾。照片取名叫《蓑笠垂钓图》。这张照片送到上海《东方》杂志上刊登，引起一时轰动。

袁世凯如此处心积虑，无非是想向怀疑他的人表示自己没有任何政治野心，只是单纯的一个隐士罢了。在一个充满不信任的动荡不安的世界里，个人自我保护最好的办法就是善于伪装自己。然而，在那样的时代里，袁世凯真的可以伪装成一个单纯的隐士吗？

宣统元年八月二十日，袁世凯在洹上村迎来了他的第 51 个生日。这个时候，他已经度过了刚被罢官时的惊恐和慌乱，心情已稳定下来了，他原本打算悄不张扬地让这个生日过去。然而，北洋的袍泽旧部、亲朋故旧仍然纷纷庆贺，写信或差人前来洹上村致祝、送礼的各方人士、大小官员络绎不绝。

上至朝廷中央大员、地方封疆大吏，下至河南本地的下级官吏，还有其北洋部属张勋、段祺瑞等人，甚至朝廷的驻外使节都纷纷前来祝贺。

一个被朝廷罢官的人，仍然如此风光无限，不得不让人惊叹！袁世凯当然没有陶醉在眼前的风光中。相反，对于眼前的无限风光，他为了避免引起各方注意，想方设法回避祝寿的客人。

到了生日这天，袁世凯称病躲在养寿堂里不出门，拒绝接见前来祝寿的客人，更拒绝接受客人们为他举行庆贺仪式。客人们聚集在养寿堂门前，等了半天还是见不到袁世凯的身影。性格粗鲁的军人张勋等得着急了，便硬着头皮硬闯进去，大家闹哄哄地随之一拥而进，袁世凯不得不赔怠慢之礼，接受大家的祝贺。

为人在世，不可能事事都随心所愿。就像过生日一样，袁世凯即使真心想要清静，但热闹的客人们已经由不得他了。在洹上村以外，时事的变化不断地通过各种渠道源源传来，即使袁世凯真心想在洹上村终老，动乱的世态能让他在那宁静的庄园里继续闲庭信步吗？

四月流火

南国的一场暗杀

1911 年 4 月 8 日，这是中国航空史上值得纪念的日子。这一天的广州天气非常好，碧空如洗，万里无云。这样的好天气似乎是老天爷专门为创造历史而生的。

这一天，创造历史的人物是被誉为"中国飞机之父"的冯如。

一年前，冯如带着他自己制造的飞机在国际飞行比赛中夺得第一名，从而震惊了当时的世界。飞机，这一人类最伟大的创造物，离莱特兄弟发明它的时间（1903 年）不过短短 7 年，就被中国人掌握并熟练地操作了，西方的报纸这样惊呼："中国人的航空技术超过了西方！"

这位在世界航空史上大获成功的中国人，拒绝了在国外的优越生活，毅然带着他自己制造的两架飞机回到当时连一个停机坪都没有的祖国。当冯如带着他的两架飞机回到广州，受到两广总督张鸣岐、广州将军孚琦等南国封疆大吏的热烈欢迎，他们亲临广州城外的燕塘操场（广州城东边一处军队平时操练的大场地），观看冯如的这一历史性的飞行表演。

中国官员第一次看着中国人自己制造并驾驶的飞机飞上蓝天，是历史上从来都没有过的。广州将军孚琦庆幸自己见证了这一历史性的时刻。黄昏时，表演结束，意犹未尽的孚琦不得不坐上八抬绿呢大轿离开燕塘，在卫兵的护卫下，从城外走回城内。夕阳的余晖照着轿帘的外面，里面的孚琦对即将来临的危险毫无预感。

当大轿来到省咨议局附近的麒麟阁商店门口时，突然，从茶馆里冲出一个身材矮小的中年刺客，以闪电般的速度奔向大轿。未等卫兵反应过来，那刺客一手扯开轿帘，一手举起手枪，对准孚琦"乒乒乒"连开三枪。孚琦当场一命呜呼。

出事现场一片混乱，街上的人们四处奔逃。刺客随即被逮捕归案，各级地方官员轮番对刺客进行审讯。

孚琦

第二天，两广总督张鸣岐亲自出马，大声地对刺客说："你叫什么名字？"

"我叫温生才。"刺客毫无惧色地回答。

"年龄多大？"

"42岁。"

"你是哪里人？"

"广东嘉应州人。"

"为何暗杀将军孚琦？"

"不是暗杀，是明杀！"

"为何明杀？他和你无冤无仇。"

温生才大声地说："我和将军孚琦并没有什么仇恨。满人专制，害我同胞。我要先杀满官，后杀汉官，为四万万国民报仇雪恨！"

张鸣岐一愣，问："一将军死，一将军来，有什么用呢？"

温生才

温生才说："杀一儆百，我愿已偿！"

"谁跟你是同谋？"

"我是革命党人，我就是我的同谋，没有其他人！"

面对这样一位神色自若的无畏刺客，张鸣岐无语了。温生才确实没有说假话，他说的都是实话。他不是同盟会会员，他是一个刚刚归国不久的华侨铁路工人，终日无所事事地游荡在广州街头。举目无亲，南国的四月没有让这位42岁的中年刺客感到春意盎然，相反地，游荡街头使他感受到世态炎凉。革命最容易在无依无靠的人那里引起共鸣。温生才认得几个字，可能不知从哪个角落捡得革命党人宣传革命的文书。宣传革命的文书一般都写得通俗易懂，大字不识几个的人也能看懂。温生才看懂了，他恍然大悟，原来自己的不幸是满人专制造成的。满人在260年前入主中原，惨杀我汉人同胞，把我汉人同胞的江山夺了。从此，我汉人同胞便在满人的统治下，过着牛马不如的生活。温生才向往革命，但苦于找不到革命的门路。因为当时的广州，对革命党人的活动审查很严，活动都是地下的，一般难以在大街上分辨出谁是革命党人。

那时候，革命党人流行暗杀，温生才可能看过吴樾写的《暗杀时代》这本书，也可能从报上看到汪精卫刺杀摄政王的消息。温生才越看越兴奋，决心把自己豁出去，去跟满人拼了，暗杀他几个大员，死了也值！因此，温生才盯上了南国满人中最有权势地位的广州将军孚琦，把身上仅有的几个钱都用来买枪，干掉他！

在温生才看来，暗杀是革命党人的行为，更是革命党人的专利，自己若能暗杀满人成功，自己就是革命党人了。这个牵强附会的自我界定，使得温生才可以在法庭上自豪地宣称自己就是革命党人。温生才哪里知道，就在他行刺广州将军孚琦的当天，真正的革命党人正在香港召集人马开会，打算4月13日在广州城内发动起义。

4月8日的香港同样阳光明媚，革命党领袖黄兴、赵声两人，根本不知道有一个归国华侨铁路工人正在行刺广州将军孚琦。香港是英国的殖民地，是清政府的行政权力触及不到的地方，革命党人可以在这里自由公开进行反清革命活动，而不用担心清廷的追捕。广州城离香港不远，坐船半天就能来回。因此，革命党人把全权负责准备工作的起义统筹部设在香港一所白房子里。统筹部部长由革命党领袖黄兴担任，赵声任副部长。然而，奇怪的是，打算4月13日举行的起义却以赵声为总指挥，黄兴为副总指挥。这两个领袖领导地位的颠倒，使一般不了解革命内情的革命党人感到困惑。黄兴在革命党内部资历深，具有很高的威望，起义统筹部非他领导莫属；而赵声曾经担任过清军新军标统，算是高级指挥官（新军建制最高级指挥官级别是镇统，其次是协统，再次是标统。相当于今天的师长、旅长、团长），他来投奔革命，本身对清政府就是一种背叛，而他的背叛，对于吸引士兵起来革命有一定的影响，再加上赵声具有令人信服的军事才能，起义的总指挥因此由他来担任。

黄兴是一个有自知之明的人，他曾经写信给在海外为起义筹款的孙中山说："赵伯先（赵声）兄于军事甚踊跃担任，此次款项若成，可委广东发难之军事于伊，命弟为之参谋，以补其短。"作为名义上仅次于孙中山的同盟会第二号领袖，黄兴是一个埋头苦干的人，他的格言是"功不必自我成，名不必自我立，其次亦功成不居"，他一生只为革命最终的胜利做思考，从不考虑自己的名利地位。可以说孙中山能一直坐着同盟会第一把交椅，也都是黄兴谦让和维护的结果。因此，他在革命党人中享有很高威望，其地位孙中山也不能替代。

4月13日的起义计划是：

以赵声为起义军总指挥、黄兴为起义军副总指挥，率十路"选锋"（敢死队）共800人在广州城内同时发动攻击。

这十路"选锋"的具体分配任务是：

第一路由总指挥赵声亲自率领江苏、安徽籍的"选锋"100人，进攻水师衙门，杀广东水师提督李准。

第二路由副总指挥黄兴率领南洋归国华侨和福建籍的"选锋"100人，进攻总督府，杀两广总督张鸣岐。

第三路由徐维扬、莫纪彬率领广东北江的"选锋"100人，进攻警察督练公所。

第四路由陈炯明、胡毅生率领广州东江的"选锋"100人，担任前三路的掩护任务，并占领归德、大北两座城楼。

第五路由黄侠毅、梁起率领广东东莞的"选锋"100人，进攻警察局、广中协署，兼守大南门。

第六路由姚雨平率领"选锋"100人，占据飞来庙军械局，进攻小北门。

其他的第七路、第八路、第九路和第十路则没有具体的领导人选、"选锋"人数和攻击目标，一切安排得视起义当天的实际情况临时决定。

这十路"选锋"当中，除了赵声、黄兴领导的第一路、第二路是从全国各地赶来的革命党以外，其他各路"选锋"差不多都由广东各地临时招来的农民组成。这些农民都是匆匆忙忙涌向广州，有些人连枪长什么样子都不知道，更不用说要他们使用从日本运来的进口枪。就是从外省赶来的革命党精英，大部分也是知识分子和学生，有的还戴着眼镜，他们参加革命党凭的是一腔热血，有枪在手而不会使用。最典型的例子是谭人凤，黄兴交给他一支手枪，他竟然不知道如何扣动扳机，就使劲乱动，只听"啪"的一声，枪响了，差一点闹出人命，黄兴只好把枪又收了回去。

很明显，黄兴知道，如果光靠这八百位"选锋"起来革命，起义成功后没有政府军的及时倒戈，革命也将很快被政府扑灭。这八百位"选锋"起的作用，更多的是带头的作用。"擒贼先擒王"，水师提督李准手中掌握上万清军的指挥权，但他在广州城内的水师衙门人数不多，总督张鸣岐的总督府卫队最多不会超过两百人。如果赵声、黄兴能够一举把李准、张鸣岐收拾掉，起义的成功率就会大大提高。广东新军有一个营驻在廉州，是赵声的旧部，只要听到广州起事，就会起来响应。驻在三江一带的新军，军官大半是革命党人，只要听到赵声起来革命，他们也将起义，革命将成燎原之势。赵声在政府军队里的声望，是革命能否最后成功的关键。当然，最关键的，自然还在于这八百个"选锋"能否成功地带头完成任务。

　　大家信心满满，摩拳擦掌。当温生才暗杀广州将军孚琦的消息传来，革命党人欢呼雀跃，丝毫没有意识到问题的严重性。孚琦说是将军，实际上手下士兵基本上是没什么战斗力的八旗兵。八旗兵已经不是当年那个打遍天下无敌手，横扫中国、威名赫赫的八旗铁骑，他们整日养尊处优，无所事事，根本没有战斗力。刺杀广州将军孚琦，对于革命党人来说，没有实际价值。要是温生才能除掉李准，那才好呢。革命党人无不感到遗憾。

　　温生才刺杀广州将军带来的结果是，两广总督张鸣岐、广东水师李准一面广派密探，一面在广州城内疯狂地搜捕革命党人，一面又急调胡令宣、吴宗禹率所部各营赶回广州。一时间，广州城内戒备森严，到处是兵。这样一来，为防止革命党在广州城内的机关受到破坏，不得不减少活动。更严重的是，从香港偷运进入广州城的枪支弹药不能如期到达，起义便不能在4月13日按期举行，不得不向后推迟到4月26日。

　　身为起义军总指挥的赵声，因广州的熟人很多，不便抛头露面，一直滞留在香港。这样一来，起义的实际指挥权转移到了副总指挥黄兴身上。黄兴于4月23日夜间悄悄潜入广州城内，住在越华街小东营五号主持一切。

　　当时，各路"选锋"齐集广州，人多事杂，起义的秘密已经半公开了。打入革命党内部的密探陈镜波，早已将革命党人的一切活动汇报给广东水师提督李准。陈镜波一个月前刚混进同盟会，很快就取得了胡汉民的弟弟胡毅生的信任，胡毅生当时任起义军储备课课长，负责运送武器弹药。陈镜波在香港开设头发公司，胡毅生开始让他帮忙运送子弹，每次都能完成任务。革命党人定好的起义日期和战斗布置，都被陈镜波不声不响地报告给了水师提督李准。李准不动声色地布置着他的天罗地网，耐心地等待着革命党人如飞蛾扑火般扑打过来。

　　还是由于枪械问题！由于枪支弹药不能及时送到，焦头烂额的黄兴不得不把起义的日期又向后推迟一天，推到4月27日。

　　4月25日，黄兴得到一个重大消息，两广总督张鸣岐在总督府召开紧急会议，准备宣布广州戒严，在城内挨家挨户搜查革命党人；同时下令收缴新军的武器，将新军士兵的子弹收回，防止新军士兵起义；一面将紧急调回广州城内的胡令宣、吴宗禹所部巡防军布置各个要害地点。得到这个消息的时候，黄兴吃惊地发现，他领导的这次起义已经提前泄密，起义的一举一动都被政府掌握了。这个时候，起义面临的问题已不仅仅是往后推迟的问题，甚至是要不要举行的问题！

黄兴在抉择面前，深深地陷进了矛盾的苦海之中。

这次起义早在一年前就开始着手准备。

一年前，同是在广州，由倪映典发动的新军起义失败，使得同盟会内部产生了严重的气馁情绪，举目四望，前途茫茫，巨大的失望情绪在空气中蔓延，本来就松散的同盟会更加松散了。对前途失去信心的革命党人各自走散，走向四面八方，他们三个一群，五个一伙，独立组织暗杀团，暗杀清政府大员，在全国范围内扰乱社会治安，造成黑色恐怖。暗杀行动虽然能造成社会恐慌，引起社会轰动，但对于整个革命来说，却于事无补。而且，具体实施这些暗杀活动的人个个都是革命党精英，每一次暗杀都等于一次自杀。暗杀不一定能将暗杀对象杀死，自己则必死无疑。这样的自杀性暗杀，从某种意义上说，都是在消磨掉革命党人的精华。1910年年底，同盟会领袖孙中山、黄兴、赵声、胡汉民、邓泽如等人集聚南洋，在马来西亚槟榔屿开会，决定集中同盟会所有的财力和人力，全力以赴，破釜沉舟，在广州再发动一次大规模的起义，以重振革命党人的声势和信心。占领广州之后，由黄兴率领一军入湖南，占领武昌，赵声率一军出江西，占南京，然后两路大军联合北伐，进军中原，直捣北京。

这次起义由孙中山本人负责在海外筹钱，黄兴、赵声负责起义的军事工作。黄兴、赵声认真汲取历次同盟会起义的教训，在香港成立起义统筹部，黄兴、赵声任正副部长，下面设调度处、储备课、交通课、秘书课、编辑课、出纳课、总务课、调查课等八个部门，八个部门分别设八个课长（或处长）具体负责，力求做到万无一失。在香港的统筹部成立之后，黄兴、赵声命令各课分别派人秘密潜入广州，陆续在广州设立了30多个秘密据点，用来办事和储藏枪支弹药。

起义用的枪支弹药几乎都要从国外买来。武器主要从日本买。在日本买武器很容易，只要有钱就可以买得到，但关键是如何把买来的武器从日本运到国内。为了把武器运回国内，运到广州，革命党人想尽了一切办法。首先把武器从日本运到香港，黄兴不惜叫他的长子黄一欧冒充成日本人。那时黄一欧只有17岁，穿着和服，讲一口日语，亲自将第一批几十支手枪和一万多发子弹装在四口皮箱子内，搭一艘外国邮船运到香港，交给香港的统筹部。其次，把武器从香港运往广州，困难更大。胡毅生认识一个叫陈镜波的人，他在香港和广州都开设有头发公司，革命党人就在头发里面藏运军火，蒙混过关。在广州城内办喜事，官方一般不会审查办喜事人家的东西。革命党人就抓住官方的这一疏忽，把女革命党假扮成新娘，装成办喜事的样子，噼里啪啦放鞭炮，利用花轿来抬军火，一路招摇过市。但是，不论是夹在头发中运军火，还是用花轿抬军火，只要稍有疏忽，都非常危险。

购买军火的费用太多，偷运军火的危险太大，还不如自己制造炸弹来得便宜，来得安全。而且，这些军火都是枪支弹药，也不如自制炸弹的杀伤力大。被誉为"炸弹大王"四川小伙喻培伦被黄兴从东京招来香港。

喻培伦是四川内江人，他的父亲是内江有名的制糖商，家庭非常富有。喻培伦初到日本的时候，是个风流倜傥的翩翩少年，他当时在千叶医学校读书，整日注意的还是些弹琴、照相之类的玩意儿，对革命没有多大兴趣。他的弟弟喻培棣到云南参加河口起义，失败后染上寒热病，在新加坡治疗急需用钱，连忙写信来东京求助，不出几天工夫，同盟会就筹足300元寄到新加坡去。喻培伦看到这种情形，感动得泪流满面，觉得革命党人真够哥们儿，便铁心要加入同盟会。喻培伦加入同盟会之后，很快改掉他以前公子哥儿的派头，回到质朴的生活中来，前后判若两人。他非常聪明，无论什么东西，一学就会。他学过一些化学知识，就租了日本人家一间屋子，专门用来制造炸弹。有一天，炸弹爆炸，他被炸伤手脸，警察及时赶来调查，他谎称自己在做化学实验。警察走后，喻培伦捂着自己血淋淋的左手，已经被炸掉了三根手指头。被炸掉三根手指头的喻培伦把自己豁出去了，横下一条心，发誓要是不研制出威力强大的炸弹绝不罢休。终于，他研制出一种威力强大的炸弹，外形像朝鲜特产的麻糖，便于随身携带，来往不易被人发现。从此，喻培伦被誉为"炸弹大王"。

革命一次接着一次失败，使得革命党的空气变得十分凝重，悲观、失望的情绪渐渐弥漫开来。在前途渺茫的情况下，革命党人就带着喻培伦发明的炸弹回国暗杀清政府大员。喻培伦自己也坐不住了，决心跟汪精卫一起，去刺杀清政府的最高当权者摄政王载沣，结果炸弹夜里运到摄政王载沣上朝路经的桥下，还没埋好就被人发现了，汪精卫被捕。一直暗恋着汪精卫的陈璧君小姐听到汪精卫被捕的消息，简直跟发了疯一般，又哭又闹，对着喻培伦破口大骂，骂他出卖朋友！怕死鬼！喻培伦见陈璧君失去理智，不愿在她悲痛中和她争吵，憋着一肚子委屈，悄悄地跟别人讲："她同我一起回来，骂我怕死……唉，谁怕死，将来的事实会证明的。"从这个时候起，喻培伦就下定了必死的决心。

据说，汪精卫埋在桥下准备用来炸死摄政王的炸弹，后来被朝廷的办案人员引爆，爆炸后将地面炸成一间屋子大的深坑。

喻培伦到香港后，选择荒无人烟的九龙海滩作为制造炸弹的试验场，很快就将炸弹难以引爆的缺点解决了，他把安全火柴放在炸弹的导火绳上，即安全又易爆。喻培伦高兴极了，便夜以继日地把他新研制的炸弹

喻培伦

一颗接着一颗制造出来，以便在起义的时候能大显身手。在起义前夕，他来到了广州城内，已经做好了战斗的准备。

在两广总督张鸣岐、提督李准完全掌握起义动向的情况下，再发动革命起义无疑是自投罗网。黄兴经过艰难的抉择，下决心作出两项重要决定：把运到广州的军火尽快隐藏，留待他日之用；要赵声和其他进入广州的人员，火速撤回香港。这两项决定发出之后，这位秉性刚烈的湖南汉子突然泪流满面，觉得自己无颜面对革命党人对他的厚望，决意要单枪匹马去刺杀李准，打算与李准同归于尽，以答谢党人。

张鸣岐

正在这关键的时刻，喻培伦咆哮着冲了进来，大声地喊道："花了海外华侨这么多的钱，南洋、日本、内地的同志不远千里而来，于今中途缓期，万一不能再举，岂不成了个大骗局，堵塞了今后革命的道路？巡警就要搜查户口，人和枪械怎么办？难道束手就擒？革命总是要冒险的，何况还有成功的希望？即使失败，也可以我们的牺牲做宣传，振奋人心。现在形势紧急，有进无退，万无缓期之理！"黄兴大为感动，立即召集大家开会，对是否在 27 日按期举行起义向大家咨询意见。这个时候，喻培伦的声音掩盖了一切，他继续咆哮说："革命只知有前进，不知有

李准

撤退的。你们不干，我一个人也要干！你们是四肢俱全，难道还比不上我一个残废人吗?！事到其间，别无可言，唯有大家准备来一次集团式大流血吧！"没有人表示反对。于是，黄兴当场作出决定，起义仍按原计划定在 27 日下午五点发难。但刚由香港赶来广州的革命党"选锋"，已被他前面的电报阻回香港去了。原来计划十路进攻，临时改为四路。黄兴再次发电报通知香港的赵声，告诉他起义时间仍然不变，但香港的"选锋"，已经来不及赶到广州了。

黄兴的机关设在小东营五号大公馆，与两广总督府近在咫尺，水师衙门就在总督府的后面。总督府此时已严密戒备，他选这样一个位置，几乎是深入虎穴。4 月 27 日上午，小东营五号大公馆伪装成好像要办大喜事的样子，下午三点，分散驻在城内各处的革命党"选锋"，都打扮成贺喜的客人，陆续前来集合。谭人凤当时已经是 51 岁的老先生，缠着黄兴，要黄兴给他枪让他参加，黄兴见他连拿枪都会走火，赶紧把枪夺走，不让他参加。朱执信是革命党的笔杆子，穿着长衫来的，别人不想让他去战斗，就说："你穿着长衫怎么参加战斗呢？"朱执信二话不说，操起剪刀剪掉了长衫下摆。

凡是认识"炸弹大王"喻培伦的人，都反对他参加战斗，认为他应该留下来，把制造炸弹的本领教给别人，这对革命大有好处。但无论谁来劝他，他总是这几句话："啥子话！我为革命才学制造炸弹，现在自己做了炸弹，大家都去，我倒不去，那不行！"有的人还说："不少你一个人啊！"喻培伦回答："我一个人比你们几个都强！"最后，谁都说服不了他，只好由他了。

黄花岗起义

1911 年 4 月 27 日下午 5 时 30 分，集聚在小东营五号大公馆装扮成办喜事的人们，大约有 130 余人，臂缠白布，在黄兴的率领下，突然扑攻近在咫尺的两广总督府。

这个时候，总督府的人们正在吃晚饭，纷纷丢掉碗筷四下逃跑。守卫总督府东、西两个辕门的一个连士兵，突然遭到袭击，措手不及，持枪值班排长和八名士兵被革命党炸弹炸死。革命党"选锋"冲入总督府内，总督府内大堂和二堂之间有两扇漆成黑色的木质大门，内勤卫兵一听到外面有枪声，立即将大门关上。革命党"选锋"一边乱枪射击，一边攻门。

由于没有重型武器攻门，导致攻门攻了好一段时间才攻破。"选锋"们一拥而入，里面没有一个清军士兵，搜遍整个总督府，不见张鸣岐的影子。但花厅的衣架上挂着几件大衣，桌子上摆着几只碗，水烟管还有热气。说明张鸣岐一定是刚刚逃出去。

原来张鸣岐闻到枪声之后，知道大事不好，立即转身越墙逃出总督府，直奔附近水师衙门向水师提督李准那儿求救去了。张鸣岐虽然独自逃出去了，但他的家人来不及逃走，老父张步堂和一妻一妾躲在屋子的一角瑟瑟发抖，黄兴说："不干你们的事，不必害怕。"

黄兴见搜不出张鸣岐，一怒之下便放火焚烧总督府，总督府顿时火光冲天，随后黄兴率革命"选锋"从总督府内冲杀出来，正巧碰上赶来援救总督府的水师提督李准的亲兵大队。"选锋"林时爽冲上前去大声高呼："我们都是汉人，当同心戮力，共除异族，恢复我们汉人江山，不用打！不用打！"话音刚落，一排子弹飞来，林文、林尹民、刘元栋当场中弹身亡；黄兴右手受伤，被打断两根手指，鲜血直流。

李准调来巡防营援军及时在总督府东、西两个辕门外架起机关枪，等待革命党"选锋"从里面冲出来扫射。连绵的机关枪声就像迅猛的狮子，张开血盆大口，革命党"选锋"冲出来一个就死掉一个。一连被打死二三十人之后，未冲出来的革命党"选锋"纷纷退回总督府内部，各自跳墙逃出总督府，未能逃脱的少数革命党人纷纷被捕。黄兴忍着伤痛，乘黑夜把从总督府内幸运逃脱出来的队伍分为三路，一路进攻督练公所，一路进攻小北门，一路进攻南大门。攻督练公所的一路与巡防军展开遭遇战，终因寡不敌众而溃败，喻培伦被俘牺牲。攻小北门的一路也遭遇到前一路同样的状况，革命党"选锋"被捕失败。黄兴自己所率领的一路进攻南大门，战斗到了最后，只剩下黄兴一人，身边其余人全被打散。黄兴躲进街边的一家米店，才幸免于难。

幸免于难的黄兴在米店里脱下血衣，换上便服，出城后奔向城郊外的一个起义秘密联络点。在这里，他得到了一个叫许宗汉的中年寡妇的帮助。这位中年寡妇温存地帮他包扎伤口，并机智地把他隐藏起来。两三天后，黄兴跟这个中年寡妇假扮成夫妻，一路躲过重重的审查，乘船安全抵达香港。以后，黄兴发现自己越来越舍不得这位温存的中年寡妇，一有机会就跟她在一起，最终弄假成真，结成正式的夫妻。

起义失败后，广州城戒备森严，城内大肆搜捕革命党人，到了5月1日，对城外开了半个城门让人进出。有一个叫潘达微的革命党人，他的父亲潘文卿是清朝武官，他以《平民报》记者的身份，得以从南门进城。这天早晨，当潘达微从南门入城后，就打听到消息，革命党死难者遗体已陆续被移到了省咨议局门前的那块空旷地上。当他赶到现场，看见血肉模糊的尸体分成几堆并排在地上，折臂断腕，惨不忍睹。广东天气炎热，尸体已经腐烂，发出令人作呕的尸臭。潘达微看到这种情形，悲痛万分，欲哭无泪，赶紧离开了现场。他打听到负责处理尸体的广州慈善堂准备把革命党的尸体埋葬到臭岗去。

黄花岗烈士遗体

黄花岗烈士生前留影

臭岗是广州城郊一个专门用于埋葬犯人的地方。那里历年来埋葬的犯人，尸体上只盖一点浮土，几乎等同暴尸，因而臭气远播，过路人不得不掩鼻而过，故名臭岗。要将革命党人的尸体埋进这样一个地方，潘达微十分愤怒，便去诘问慈善堂。慈善堂只是唯官命办事，怕惹祸上身，也帮不了他。潘达微便去找他父亲的世交、广州著名的豪绅江孔殷。江孔殷跟广东水师李准、两广总督张鸣岐都有交往，他愿意出面担保，慈善堂才答应让潘达微把革命党人的尸体迁出去另寻地方埋葬。于是，潘达微自己出了一大笔钱，买下沙河路旁边一个叫红花岗的地方，把革命党人的七十二具尸体迁到这里来安葬。

安葬完尸体的第二天，潘达微就在《平民报》上发表《咨议局前新鬼路，黄花岗上党人碑》一文，记录了烈士收葬的消息。此后，红花岗就以黄花岗之名传遍天下，潘达微也因收葬七十二烈士而留名于世。

两广总督张鸣岐鉴于革命党攻入总督府后，并没杀害他的家人，也鉴于革命党的气势虽一时挫败，但并不等于以后不会卷土重来。张鸣岐打算笼络人心，并不对革命党人斩尽杀绝，还将其中被捕的一部分革命党人释放，以缓和广州的形势。他的这种做法，无形中也给他以后留下了一条出路。

当时广州很多人都认为革命党领袖黄兴战死了，但黄兴还是在许宗汉的帮助下逃到了香港。黄兴在香港见到赵声，两人抱头痛哭，都晕了过去。起义发生之后，赵声紧急带着三百余人从香港赶来广州，可惜还是迟了一天，失败已无法挽回了。作为起义军的总指挥，赵声没能亲身参与这场战斗，感到悲愤欲绝，再加上长时间的劳累，很快病倒了。

在病中，赵声的眼前老是浮现出那些刚刚死去的死难者的身影，他不能忘掉他们的音容笑貌……喻培伦，这个革命党内名震天下的"炸弹大王"，由公子哥儿转化而来的铁血革命分子，假如他不死，他可以制造出越来越多、越来越好的炸弹，可以让更多的人学习他，把他的炸弹技术发扬光大。假使将来他不再制造炸弹，但这个人学什么成什么，无论做哪一行，都可以成为哪一行的精英。他的死是革命党内无可挽回的损失！林觉民，福建福州人，性格刚直。这年春天刚刚从日本赶来香港参加起义，黄兴见林觉民前来，高兴地说："你来，天助我也，运筹帷幄，不可一日无君！"他跟他的妻子恩爱缠绵，每次离别都涕泪涟涟。而这一次，他的妻子是再也见不着他了。他给妻子写在白手帕上的最后绝笔书是"意映卿卿如晤：吾今以此书与汝永别矣！吾作此书时，尚为世中一人；汝看此书时，吾已成为阴间一鬼。吾作此书，泪珠和笔墨齐下……"令人每读一次，都泪如雨下。方声洞，福建福州人，跟林觉民是同乡，跟喻培伦是校友，同是日本千叶医学校的高材生。他跟他的哥哥、姐姐、嫂嫂、妻子全家加入同盟会，在日本留学生界一时传为美谈。林时爽，跟林觉民、方声洞都是福建福州的老乡，为人豪爽侠气，大家都称他为"林大将军"，他是福建同盟会的主盟人。没有他，福建的革命党就不可能这么生机勃勃。他的祖父林鸿年，是曾经的朝廷状元，父亲是举人。出身很好的他天生一双特异的"狮子眼"，写得一手好字，又会作诗。有一首《秋声》这样写道："落叶闻归雁，江帆起暮鸦；秋风千万户，不见汉人家；我亦伤心者，登临夕照斜；何堪更啄血，堕作自由花。"多好的诗啊！庞雄，广东吴川人，是黄兴的贴身秘书，替黄兴管理重要的机密文件，起义军里很多外地人来到广东，不懂广东话，办事很不方便，都靠他来充当翻译。他是革命党人在广东跟本地人沟通的桥梁。饶国梁，四川大足人，十二三岁就能作诗文，曾任东北陆军讲武堂教官。1908年跟黄兴认识，黄兴自己介绍他加入同盟会，这年春天才应黄兴之邀来广东参加起义，是黄兴这次起义重要的军事助手。李文甫，广东本地人，多才多艺，工书善画，长相很好，黄兴一辈子就只称他为美男子，他是孙中山创建的《中国日报》的总经理……赵声越想越感到痛不欲生，越是痛不欲生，病情越是加重。半个月后，赵声就在悲痛中死去了。

赵声，字伯先，江苏镇江人，是宋高宗赵构第十四皇子的后裔。赵声的父亲赵蓉是一个颇有声望的地方绅士。赵声从小练就一身好武艺，长相健壮，14岁就因打抱不平被称为豪侠少年，17岁因考中秀才而闻名乡里，乡民和亲友前来贺喜，赵声却不以为然，笑着说："大丈夫当为国家出力，一个小小的秀才何足挂齿！"年轻气傲的赵声只要一出声，往往能语惊四座。后来，赵声从江南陆军学堂毕业，曾到日本考察军事，后担任过南京新军第三十二标标统，广东黄埔陆军小学堂监督（相当于今天的教务处处长）。在黄埔小学堂期间，因与学堂总办（校长）韦汝聪不和，在校务会议上大骂韦汝聪，使韦下不了台，结果闹到新军督办公署，督办公署只好把他改调任广东新军第二标标统。

由于赵声长相魁梧，声音洪亮，眉宇间有一股威严之相，接触较浅的人们可能认为他只是一介武夫。赵声曾经写有这么一篇类似民间小调的长篇革命宣传品《保国歌》：

莫打鼓来莫打锣，听我唱个保国歌；
中国汉人之中国，民族由来最众多。
堂堂始祖是黄帝，四万万人皆苗裔。
嫡亲同胞好弟兄，保此江山真壮丽。
可怜同种自摧残，遂使满洲来入关。

......

古来天下无难事，人若有心可立志。

你们牢牢记在心，浩然之气回天志。

仔细听我保国歌，天和地和人又和，

取彼民贼驱异类，光复皇汉笑呵呵！

赵声能文能武，文武全才，是个豪迈的诗人。他写的诗多不胫而走，口头流传。1905年，暗杀志士吴樾北上刺杀朝廷出洋五大臣，震惊中外。临行前，赵声跟他在酒楼把酒告别。两人慷慨悲歌，赵声挥笔写了四首诗赠给吴樾。其中有一首这样写道：

临歧握手莫咨嗟，小别千年一刹那。

再见却知何处是，茫茫血海怒翻花。

赵声是革命党在军界的最早领袖。赵声当初跟郭人漳等清军将领一起，在黄兴的主盟下加入同盟会，后来郭人漳背叛了革命，赵声的地位更加凸显。革命党在军队的活动几乎就是从他开始。他是新军高级军官，但是生活俭朴，对部属亲如兄弟，能与士兵同甘共苦。每月领得薪水，常拿去接济家中有困难的士兵，在士兵中广受崇敬和爱戴。可以说，没有他，就没有以后革命党在新军里面蓬蓬勃勃的发展。

郭人漳背叛革命以后，在两广总督张人骏面前密告赵声暗通革命党。两江总督也来密电给张人骏说："声才堪大用，顾志弗可测，毋养虎肘腋，致自贻患。"张人骏于是于1909年削去赵声的兵权。从此，赵声开始了职业革命家的生涯，1910年广州起义就是他的部下军官倪映典发动的，当时倪映典推赵声为起义总指挥，倪映典自任副总指挥。但事起仓促，倪映典不幸中弹牺牲。赵声当时也在广州城内，不得不仓促逃到香港。

这次赵声的去世，无疑是革命党人最不可挽回的巨大损失！黄兴为之悲痛欲绝。他与胡汉民代表同盟会作告南洋同志书，并写信给孙中山说：
"以伯先平日之豪雄，不获杀国仇而死，乃死于无常之剧痛，可谓死非其
所。广州义举，尽丧我良士，今又失我大将，我同胞闻之，悲慨愤激，况
若弟等目击者伤心狂愤。"黄兴打算亲自带着炸弹去炸广东水师提督李准，
准备与李准同归于尽。

孙中山在美洲听闻黄花岗起义失败和赵声去世的消息，捶胸痛哭，
失声大呼："吾党精华，付之一炬！"以后，孙中山在很多场合，很多次
面对他的同志们，都语重心长地说："革命尚未成功，我们永远不能忘
记了许多先烈的牺牲精神，决不可因为革命上多少有了一点进步，便以
为有功可守，停顿不进。革命者只有终生努力，终生奋斗，不能有一丝
苟安或自私自利的心；不管是在做事或读书，都要保持勿失革命的精神，
如此，虽然后死，才有以对诸先烈！"这个说法几乎伴随了他的后半生，
直到他 1925 年逝世，逝世前留的遗嘱仍然是："革命尚未成功，同志仍
须努力！"

党魁孙中山

孙中山出生于 1866 年 11 月 12 日，距太平天国运动失败只有两年。
在他的家乡广东省翠亨村暗地里流传着许多神奇诡异的太平天国故事。用
今天的眼光来看，在翠亨村以外的整个广东，构成了整个中国的南大门，
最早的欧风美雨都是从那里登陆中国的。几个世纪以来，那里是中国唯一
能够跟西方人打交道的省份。1840 年以前的广东人跟西方人年复一年做
生意，已构成一种有别于其他地方的独特传统，但中国文化的那个根还
在，使得他们在跟外国人打交道的时候显得有些拘谨。1840 年以后，时

代变了，广东人所拥有的传统和经历，使他们成为当时最具世界眼光的中国人。其中涌现出许许多多改变中国的大人物，如反清的洪秀全、扶清的康有为，当然也有提倡革命的孙中山。

那时的孙中山叫孙帝象，有一个比他大 10 岁的哥哥叫孙帝眉。父亲孙达成是贫苦农民，母亲杨氏生有 6 个孩子，存活 4 个。孙达成为了养家糊口，白天在租借地主家的两亩半地里耕种，夜晚给村里打更，一家子生活还是相当困难。

孙帝象 5 岁那年，哥哥孙帝眉远渡重洋去檀香山当"猪仔"（指做苦力的海外华工），从此与家人断绝音讯。在孙帝象的童年记忆里，只知道他有一个哥哥在遥远的国外，至于哥哥长成什么样，一点印象也没有。从古到今，在中国的农村，所有的贫困、灾难和不幸，人们都习以为常，并不因为生活的不如意而失去继续活着的勇气。五六岁的孙帝象白天跟姐姐一起上山打柴，下地割猪草，有时还去帮地主家放牛，晚上回来便坐在树下纳凉，听村里的老人们讲太平天国的故事。洪秀全的家离翠亨村不过百里，太平天国的金戈铁马似乎近在咫尺，那嘹亮的军号角似乎在召唤着翠亨村的孩子们。人在年幼的时候，所受的最初的教育，将不可避免地影响着他的一生。孙帝象听完故事，立志要当洪秀全第二。他的性格十分倔强，争强好胜，跟比他大好几岁的孩子打架，被人家抓住辫子把头猛撞在墙上，晕了过去，母亲吓得用棉被把他蒙头盖脸裹起来，等他慢慢苏醒。他醒来后，一滴眼泪也没流下来。

由于家里很穷，孙帝象直到 10 岁才进私塾读书，12 岁那年，一直在外面杳无音信的哥哥孙帝眉突然托人把他在檀香山发了大财的消息带回老家。他打算请他的家人都到檀香山去跟他生活。父亲孙达成不愿意漂洋过海，姐姐刚刚出嫁，妹妹又太小，孙帝象只得跟母亲两个人买了两张船票，离开家乡，去投奔大洋彼岸的哥哥。时间是 1878 年，孙帝象后来回忆起这次旅行说："我第一次坐上外国人的轮船，见到辽阔的大海，心中十分高兴。"

从此，一个广东的农村少年，走出了狭小的翠亨村，走向了外面广阔的新世界。到了檀香山以后，哥哥孙帝眉把他送进西方人办的学校，接受西式教育。西方人的教育有很大一部分来自基督教的《圣经》。孙帝象所在的意奥兰尼学校校长韦礼士有意让中国学生皈依上帝，规定每个星期日必须去教堂做礼拜。教堂里嘹亮的钟声，庄严的音乐，以及悠长的赞美诗，强烈地吸引了孙帝象这位来自中国农村的少年。这位中国少年沉浸其中，不能自拔，回家后就把哥哥家悬挂的关帝像给砸了，吵吵闹闹要去加入基督教。对弟弟的离经叛道，孙帝眉十分恼火，罚他下跪，并决定停止他的学业，把他遣送回翠亨村。回到翠亨村的孙帝象跟他的少年好友陆皓东一起砸毁了村里的村神偶像。这一下，惹祸惹大了，村民们十分愤怒，父亲孙达成为了避免事态扩大，不得不把儿子送往香港避居。

沉重的代价并没有让孙帝象有任何悔改，相反地，孙帝象和陆皓东在香港接受了美国公理会传教士喜嘉里牧师的洗礼，正式成为一名基督徒。这个时候，孙帝象18岁。

当时的中国，土壤里没有基督教的根，成为一名基督徒需要勇气，几乎所有人都接受不了这外来的宗教。成为一名基督徒意味着他将被中国的主流社会排斥，成为游离于中国社会之外的离经叛道者。孙帝眉知道弟弟已经在香港加入基督教，赶紧把他召回檀香山，强令他改变信仰，但此时的孙帝象已决心不受哥哥的管束，便悄悄地逃回香港。不久，孙帝象改名为孙逸仙，进入香港西医学院读书。

从1887年9月到1892年7月，孙逸仙在香港西医学院接受了5年的西方大学正规教育，以优异的成绩获得医学学位，时年26岁。就这样，信仰基督教和接受了完整的西方教育使得孙逸仙成为那个时代最具西方现代精神文明的中国人之一。但是另一方面，孙逸仙在他年轻的时候也失去了学习中国传统文化的机会，以至于在他未来的革命生涯中没有写过一首五言或七言诗，也没有写过词或曲，使他在中国最具影响力的知识分子士大夫那里找不到知音，一生中饱受轻视和排挤。

孙逸仙是在什么时候产生革命思想的呢？1923 年，孙逸仙在回答别人的提问时说："我于三十年前在香港读书，暇时辄闲步市街，见其秩序整齐，建筑闳美，工作进步不断，脑海中留有甚深之印象。我每年回故里香山二次，两地相较，情形迥异……我恒默念：香山、香港相距仅五十英里，何以如此不同？外人能在七八十年间在一荒岛上成此伟绩，中国以四千年之文明，乃无一地如香港者，其故安在？"

孙逸仙的疑问同样在他的一位广东老乡康有为那里得到共鸣。康有为 1879 年第一次到香港，从香港的市政建设中"乃知西人治国有法度，不得以古旧之夷狄视之"。康有为是走科举考试这条道路的人，所以他后来倡导"公车上书"，发动"戊戌变法"，至死都是一个献身皇帝的人。而孙逸仙的个性、教养、经历、信仰和所受的西方教育使得他在上书李鸿章没能得到回应后，毅然决然地走上了一条反清革命的道路。历史在这两个广东人这里聚合，却产生了分叉，各自奔忙而去。

1894 年 10 月，孙逸仙在檀香山创立兴中会，首次提出"推翻满清"的口号。第二年，孙逸仙回到香港，成立香港兴中会。接着，孙逸仙拟定了一项大胆的计划，攻占广州城。1895 年 10 月 25 日，这天是农历九月九日重阳节的前一天，广州城内的市民半夜里都已睡着，他们丝毫不会想到一场起义正悄悄来临。从汕头和西江沿岸招募而来的几千名农民军队伍能否夜行一百多里赶在重阳节的早晨准时抵达广州，这是起义的关键。另外，有 400 人从香港方面启程，能否在规定的时间内到达，还是未知数。孙逸仙一夜无眠。天亮了，本来，香港方面的船只在早晨 6 点钟就应该拢岸了，派去迎接的人一直等啊等，却没见一只船影。突然一个晴天霹雳，起义计划泄露了，汕头方面和西江方面几乎同时给孙逸仙拍来电报："官军戒备，无法前进。"现在怎么办？孙逸仙一下子懵了，计划中的起事时间已经到了，各路人马都还没到。大家都围着孙逸仙问怎么办？还能怎么办？大家都想在风暴到来之前逃走，指挥部现场一片混乱。孙逸仙镇定地指示大家焚烧起义文件，把军械弹药隐藏起来，然后下令队伍解散。曲终人散后，孙逸仙不慌不忙地换上便装，潜逃到珠江三角洲海盗经常出没的河网地区，躲藏了几天几夜，才逃到香港。

1895 年计划中的重阳节起义就这么失败了，起义还来不及发出一枪一弹。少年好友陆皓东被捕牺牲，孙逸仙这个名字，赫然列为大清帝国的首要通缉犯，出现在广东各地的大红榜单上，捉拿他的赏银高达 1000 元。得知孙逸仙逃到香港之后，清政府向港英政府施压，港英政府被迫宣布 5 年之内不准孙逸仙在香港居留。

这次失败是孙逸仙一生行踪的转折点。1895 年的这次失败，使孙逸仙逃亡海外，直到 1911 年 4 月黄花岗起义在广州再次失败，时光转过了 16 个年头。在这段长达 16 年的时间里，孙逸仙除了 1907 年在广西镇南关边境睡过一夜之外，双脚未曾踏上祖国的土地。但是，16 年来，孙逸仙一直坚持反清革命，发动武装起义，尽管他只在这一夜的镇南关前线亲自动手开了一炮，此外就再也没有机会亲自指挥战斗，冲锋陷阵，甚至连枪支弹药都很少摸过。我们不得不奇怪，一个志在推翻满清帝国，却踏不进帝国土地的职业革命家孙逸仙，一个不断发动武装起义，却连枪都很少摸过的革命斗士孙逸仙，是如何一步一步成为中国革命的领袖呢？

作为大清帝国的首要通缉犯，香港政府不准孙逸仙居留，孙逸仙不得不避走日本，陈少白、郑士良两人陪同。1895 年 11 月 12 日，轮船抵达日本神户，当天的日本报纸报道一则新闻，题目是："支那革命党首领孙逸仙抵日"。孙逸仙又惊又喜地琢磨这个新闻，对身边的陈少白和郑士良说："革命二字，出于《易经》'汤武革命，顺乎天应乎人'一语，日本人称吾党为革命党，意义很好，吾党以后即称革命党可也。"从此，"革命"二字，就一直陪伴着孙逸仙，并且陪他走完一生，直到去世，他仍念念不忘"革命"二字，写下"革命尚未成功，同志仍须努力"来鼓励他的追随者继续革命。

5 天以后，孙逸仙由神户前往横滨，意外又得到华侨商人冯镜如的欢迎。作为国家通缉犯，能够登上外国人的报纸，又能够在华人中找到知音，孙逸仙非常高兴，就在横滨剪去辫子，脱下中国服，改穿西装，表示自己已经义无反顾彻底走上反清革命的道路。

1896年10月11日上午，改穿西装的孙逸仙在伦敦刚刚访问了他在香港西医学院上学时的老师康德黎，回来在路上遇到两个中国人，他们用广东话跟孙逸仙交谈。身在异国他乡，乡音的亲切让孙逸仙轻信了这两个中国人。哪里知道这两个中国人是清政府的间谍，孙逸仙被诱骗到清政府驻伦敦大使馆幽禁，等待雇到船只，打算将孙逸仙偷运回国处决。幽禁了一个星期之后，孙逸仙通过使馆内一个叫柯尔的清洁工，向他的老师康德黎求救。康德黎得到消息，立即展开营救。康德黎一面向英国政府求援，一面将孙逸仙被清政府驻英使馆幽禁的消息通报给英国报纸。报纸把这个事情一捅出去，英国社会一片哗然，按照国际惯例，一国的罪犯在别国国内居留，本国不得在别国随便加以逮捕。英国政府在舆论的压力下，向清政府驻英公使提出抗议，清政府驻英公使被迫释放孙逸仙。

孙中山与友人合影

　　10 月 23 日，孙逸仙被释放出来，英国报纸争相报道，大加渲染。孙逸仙因祸得福，声名大震。孙逸仙是一个聪明人，他从这件事情上看到了舆论的力量，于是用英语写作《伦敦蒙难记》在英国发表。用文字将自己打扮成一个勇往直前的反清志士，出现在世界的面前。从此，孙逸仙这个名字，在外国人的眼里，成为中国革命的代名词。欧洲、美洲、日本的许多人都是通过读孙逸仙的《伦敦蒙难记》而知道孙逸仙的。

　　有一个日本人叫宫崎滔天，出生于日本一户没落的武士家庭，立志成为一代英雄。自幼就吟读这样的英雄诗："但闻头领一声令，扶危济困不问程；名扬江户人钦慕，常兵卫者乃我名。"读着这样的英雄诗长大，宫崎滔天觉得日本太小，他更想去辽阔的东亚大陆上放飞自己的理想，想在中国人里面找出一个令他心服口服的旷世豪杰，然后拼尽自己的一切辅佐这位旷世豪杰创立大事业，自己则以辅佐之功扬名万里。但是，如果中国人里面没有这么一位让他心服的旷世豪杰，他将反客为主，取而代之。为了实践这一理想，宫崎滔天几次三番潜入中国或有中国人生活的地方，去寻找这一个人物。几番失望后，他回到日本，无意中读到一本名叫《伦敦蒙难记》的小册子，顿时欣喜万分，他认定写这本小册子的人孙逸仙就是他苦苦寻找的旷世英雄。孙逸仙从欧洲途经加拿大转回日本，宫崎滔天便迫不及待地去见他。见到孙逸仙第一面的宫崎滔天颇感失望，因为孙逸仙长得并不高大，中等身材，穿着普通衣服，待人接物随随便便。这跟他心目中旷世豪杰的形象差得远啊，心里不禁狐疑起来："此人果真能身负中国 400 州郡而立地者乎，能君临 4 亿苍生而执号令之旗者乎？可堪辅佐以终遂我平生之志乎？"等到孙逸仙坐下来跟他谈话（双方用的是笔谈），经过一番面对面的交流，宫崎滔天才发现自己以貌取人是不对的，他感慨道："乍一看去，其外貌气质像是涉世不深的后生小伙，又如天真无华的村野姑娘。然而其思想何其深邃，其见识何其拔群，其抱负何其远大，其情感又何其真切。"孙逸仙侃侃而谈，谈革命宏图，仿佛整个世界都掌握在他的心中，他的心里装有整个世界。宫崎滔天惭愧异常，彻底被孙逸仙征服了。宫崎滔天甚至直接断言：当时的日本政界，没有一个人比得上孙逸仙。从此，他把自己的一生都交给了孙逸仙，成为孙逸仙最忠实的海外支持者。由于宫崎滔天的引介，孙逸仙很快认识了一大批日本政界头等人物，如犬养毅、大隈重信、副岛种臣、头山满等人。

1898年，康有为辅佐光绪皇帝维新失败后逃到香港，宫崎滔天亲自去香港把康有为接到日本，打算撮合康有为跟孙逸仙见面。孙逸仙也很想跟康有为见面谈合作。但康有为是把心交给皇帝的人，1888年他第一次上书光绪皇帝时刚30岁，连个举人也没有考上。照规矩，他是没有资格上书皇帝的，也没有资格谈论国家政治。但他不顾这些，毅然上书，并且一而再、再而三，直至第10次，他的上书终于传到了光绪皇帝的手里。光绪皇帝被他的热情和勇气所打动，让他一夜之间从丑小鸭变成了白天鹅。

巨大的荣耀从天而降，康有为激动得泪流满面，双脚不由自主地跪下去，感谢上苍给了他这么一个英明的皇帝让他辅佐。他觉得自己在这个世界上，天生肩负着一种崇高的伟大使命，他要拯救摇摇欲坠的大清帝国，让大清帝国称霸世界。

尽管康有为策动光绪皇帝大刀阔斧的变法只持续了短短一百天，即在刀光剑影下失败；尽管康有为赔了一个弟弟康广仁，自己也流亡异国他乡，都不能动摇他那颗坚韧而顽强的忠心，仍然向着北京瀛台的那个囚徒。

康有为不愿跟提倡革命造反的人为伍，他拒绝跟孙逸仙见面。他的徒弟梁启超活蹦乱跳，居然跟那姓孙的家伙混在一起。这使康有为大为恼火，为此大病一场，去信把梁启超痛骂一顿。孙逸仙不明就里，仍然写信把梁启超介绍给他檀香山的朋友。梁启超一到檀香山，就大肆进行保皇宣传，以致那边的兴中会会员纷纷倒戈，加入康有为的保皇会。等到孙逸仙发觉梁启超的真面目时已经晚了，只得气呼呼地说："革命与保皇，理不相容，势不两立！"

1900 年，义和团运动在中国北方搞得轰轰烈烈，随后遭到八国联军入侵干涉，孙逸仙又打算在英国人的帮助下跟当时的两广总督李鸿章合作，策划两广独立。最后，李鸿章奉朝廷之命到北京主持议和去了。英国人还是不准孙逸仙在香港登岸，孙逸仙郁郁不乐，辗转去了越南西贡，不久便回到日本。7 月 24 日，他想联合保皇派唐才常的自立军，便跑到上海去。自立军失败后，孙逸仙转回广东，策动会党发动惠州起义。起义由兴中会会员郑士良负责指挥，孙逸仙自己负责接济军火。起义会众连战连捷，屡败清军，队伍很快发展到两万多人，准备打到厦门，迎接孙逸仙从台湾运来接济起义的军火。这时日本政府突然变卦，下令禁止孙逸仙在台湾活动，并禁止军火出口。就这样，孙逸仙从日本订购的军火无法接济出去，起义军的弹药用完，得不到补充，郑士良只好将起义军解散，率一部分随从逃往香港。

从 1900 年惠州起义失败到 1905 年同盟会建立这段长达 4 年的时间，孙逸仙没有再发动起义。他时常在日本活动，把自己的中国名字改成日本名叫中山樵。由此，才有了以后在中国所妇孺皆知的孙中山这个响亮的名字。

1905 年，孙中山从欧洲来到日本，向日本友人宫崎滔天询问：在日本的中国人中有没有杰出人物？宫崎滔天回答说："仅仅两三年的时间，留日学生猛增，有一个叫黄兴的，是个非常的人物。"孙中山说："那我们去看看他。"宫崎滔天说："我到他那里去把他请来吧。"孙中山说："不要那么麻烦了。我们直接去拜访他就是。"

黄兴，原名叫黄克强，湖南善化人。他的远祖在清朝初年写过一封遗书，要黄氏子孙永不出仕清朝。黄兴刚到日本留学时，有一晚跟同学争论得很激烈，气得他猛然将手中的茶杯掷向地面，茶杯碎散一地，众人都看傻了。黄兴指着破碎的玻璃碎片对同学说，他已经决心从事排满革命，这个决心不是任何力量所能动摇的。黄兴是一个性格沉稳的实干家，平时说话不多，但一旦决定了自己应走的道路以后，意志就异常坚定，任何力量

黄兴

也阻拦不了他行动的决心。因此，在他的身边聚集着一大批革命精英，他们都服从他、拥护他。

1904年，黄兴组建的华兴会打算在慈禧太后60岁生日这天，在长沙利用会党发动革命起义，要求长沙、岳州、衡州、宝庆、常德等地会党首领同时行动。但起义还没来得及打响，就被清军以迅雷不及掩耳之势扑灭了。黄兴逃离湖南，逃往日本，会党领袖马福益一年后被捕遇害。

孙中山在1905年之前一直利用会党来活动，但黄兴在会党的活动能力一点也不亚于他。同盟会成立后，黄兴跟孙中山讨论革命先从什么地方开始。黄兴主张从长江一带开始干，但孙中山主张从广东开始干。黄兴就对孙中山说："你不要光讲自己的老家好不好？"孙中山说："你要在长江一带干，从哪里运送武器呢？长江一带很难运送武器进去。"争论的结果，是黄兴被孙中山说服，从两广开始发动起义。之后就坚决地按照孙中山的主张去做，尽管他周围的很多人还不理解孙中山。

在日本学军事的留学生加入同盟会，由黄兴亲自主盟，在专门的一间小密室里进行，各个会员的入盟证明书由黄兴一个人独自保管。为了不暴露革命党人的身份，黄兴嘱咐他们不要跟同盟会总部往来，并帮助他们成立一个同盟会的外围组织[1]。这个外围组织叫"丈夫团"，以孟子的名言"富贵不能淫，贫贱不能移，威武不能屈"作为团员自律的格言。加入这个组织的有李根源、李烈钧、程潜、黄郛、尹昌衡、叶荃、姜登选等人，

---

[1] 吴剑杰：《辛亥革命研究》，武汉：武汉大学出版社1991年版，第240页。

这些人后来在辛亥革命中，充任各省都督及军师旅团长。他们都是黄兴所熟知的人。

对于黄兴和孙逸仙的合作，有人曾经这样评价说："孙、黄合作，是最理想不过的：一个是兴中会会长，一个是华兴会会长；一个是珠江流域的革命领袖，一个是长江流域的革命领袖；一个在海外奔走，鼓吹筹款，一个在内地实行，艰辛冒险；一个受西方教育，一个是传统的中国知识分子。"

从同盟会成立的那一天算起，到 1911 年 4 月，同盟会一共发动了10 次武装起义。每一次起义孙中山几乎都没有亲临战场，只有 1907 年的镇南关起义孙中山在前线亲自点火，开了一炮。后来有人这样说："孙氏理想，黄氏实行。"黄兴是历次起义的策划者、组织者和指挥者。但每一次都失败了，1911 年 4 月黄花岗起义的失败，是 10 次武装起义中损失最大的一次。黄兴逃到香港后，意志消沉，很少说话，不愿见客，整天以泪洗面，一心想着如何一个人去炸死广东水师提督李准，打算跟李准同归于尽。

同盟会在黄花岗起义后一蹶不振，形同一盘散沙。

一盘散沙的革命

实际上，同盟会在刚刚成立后不久，就出现了一盘散沙的迹象。

1905 年 11 月，日本文部省颁布《关于令清国人入学之公私立学校规程》，规定中国留学生入读日本学校，必须持有中国驻日公使的介绍书，更规定日本学校严格加强对中国留学生的约束和管禁。各个接纳中国留学生的学校，纷纷贴出布告，限令中国留学生将原籍、现住地址、年龄、学历等在三天内向学校汇报，如过期不交，后果自负。消息传出来，立即引起一片哗然，全体中国留学生纷纷表示愤怒与抗议。

日本政府的政策，给刚刚成立的同盟会提供了一个绝佳的表现舞台！当时的孙中山不在日本，黄兴也不在日本。陈天华是一个性格激昂的人，主张全面抵制日本政府的行为，但是他又没有足够的能耐和威信让东京的留学生个个服从他，于是又气又愧，一个人走向海边，纵身一跃，跳海自杀，遗下一纸薄薄的绝命书，以死来呼吁全体留学生同胞不要忘记日本人对中国人的侮辱。陈天华用他的死来点燃愤怒的抗议之火。果然，在他死后，宋教仁、胡瑛等人不甘受辱，匆匆忙忙组织起"留日学生联合会"，主张集体退学回国。但他们的主张遭到了汪精卫、胡汉民等人的反对。态度最为激烈的"鉴湖女侠"秋瑾带着一帮人，气势汹汹地来找汪精卫和胡汉民。汪精卫不敢见她，胡汉民硬着头皮去见了。双方唇枪舌剑，激烈争执。为了不让同盟会分裂，双方同意开会表决，来决定是回国还是继续留在日本。表决的结果是大部分人同意汪精卫和胡汉民的主张。秋瑾等人不服从决议，愤而离开日本，回国单独干革命去了。

此后陆续有两千多人分批回国。东京的同盟会对这些人一点都没有表现出应该有的约束力。从同盟会建立到内部出现混乱、分裂，不过短短三个月的时间！而且，这两千多人回国以后，东京的同盟会就再也没有表现出勃勃的生机，地位日渐低落。

如果说是由于同盟会的两大领袖孙中山和黄兴都不在日本，才导致组织内部在紧急事件面前出现一盘散沙的局面，那么这两个人的关系以及他们跟同盟会其他会员的关系又是怎样的呢？

1907年2月底，孙中山和黄兴发生了一场激烈的冲突。冲突是由讨论国旗的样式而引起。孙中山主张未来的国旗样式使用"青天白日旗"，黄兴主张使用"井字旗"，暗含平均地权的意思。孙中山说黄兴的井字旗既不漂亮，又有复古思想，黄兴说孙中山的"青天白日旗"是仿效日本的国旗，必须摈弃。两个人争来争去，还是争不出一个结果。孙中山火了，大声地说："青天白日旗，是我在南洋托几万人做出来的，你说摈弃就摈弃。你要是摈弃它，就先把我开除同盟会！"黄兴不堪受辱，在气头上说要退出同盟会，跟孙中山断绝关系。[1]

未来国旗的争执问题到最后还是不了了之。这个事情，争执解决不了问题，可以开会表决，何必把事情闹到翻脸的地步呢？一时的冲动很容易使人失去理智，等冷静下来，黄兴以他成熟的胸怀豁达地宽容了孙中山。但是，孙中山在这件事情上所表现出来的激烈和专横，使得同盟会的其他会员看在眼里，忧在心里。在宋教仁看来，孙中山待人不能开诚布公，胸怀坦荡；做事又近乎专制跋扈，令人非常难堪。

宋教仁的看法跟章太炎的看法不约而同。

章太炎，著名的国学大师，本名章炳麟，出身书香门第，因敬慕明末清初思想家顾炎武，故别号为太炎，后人叫他章太炎。章太炎23岁离家来到杭州西湖孤山书院，被朴学大师俞樾收为弟子，闭门读书七年，打下坚实的学问根底。1898年，湖广总督张之洞力邀天下之才到湖北去，章太炎也是张之洞的邀请对象。章太炎来到武昌，写了一篇《排满论》的文章，一下子吓坏了张之洞，大叫"章疯子！反叛！反叛！"随即把他逐出武昌。

1900年7月，康有为的弟子唐才常邀请章太炎参加他的勤王运动，章太炎不同意唐才常的主张，说："如果为了光复汉室天下，就不应该再拥戴满洲人做皇帝，如果你一定要这样做，我们就只好分道扬镳了。"当场，章太炎剪去发辫，换上西服，表示自己的反清决心，从此踏上推翻清王朝的道路。1902年，章太炎因为"苏报案"在上海租界被捕，章太炎因而享誉全国。

1906年6月29日，章太炎从上海出狱，同盟会派人把他接到东京。此时的章太炎在革命党人中的威信很高，很多青年学生认为，连章太炎这

---

[1] 王开林：《纵横天下湖南人》，北京：十月文艺出版社2004年版，第172页。

样有学问的人都干革命了，还有什么不能干的呢？章太炎兴致勃勃地说：
"壬寅（1902 年）春天，我来到日本，见着中山，那时留学诸公，在中山
那边往来，可称志同道合的，不过一两个人，其偶然来往的，总是觉得中
山奇怪。"仅仅过了 4 年，东京的留学生很多都成为孙中山的信徒，其中
的感慨可想而知。章太炎也像很多人一样，开始时真心诚意地支持孙中
山，但等到和他熟悉之后，孙中山身上的缺点也使他无法容忍。

　　章太炎从国旗事件中看到了孙中山与黄兴的分歧。章太炎对黄兴十分
推崇。民国以后，他这样评价黄兴说："无公则无民国，有史必有斯人。"
国旗事件过后一个月，日本政府一面把孙中山驱逐出境，一面又送给他
5000 元路费。章太炎认为孙中山不该拿日本政府的钱，但是既然拿了日
本政府的钱，就应该全数交给当时办报经费十分短缺的同盟会机关报《民
报》，而他只留给《民报》2000 元，把剩下的 3000 元全部带到香港去了。
这让人特别恼火。章太炎是一个感情外露、有话直说的人。他大肆表达对
孙中山的不满情绪，把报社里悬挂的孙中山照片扯下来，用笔写下"卖民
报之友孙文应即撤去"几个字，寄到香港给孙中山看。孙中山派人到日本

章太炎

来购买军火，章太炎大叫："孙某所购军火是村田式，这种式子在日本老早不用了，用到中国去不是使同志白白地丢了性命吗？可见得孙某实在不是道理，我们要破坏他！"

1907年6月，惠州起义失败的消息传到日本。章太炎伙同张继、宋教仁、谭人凤等，借机重提办报经费问题，提出要召开同盟会大会罢免孙中山的总理职务，改选黄兴担任。东京同盟会总部以庶务代行总理职权的刘揆一急了，赶紧写信给冯自由、胡汉民，请他们劝孙中山向东京总部辞职。黄兴知道了这个消息后，立即写信给东京同盟会总部说："革命为党众生死问题，而非个人名位问题。孙总理德高望重，诸君如求革命得以成功，乞勿误会，而倾心拥护，且免陷兴于不义。"这场历时数月的第一次倒孙风波，终于在黄兴的谦让下暂时得以平息。

第二次倒孙风波同样是由《民报》引起。

《民报》作为同盟会的机关报，从它诞生的第一天起，就面临着资金短缺的问题。它能够一路走下来，风风雨雨，都凝结着主笔章太炎的血与汗、笑与泪。到了1908年9月，《民报》的编辑部同仁几乎断炊。章太炎不得不派陶成章去南洋募款。在新加坡，陶成章向孙中山索要3000元《民报》印刷费，孙中山说没有，事情最后不了了之。陶成章很不甘心，又要孙中山筹款5万元让他回浙江活动。孙中山这回干脆给他写介绍信，让他自己去各地筹款。

陶成章拿到孙中山的介绍信后，便兴高采烈地去了。到了筹款的地方，孙中山介绍的革命党人个个都在敷衍他。陶成章一分钱也没筹到，怀疑是孙中山故意作弄他，就开口大骂孙中山。很快，陶成章跑到南洋文岛，即散布流言，说孙中山将华侨捐款据为己有：河口起义用的钱不过1000元，筹款上万数，其中，胡汉民拿走3000元，剩下的全给孙中山占为己有了。陶成章找到当时的南洋同盟会分会领导人李燮和，以江苏、浙江、湖南、湖北、福建、广东、四川七省在南洋办事人的名义，写了一份《七省同盟会员意见书》，罗列孙中山的三大"罪状"十四件事实，遍告海

陶成章

内外，指出孙中山蒙骗革命党人，败坏革命党的名声，提出罢免孙中山的总理职务。

1909 年秋天，陶成章带着他跟李燮和等人写的《七省同盟会员意见书》，信心满满地回到东京，打算召开同盟会本部会议，罢免孙中山的总理职务，改选黄兴担任。

陶成章的倒孙计划得到了章太炎的积极响应，两人一拍即合，决心把孙中山从同盟会总理这一职位上拉下来。但黄兴很不赞成陶成章、章太炎等人的做法。在组织内部发生严重危机的时刻，黄兴表现出他一贯成熟的心智，力挽狂澜，一面针对《七省同盟会员意见书》作书逐条批驳，并把批驳书寄给南洋李燮和等人，敦促他们进行反省；一面写信给孙中山，表示继续维护孙中山的总理权威，"陶等虽悍，弟当以身力拒之"，请孙中山放心。同时，黄兴还给欧美各国的同盟会会员说："有人自东京发函美洲各埠华字日报，对于孙君为种种排挤之词，用心险毒，殊为可恨。"孙中山正好乘船赶往美国，黄兴写信给那里的同盟会会员说："趁孙君此次来美，相与同心协力，以谋团体之进步，致大业于成功。"

陶成章、章太炎等人决心拥戴黄兴取代孙中山的总理位置。在他们看来，黄兴不但不领情，反而"为虎作伥"，这让他们非常不满。陶成章、章太炎等人便开始攻击黄兴，说他与孙中山朋比为奸。同盟会为了打压陶成章、章太炎等人的锐气，处心积虑公布了章太炎写给刘师培的信，揭发章太炎一度想通过刘师培与两江总督端方建立关系的不光彩行为。

最终，事态闹得一发不可收拾。陶成章、章太炎心灰意冷，决心退出同盟会，重新打光复会的大旗，走上了分裂的道路。1910 年 2 月，东京光复会总部成立，以章太炎为会长，陶成章为副会长，章梓为庶务，沈家康为书记；以李燮和、沈钧业、魏兰三人组成南洋执行总部，代东京总部行事，就近处理一切事宜。李燮和以光复会南洋执行员的身份，将原来由他发展的南洋各地同盟会分会改组为光复会分会，并以江苏、浙江、安徽、江西、福建五省的名义筹集经费，很快取代了同盟会在南洋的地位。

光复会从同盟会里分裂出来，不仅在南洋，在东京、上海等许多地方，都有同盟会的人改换门庭，加入到光复会中来。光复会不是从同盟会中间分裂出来的第一个组织，最先分裂同盟会的是共进会。

共进会的成立也跟孙中山有关。在章太炎发动的第一次倒孙风波愈演愈烈的时候，孙中山当时只顾在南方发动起义，对同盟会照管不力，引起了很多人的不满。有人就提出："最近一个时期，同盟会只顾去搞武装起义，差不多把会党工作忘记了，现在何不趁各省会党都有人在日本，把全国所有的会党通通联合起来。"这个主张一提出，各地哥老会、孝友会、三合会、三点会在日本的会员纷纷响应。于是，这些会员在东京成立了"共进会"。共进会的会长最初也称总理，但当时的同盟会成员有过决议：凡属革命党员，只奉孙中山一人为总理，无论何党何派，绝不得用"总理"二字，因此后来只称会长。他们不像后来的光复会，明目张胆地抬出自己的大旗来，他们还供着同盟会这个牌位，说自己是同盟会的行动队，以更激进的办法来达到同盟会的目的。

实际上共进会是一个完全独立于同盟会的组织，它更像一个会党，有山、水、香、堂的名称，山是中华山，水是兴汉水，香是报国香，堂是光复堂。光复堂的堂诗是：

堂上家家气象新，敬宗养老勉为人；

维新守旧原无二，要把恩仇认得真。

很明显，从它的山水香堂，从这首堂诗，我们可以看出，共进会宣扬的是推翻满清政府，夺回原属于汉族人的江山，因此他们制定了十八星旗：红底、黑心、轮角、外加十八颗黄色的星星。十八颗星星表示汉族人居住的十八个省，黄色表示黄帝的子孙。同盟会纲领中有"驱除鞑虏，恢复中华，创建民国，平均地权"十六字方针，他们只摘取前面的"驱除鞑虏，恢复中华"八个字，把"平均地权"改为"平均人权"。平均人权，实际上就是恢复汉族人的权利，争取与满族人平等。

"驱除鞑虏，恢复中华，平均人权"就是共进会的纲领，实际上，他们的纲领仅仅指向一个非常具体的目标：打倒满清政府！

1908年夏天，黄兴从越南回到东京，对共进会从同盟会中分裂出来非常不满，便找来共进会的发起人焦达峰问为什么要另立山头？焦达峰回答说："我们不是另立山头，只是觉得同盟会走路太慢，我们成立共进会，是想助同盟会走得快一点，没有另立山头的意思，请不要误会。"黄兴说："像你这么说，革命将会出现两条道路，哪一条是正统？"焦达峰笑了笑说："现在还没走路，何必就要分出正统不正统呢？将来你成功了，你就是正统，我成功了，我就是正统。"黄兴呆住了，再也说不出什么话来。

共进会和光复会的分裂，以及连续两次的倒孙风波，都明显地表明，同盟会向来只是一个有组织无纪律的革命联盟。孙中山只是这个联盟的盟主，里面各门各派都有自己的大王。这些大王们需要孙中山这个盟主的时候，就纷纷聚合在他周围；而一旦孙中山没有需要的价值了，他们便纷纷离孙中山而去。

美国著名的历史学家费正清说："1905年成立的同盟会是由日本人联合各省的组织而成的，多数成员和领导人是来自华中的，包括领头的军事家黄兴和领头的党的组织家宋教仁。广东的一派是次要的。但是孙中山的农民出身和外国背景，和那些居于会员多数的地主官吏家庭出身的青年留学生，又不完全是一路。在那些人中，很少有为改造农民群众生活而搞社会革命的愿望。他们从来没有为这个目的到人民中间去。他们是来自统治阶级的士大夫。他们接受孙中山的领导，主要在于忍受约束方面，希望借重外国的帮助、华侨资金和秘密会党勇士们夺取政权。"

费正清的分析可谓一语中的。孙中山比同盟会的其他所有人都有国际背景，在英国有老师帮助，在日本有朋友帮忙，他的哥哥孙帝眉是檀香山声名远播的巨富，他曾经加入过秘密组织致公堂。同盟会的其他人带着希望的目光，看着他由远而近地走过来。随着距离越来越近，孙中山的形象由神变人，由神的光芒变成人的喜怨。

孙中山是人，不是神，他有他的个性。孙中山的个性，可以从他后来跟宋庆龄的婚恋中窥见一斑。宋庆龄的父亲宋耀如跟孙中山是老朋友，宋庆龄出生的时候，孙中山 27 岁，曾亲自去宋家贺喜。孙中山的儿子孙科比宋庆龄大两岁。宋耀如坚决不同意女儿嫁给孙中山，就把女儿关在上海的家里。但到底还是关不住，让女儿给逃到东京去了。宋耀如立即追到东京，不料生米煮成熟饭，晚了一步，女儿跟孙中山婚事已成。宋耀如破口大骂，叫叫嚷嚷："我要见见夺走我女儿的孙总理！"孙中山不慌不忙，慢慢吞吞地从屋子里走出来，若无其事地对宋耀如说："你找我，有什么事吗？"宋耀如一时惊得呆了，突然"扑通"一声给孙中山跪下了，说："请你善待我的女儿，我把她托付给你了！"说完，宋耀如转身就走。在场的日本友人个个也惊呆了，孙中山竟是用这种方式来处理他跟岳父的矛盾，他不是一般人！

同样，一直以来，孙中山在处理他跟同盟会内部成员之间的矛盾时，采取的都不是一般人的正常处理方法。当宋教仁、章太炎等人因《民报》的经费问题掀起第一次轰轰烈烈的倒孙声浪时，孙中山坚决不肯向东京的同盟会本部引咎辞职，他轻描淡写地说："党内纠纷，惟事实足以解决，决无引咎之理可言。"由于黄兴的顾全大局，第一次倒孙没有成功。但两年后的第二次倒孙声浪更加凶猛。还是黄兴的顾全大局，始终维护孙中山的总理地位，以一己之力力挽狂澜。黄兴一边痛骂要打倒孙中山的那些人，一边写信安慰漩涡中的孙中山！孙中山正好乘船赶去美国，黄兴写信给那里的同盟会会员，要他们同心协力，维护孙中山的总理地位。

1910 年 2 月，陶成章、章太炎打出光复会的旗帜之后，谭人凤、宋教仁等人心灰意冷，他们都不满于孙中山，认为孙中山只注重广东一地，对于长江各省一点也不关注，华侨所捐的钱也只用到广东方面去，别处的活动一个钱也不肯给。谭人凤更是说："中山以同盟会总理资格，放弃责任，而又不自请辞职，同仁不得已商议改组。非同盟会负中山，实中山负同盟会也。"宋教仁提出"革命三策"，认为革命在边地进行为下策，长江流域进行为中策，首都（北京）及北方进行为上策。孙中山的革命都是在广东、广西、云南等边疆地带，受到大多数人的批评责难。

实际上，同盟会的两个领袖孙中山和黄兴，曾经就革命率先从什么地方进行有过争论。黄兴主张从长江一带开始干，孙中山主张从广东开始干。但是，同盟会花了几年的时间专注于在广东、广西、云南等地发动了多次起义，没有一次胜利。特别是最后的一次，黄花岗起义，死了一大批热血沸腾的同盟会精英！要知道，这些死去的七十二位同盟会烈士，个个都有匡时济世的真才实学，是革命精华中的精华！起义失败对革命党人的打击太大了，谭人凤号啕大哭，心智俱灰，一度想回他的湖南老家去，不再革命。在焦达峰的不断劝说之下，谭人凤决心振作起来。

1911 年 5 月，谭人凤从湖北乘船前往上海，与宋教仁商议正式创建同盟会中部总会。宋教仁早在一年前就提议创建同盟会中部总会，用以专门领导长江流域的革命，但那时条件不成熟，经费无着，暂告搁浅。此时谭人凤来访，加上黄花岗起义失败，他们更觉得建立中部同盟会刻不容缓。由宋教仁拟定同盟会中部总会简章，谭人凤起草总会成立宣言。陈其美在上海活动能力很强，他负责联络其他同盟会会员。

1911 年 7 月 31 日，谭人凤、宋教仁、陈其美等人在上海召开同盟会中部总会成立大会。成立宣言中不提孙中山继续担任同盟会总理一职，也不提要罢免孙中山的总理职务，但旗帜鲜明地提出总理一职暂虚不设，留以待贤豪，期待众望所归的大人物的出现！这个众望所归的大人物，其实就是黄兴。

五月风暴

第四章

· 『皇族内阁』
· 改革之痛
· 民主的闹剧

内阁总理大楼

"皇族内阁"

    1911 年 5 月 8 日这天，全国的目光都集聚在北京，集聚在摄政王载沣一个人身上。人们都在眼巴巴地看着摄政王在宣布裁汰军机处和六部之后，如何建立新的责任内阁，新的责任内阁都由什么人组成。这一天都会给出答案。毫无疑问，这将是中国政治史上重要的一天，沿袭几千年的中枢六部即将移入历史的角落，由本朝雍正皇帝亲手创立，并延续了一百多年的最高权力中心军机处也即将消失。这一天宣布成立的责任内阁回应了近代以来的世界历史潮流，标志着中国几千年的政治由集权向民主突然转身。

    摄政王载沣这天很早就起来了。这是他执政三年来一直保持的习惯，他一般于凌晨 4 点钟入朝，先在办事殿、暖阁批览奏折，5 点召见军机大臣，7 点左右办事完毕后，稍作休息。8 点钟去上书房办公，到 9 点钟以后才休息一会儿，休息时有时仍然要批览紧急奏折。……一天的时间，除了吃饭和睡觉之外，几乎全部用来工作和学习。如何管理好整个庞大的大清帝国，三年来，载沣如履薄冰，几乎没有一天好日子过。他是一个温和谦逊的人，他对权力本来没有什么欲望，假如当年慈禧太后临死之前没有选他当监国摄政王，他的一辈子将只是一个墨守成规、彬彬有礼的王公，既然被选为大清帝国的监国摄政王，代替儿皇帝行使国家最高权力，他只能一门心思去做他该做的事。载沣不是一个头脑简单的人，但不幸的是，面对整个危机重重的帝国，他的执政理念却坚持模仿德国，皇室集权集军，革新武备，以实现国家的强大。德国是当时世界上最强大的国家。向世界上最强大的国家学习，这本来无可厚非。然而，古话说，淮南的橘子本来是甜的，但移到淮北就变成了酸味。把德国的东西死搬硬套拿来改革中国，难免水土不服。载沣自然认识不到这一点。

　　载沣即将宣布的责任内阁名单是：

内阁总理大臣：奕劻（皇族）

内阁协理大臣：那桐（满）

内阁协理大臣：徐世昌（汉）

外务大臣：梁敦彦（汉）

民政大臣：善耆（皇族）

度支大臣：载泽（皇族）

学务大臣：唐景崇（汉）

陆军大臣：荫昌（满）

海军大臣：载洵（皇族）

司法大臣：绍昌（皇族）

农工商大臣：溥伦（皇族）

邮传大臣：盛宣怀（汉）

理藩大臣：寿耆（皇族）

奕劻

溥伦

这十三人的名单中，奕劻、善耆、载泽、绍昌、载洵、溥伦、寿耆等七人是皇族成员，基本上达到了载沣的执政要求。实际上，载沣对这七名皇室成员，也不都是满意的。总理大臣这一位置最为重要，但庆亲王奕劻是人人皆知的大贪官，在他当军机处领班军机大臣的时候，载沣就想过把他换掉，现在又推他坐上总理大臣这一关键的位置上，是因为他是全国公认的改革派，主张"三权分立"。奕劻已经是70岁的白发老人了，载沣打算用他来稳一稳局势，等全国局势稳定下来，就让他下岗。载泽、溥伦、善耆、绍昌是皇族最有学识的成员，是最热心的宪政实践者。他们的政治倾向无一不使载沣感到不安。

责任内阁十三人名单公布出来之后，消息很快传遍全国，国内舆论一片哗然。全国人民热切期待的责任内阁，十三人名单中满族人占了九个，其中皇族成员就有七个，而人口众多的汉人只有四个！这不是皇族集权吗？摄政王根本无意实行君主立宪，而是假立宪之名，行专制之实！全国的大部分报纸纷纷冠以"皇族内阁"或"亲贵内阁"报道这个天字一号的消息，连一些对朝廷存有好感的外国报纸，也对这个责任内阁表示担心和失望。

"皇族内阁"的出台，汉族大员受到

排挤，这是革命党人宣传反满革命最好的时机。因为没有什么比这一"皇族内阁"更为赤裸裸地表现出满洲贵族对广大汉人同胞的剥削和压迫。这个时候，革命党人只要站起来振臂一呼："打倒皇帝！"，相信能一呼百应，点燃五月风暴。可惜的是，这个时候的革命党人正处于革命的低潮期，黄花岗起义失去了一大批革命精华。孙中山远走美国，很少有人知道他的行踪，黄兴躲在香港，整天以泪洗面，时时想着怎样跟广东水师提督李准同归于尽。谭人凤一度想回到他的湖南老家隐居，不再过问世事。东京的同盟会总部没人管理，整个组织像一盘散沙。跟同盟会分庭抗礼的另一个革命组织光复会，会长章太炎不大管事，实际管事的副会长陶成章远在南洋，他们都很难掀起波澜。革命的声音无论是在宣传上还是在行动上，都借不了"皇族内阁"这一极为有利的东风。倒是有心想要维护朝廷统治的立宪派，刮起了平稳的五月风暴。一向以稳健著称的立宪派领袖张謇愤怒地说道："责任内阁均任亲贵，非祖制也。"梁启超更是愤怒至极，他甚至断言："这一内阁的出台，将来世界字典上决无以宣统五年这四个字连属成一个名词！"

就在摄政王载沣发布上谕，公布责任内阁13人名单的当天，各省咨议局代表齐集北京，聚集开会。只有广东、甘肃咨议局的代表没有到会。四天以后，第二届各省咨议局议员联合会正式在北京召开，比章程规定的开会时间提前了两个月，出席代表共62人，其中有资议院代表8人，各省咨议局议长、副议长22人。正式开会的头一天，就选举出湖南咨议局议长谭延闿为第二届联合会主席，直隶咨议局副议长王振垚为副主席。推选

谭延闿

湖北咨议局议长汤化龙等九人为审查员。随即大会开始，湖北咨议局议员胡瑞霖发言："现在一切政治的中心在于内阁，须由此处着手，若不以推倒现内阁为先决问题，其他问题无讨论价值。"他的发言引来一片欢呼。在欢呼声中，全体代表表决，推翻现内阁当即被列为会议议题。整个大会几乎都围绕如何推翻现内阁来展开讨论的，代表们各抒己见，群情激昂。要推翻现内阁，首先得推翻现内阁总理大臣奕劻。要推翻总理大臣奕劻，不能只从指责他贪污受贿这一个人行为上着手，而要从法理上入手。在法理上，皇族不宜充任总理大臣，达成了这一共识之后，湖北咨议局议长汤化龙被推举出来起草奏稿。

湖北咨议局是上一届各省咨议局议员联合会的"主任咨议局"。当议长汤化龙、副议长张国溶、议员胡瑞霖等启程从武汉出发，沿京汉铁路北上赴京时，武汉举行隆重的欢送仪式，为他们壮行。汤化龙、张国溶都在大会上登台讲话，慷慨陈词，表示将不会辜负湖北父老的重托，赴京一定会争出有利于人民的结果出来。湖北咨议局代表是带着强烈的责任感和使命感而来的，因此表现得比其他各省咨议局代表更为积极、主动、活跃。议长汤化龙在他起草的奏稿上说，君主立宪政体，内阁和议会并立，皇帝高高在上，地位神圣不可侵犯。议会监督内阁，有时不免冲突，内阁做得不对，会议有权利推倒他。推倒内阁，皇帝的地位一点都不受到影响。但如果让皇族成员来当内阁总理大臣，议会把当总理大臣的皇族成员推倒了，由于皇族成员跟皇帝的关系，势必影响到皇帝的地位。皇族成员的地位一落千丈，将很快冲击皇帝的无上权威。因此，请朝廷另派皇族以外的大臣来当内阁总理。

这份奏稿语言并不激烈，理由也说得过去。因为当时世界上主要的立宪国家如英国、日本，几乎都不用皇族成员来当总理。奏稿经联合会讨论修改之后，呈交给都察院，由都察院转奏朝廷，最后送达摄政王载沣手上。当时的上奏，如不是封疆大吏或朝廷重臣，一般都先交都察院，再由都察院转奏，这是正常的上奏渠道。

6月10日，都察院将联合会的奏稿上奏朝廷，摄政王载沣读了以后，不予理会。议员代表坐不住了，他们一面组织人马跑到庆王府大门口请愿，劝庆亲王奕劻自动辞职；一面将消息电告通知各省咨议局和上海、武汉商团。一时间，各地的质问电报像雪片一样纷纷打到北京。庆亲王奕劻迫于压力，后来给摄政王载沣提交了辞职信，但载沣就是不批。全国上下，人们议论纷纷：无论朝廷准与不准，都必须给个明确说法。

在民意的推动下，各省咨议局议员联合起来第二次上奏朝廷，这一次语气激烈，明显摆出跟朝廷对抗的姿态来，威胁朝廷说，西方国家有议会弹劾总理，总理遭到弹劾，有可能被流放，甚至可能被杀头。如果朝廷不改皇族内阁，一旦发生这样的情况，那么国体将为之发生动摇；前一封奏折为什么不给答复，人民对政府的希望破灭了，就会怀疑朝廷是不是要根本取消立宪！

这一封激烈的奏稿上呈朝廷之后，各省议员代表们深知这一封也会跟第一封一样，被摄政王载沣留中不发。一种悲观和失望的情绪在大家心中蔓延。6月25日，第二届各省咨议局代表联合会终于在一片悲叹声中闭幕。湖北咨议局副议长张国溶说："眼下问题如此之大，即使叫全国数千百人始终与政府抗拒，也恐怕无效。现在所做的，不过唤起全国舆论，以望时机成熟。大家回去以后，一方面对于国民陈述皇族不宜充当内阁之理由，一方面就目前种种不良政治推诿于现在内阁之不适，绝对不承认他。"议长汤化龙说得更激烈："内阁问题不能解决，我们提倡将不可抗拒的舆论布告全国，使国民确知现政府之不可恃，生出种种恶感，将来政府一定能推倒。此是确有把握的。"当然，汤化龙说的政府仅是指内阁而已，他还不敢明目张胆说要推翻朝廷。

各省咨议局的议员代表们经过五十多天的抗争之后，从北京回归各自的省份。他们当初来北京的时候也许还带着希望，但是回去的时候却是带着失望，甚至是绝望。他们在北京的这些天已敢于跟朝廷对抗，向朝廷挑战，回到地方将更加有恃无恐。朝廷已经不是一个有希望的朝廷，而是一个绝望的所在。地方咨议局议员都是地方士绅，是地方的实力派。他们的一举一动都牵动着国人的神经。很明显，他们感到朝廷戏弄了他们，那么他们会不会戏弄朝廷，或者抛弃朝廷呢？

在各省咨议局联合会闭幕之前，各省议员代表于6月4日在湖广会馆召开宪友会成立大会。宪友会是一个具有现代政党性质的立宪团体。他们标榜发展民权、完成宪政；具体列有六条政纲。这六条政纲是：

一、尊重君主立宪政体；

二、整饬地方政务；

三、讲求社会经济；

四、研究国民外交；

五、督促职责内阁；

六、提倡尚武教育。

宪友会政纲在报纸上一经发表，国内立宪派最重要的舆论报纸《时报》立即登出一篇耐人寻味的社论："反复推寻，然后知该党（指宪友会）发表之政纲不过表面上之揭橥，至其中所难言者，则留待明眼人善为体会之而已。夫国家自身不能自卫人民，则至人民之自卫，则人民亦何乐有此国家？"

各省咨议局议员的活动范围一般只限于本省，但宪友会这一团体的成立，说明各省咨议局的活动将不会孤立。一旦国家有事，地方各省就可以非常方便地利用宪友会这一组织相互串通、互相勾连。他们上可以对抗朝廷，下可以安抚地方。他们的向背，将决定国家的未来。朝廷已经被他们弄得筋疲力尽了，时时被他们牵着鼻子走，中国的专制历史滚滚延续了几千年，突然在20世纪的最初几年里拐了弯。这一切都源于什么？答案是晚清新政！

改革之痛

晚清新政源于一个六七十岁的老女人，慈禧太后。

其实，中日甲午战争悲惨而耻辱的结局，使得每一个人都睁开眼睛去看外面的世界。历朝历代因循的王朝体制受到了前所未有的挑战，非变不可了。精明的慈禧太后未尝不明白这一点，但作为一个六七十岁的老太婆，她的青春和壮年都是在旧的传统社会里度过，你要让她彻底地改变过去，她能同意吗？光绪皇帝是个冲动而缺少经验的年轻人，他所重用的康有为等人太激进了，对变法急于求成，假如让他们变革下去，国家会驶向何方呢？年轻人做事凭着一腔热血，有可能一下子把事情办好，但更有可能把事情办砸。假如整个国家就这样被这一群毫无经验的人搞砸了怎么办？三十多年的执政经验和历练告诉她，治理一个国家，更多的是要倚重那些老成持重、经验丰富、精明强干的老臣。李鸿章、荣禄等就属于这一类人。

镇压光绪皇帝领导的戊戌变法之后，这位六七十岁的老女人面临着越来越沉重的政治压力。来自国内反对的声音和来自国外反对的声音不断地传入她的耳朵，性格刚毅而不屈的她心中压着一团火，时时都有爆发的危险。意大利王国这时候不失时机地向她提出要租借浙江的兰门湾，她咬牙切齿地说不给，并下决心从全国各地调集军队，预备抵抗意大利。意大利，这个有点猥琐的欧洲第二流列强，居然在慈禧太后这个老女人的强硬面前灰溜溜地跑掉了。这次强硬给慈禧太后带来了巨大的自信，保守的朝廷大臣和地方疆吏纷纷向她表示祝贺。慈禧太后一时沉浸在鲜花和掌声中，她飘飘然地认为西方列强不足惧，只要以硬对硬，他们就会屈服。她甚至认为，大清的江山以前被各国列强一块一块地分割，是因为她对他们太软弱了。当义和团掀起的时候，这位想入非非的老太婆在失去理智的情况下，甚至发布诏书与全世界作战！这是人类历史上最荒唐的国家行为。当她匆匆忙忙从北京出逃西安的时候，一路上的颠沛流离让她从梦中醒来。山西巡抚毓贤密报一封盛宣怀拍发的关于"东南互保"的电报后，她的眼前一片眩晕，但等她冷静下来，她还是重新很认真地把电报内容一字一句地读完。读完后，她轻轻地在电报纸上批了三个字"知道了"。这个时候，这位老太婆终于发现，她的荒唐行为已经动摇了她对整个大清帝国的控制，她的命令将不会像以前那样畅通无阻了。帝国的江山面临着分崩离析的局面，大清的江山将毁在她的手上……一想到这些，出于女人的天性，她的眼泪不自然地一滴一滴地掉下来。

逃到西安，这位泪流满面的老太婆惊奇地发现，经历了灭顶之灾的大清王朝居然大难不死，外国列强居然同意她回北京继续统治整个中国。这是真的吗？在劫后余生的喜悦和不安中，慈禧太后开始慢慢地思考整个大清以后的命运。她经常流泪，后悔地说："没想到我会成为皇帝的笑柄。"她对政治的敏锐和精明的本能能使她意识到，除非自己表露出某些后悔的样子和制定政治的新措施，否则就难以继续行使她的统治权。同时，她知道她不能再追究"东南互保"的那些封疆大吏们不服从命令的责任，反而要安抚他们，甚至重用他们，让他们继续围绕在自己的周围感受皇恩，而不要离心离德。

慈禧太后在回北京之前，就从西安向全国各地发出改革的命令，她要她的朝廷大臣们和地方疆吏们拿出各自的改革方法来，命令一道接着一道，新政就这样在慈禧太后的命令下诞生了。她也许委屈，因为她所实施的新政无非是从她的政敌那儿掏出来的。然而，这位老太婆心里比谁都清楚，个人的面子问题一旦摆在滚滚而来的时代潮流面前，任何高贵、虚荣以及不可挑战的自尊，都显得那么的微不足道。

慈禧太后是个好面子的女人，但她更是一个精明的政治家。蒋介石曾经在他的日记里这样写道："政治让人过着像狗一样的生活。"这句话套在慈禧太后身上，同样适合。她从西安回到北京，对凡是居住在北京的高鼻碧眼的外国人都格外高看，甚至是曲意巴结和迎合。身为女人，她懂得利用女人的天性邀请外国公使的夫人们来皇宫陪她聊天或共进午餐，允许公使夫人的孩子们在紫禁城的地板上摸爬打滚。

从根本上说，新政的出笼是慈禧太后出于迎合外国人和国内反对势力的一项政治策略。当她从全国各地源源不断的折奏中选中张之洞和刘坤一联合递交的变法折奏之后，历史上著名的"江楚会奏三折"就这样出笼了。

张之洞，直隶南皮人，26 岁考中进士，是慈禧太后钦定的探花。年轻时是京城著名的清流派领袖，与另一个清流派代表人物张佩纶，曾经大骂过曾国藩、李鸿章等洋务派领袖，那时书生意气，指点江山。等他们出了京城，雄心勃勃去外边的世界一看，这个世界完全不是他们笔下所描述的那样。张佩纶 1884 年被派到福建督师，跟法国海军作战，吓得魂不附体，躲到山上不敢出来。张之洞比张佩纶幸运，他没有直接面对洋人的坚船利炮，他是站在张佩纶的背后，听到了洋人的大炮划过头顶的轰轰声，同样惊吓得魂不附体。经过这一次战败，张之洞很快敏锐地改变自己，戏剧性地从"清流"转到"洋务"。他是那个时代从"清流"转向"洋务"转得最成功的读书人。在他担任湖广总督期间，下决心"图自强，御外辱。挽权利，存中学"，兴实业，办教育，练新军，留下晚清中国最系统、最成气候的改革——湖北新政。他主政的武汉很快成为中国的"重工业之都"，汉阳钢铁厂是当时中国甚至东亚规模最大的钢铁厂，汉阳兵工厂是当时中国规模最大、设备最先进的军工企业，其生产的武器闻名全国，"汉阳造"步枪一直是 20 世纪中叶以前中国步兵的主要装备。武汉也因此成为仅次于上海的中国第二大城市。以后武昌兵变，湖北能够以一省之力对抗实力雄厚的北洋军，坚持独力作战两三个月，背后就是张之洞新政留下的经济基础和物质基础。在武昌独力作战期间，南方各省蓬勃地掀起了独立风潮，从而奠定了天下大势。

汉阳钢铁厂是当时中国甚至东亚规模最大的钢铁厂

汉阳兵工厂是当时中国规模最大、设备最先进的军工企业

　　由于在义和团运动中，"东南互保"成功地保住了东南半壁江山不受八国联军的侵扰，尽管"东南互保"是违反了朝廷的旨意，但《辛丑条约》签订后，慈禧太后念及张之洞、李鸿章、刘坤一、盛宣怀等人保国有功，给他们加官一等，奉宫廷太保。慈禧太后知道，她只有这么做，才能维护大清帝国摇摇欲坠的江山。同时，她决心采纳张之洞、刘坤一等人的建议实施新政。

　　在所有的改革措施中，风险最小的无疑是教育改革。教育的着眼点放在长远，而不在目前。它不是一件立竿见影的东西，因而不可能一开始就危机重重。并且，它又是那么的迫不及待，因为现实需要方方面面的人才都得从教育中来。1901 年，刚刚回到北京的慈禧太后通过朝廷向全国下诏："将各省所有书院，于省城均改设大学堂，各府、厅、直隶州均设中学堂，并多设蒙养学堂。"两年后，管学大臣张百熙、荣庆和湖广总督张之洞仿效日本，匆匆忙忙地制定了一整套完整的学堂章程。从此，中国开始迈开了近代教育的新步伐。又两年，慈禧太后接到直隶总督袁世凯会同盛京将军赵尔巽、湖广总督张之洞、两江总督周馥、两广总督岑春煊、湖南巡抚端方的联衔会奏，以科举"阻碍学堂，妨碍人才"，奏请罢停。从此，自隋唐以来施行了一千多年的科举考试，终于从中国的历史舞台上黯然转身，寿终正寝。

　　中国传统的教育制度是跟科举考试连在一起的，是为朝廷培养官员的。一个胸怀大志的读书人，不管你是在城市还是在农村，不管你是在内地还是边疆，也不管你是有钱的还是没钱的，更不管你是年龄大的还是年龄小的，只要有老师教，只要有一张桌子和一把椅子，或者连一张桌子和一把椅子都没有，只要你有恒心，有毅力，照样可以读书，照样可以考试。"洞房花烛夜，金榜题名时"一向都是一千多年来读书人孜孜以求的梦想。然后升官发财，为国家为社会贡献出自己的聪明才智。人生最最美满的事情莫过于此。直隶总督袁世凯读书读到吐血，竟是连一个小小的童生都考不上，一辈子饱受别人的轻视和嘲笑。现在由他来担当废除科举的直接推手，其中的感叹和快乐在中国找不到第二个人配得上跟他分享。他的女儿袁静雪后来回忆说："这是我父亲一生中最为幸福的事情。"

废除科举之后，新建的学堂与旧的私塾完全不同。办学堂需要建校舍，把成百上千的学生集中起来。建校舍需要钱，集中学生也要钱。钱从哪里来？政府一面征收学捐（教育附加税），一面把地方庙宇改为校舍。征收学捐加重了老百姓的负担，把地方庙宇改为学堂校舍则破坏了老百姓传统的民间信仰。而且，学堂收费高，穷人家的孩子没钱上学。再者，学堂一般都建在城市，农村的孩子需要进城读书，只有地主家庭才有能力供养孩子们一路读完小学、初中、高中、大学。

新学堂从来都不考虑广大农村农民的感受。中国说到底还是一个农村农民社会，新学堂跟这个社会的农村农民隔膜很深。毛泽东1927年回忆他在湖南新学堂当学生的亲身经历时说："洋学堂，农民一向看不惯的。我从前做学生时，回乡看到农民反对洋学堂，也和一般洋学生、洋教习一个鼻孔出气，站在洋学堂的利益上面，总觉得农民未免有些不对。民国十四年在乡下住了半年，这时我是一个共产党员，有了马克思主义的观点，方才明白我是错了，农民的道理是对的。乡村小学校的教材，完全说些城里的东西，不合农村的需要。小学教师对待农民的态度又非常不好，不但不是农民的帮助者，反而变成了农民所讨厌的人。故农民宁喜欢私塾，不欢迎学校，宁欢迎私塾老师，不欢迎小学教员。"

从建学堂的第一天开始，天下百姓反对学堂的声音鼓噪而起，愈演愈烈；各地破坏学堂和由于建学堂而引发的农民暴动，时不时就会传进紫禁城来，坐在深宫里的慈禧太后不停地抹眼泪。女人的泪水有它脆弱的一面，也有它坚强的一面。慈禧太后向来都是一个以眼泪感人、以手腕服人的强悍女人。但是面临这些，在流泪背后，慈禧太后施展不出什么高明的手腕来。

与天下百姓反对学堂的声音相比，新学堂培养出来的学生，心里面装的是西方的东西，什么数学物理啦，生物化学啦，物竞天择、适者生存，自由平等，种族斗争……这些东西只是在城市里出现，与广大的中国农村完全扯不上关系。很多农村的孩子进入城市读书，他们学来的东西回到农村完全无用。一句话，他们已经回不了农村了。城市里又一时没有那么多的工作岗位让他们就业，他们对这个社会有怨气，时时都有可能成为社会暴动的隐患。

实际上，学生们在学堂里上学，从来都不曾安静过一天。他们掀起一次又一次学潮，以表达他们对现实的抗议以及对未来的忧虑。这些学生学到一定的知识以后，他们中的优秀者被朝廷派到日本去留学，其中又有很多人在日本转变为孙中山的革命信徒，反过来要推翻朝廷。慈禧太后不可能不知道留日学生的革命躁动，狂风巨浪就要来临，但慈禧太后知道不改革就没有出路！

1905 年以前，新政最为重要的举措，一个是兴学堂，另一个是练新军。自从第二次鸦片战争之后，按照西方军队的练兵模式练兵，成为中国最为现实和最为紧迫的任务。因为每一次对外战争的失败，都会引起人们对国家军队的反思与争论。甲午战争的失败，证明李鸿章的淮军只采用一半的西式练兵法训练士兵是不对的。1901 年，刚刚经历了枪炮下的颠沛流离，慈禧太后回到北京，她惊奇地发现：袁世凯的那支完全按照西方的练兵模式训练出来的军队，居然在离八国联军占领的北京近畿山东省完好无损地保存下来！于是，她高兴地把袁世凯叫来，赏他担任直隶总督，以接替那个刚刚死去的、一辈子忠心耿耿的、任劳任怨的李鸿章。袁世凯的军队是中国第一支现代化军队。这支军队汇集了步兵、骑兵、炮兵、工程兵、辎重兵等多个兵种，完全依靠专业的军事技术和现代的军事知识进行管理。

专业的军事技术和现代的军事知识，只能依托学校来培养。袁世凯的军官很多都是武备学堂的毕业生或进过外国军校的留学生。袁世凯的士兵也不像当年的曾国藩，招募"朴实山农"；更不像李鸿章，集中淮北的团练。他要精挑细选，最好能选懂一点文化知识的人来做他的士兵。慈禧太后坐在深宫里用心细细地关注着袁世凯的新鲜变化，接着命令他为朝廷练兵处的会办大臣，总理大臣是庆亲王奕劻。袁世凯是个汉人，不能让汉人掌握国家军队的最高指挥权，所以慈禧太后派庆亲王奕劻来做袁世凯的顶头上司，以节制他的权力。然而，庆亲王奕劻是个老眼昏花的老财迷，经不起袁世凯的甜言蜜语加糖衣炮弹的轮番袭击，竟然倒进了袁世凯的怀里。慈禧太后感到悲哀，因为她在自己的满人中已经找不出第二个能够节制袁世凯力量的人了。

其实，慈禧太后对于袁世凯的力量不断壮大并不怎么害怕，因为袁世凯毕竟还是忠于自己的。她害怕的是，假如她死了，袁世凯会不会继续忠于大清呢？

1905 年，令慈禧太后料想不到的是，日俄战争的胜负意外地改变了她一手导演的循序渐进的新政进程。也就是说，新政按部就班地走到1905 年，不得不意外地加速了。

日俄战争在中国东北爆发，日本在不被看好的情况下战胜了俄国。这是历史进入近代以后，东方的黄种人第一次战胜西方的白种人。在中国的领土上进行的这场战争使得中国人大受惊恐和慌乱。在惊恐和慌乱中，人们睁大眼睛看到了庞大的俄罗斯帝国失败的全过程。于是，全国的舆论纷纷寻找日本这个东方小国为什么能战胜庞大的俄罗斯帝国的原因，大家都异口同声地认为日本之所以战胜俄国，是因为日本实行的是君主立宪制，俄国实行的是封建君主专制，即立宪制战胜了君主专制。这样一来，舆论的矛头一下子转回了国内。中国社会各阶层一致要求朝廷施行宪政改革。把宪政说成是拯救中国的灵丹妙药。什么是宪政？慈禧太后肯定搞不清楚，因为这完全是西方的东西。但是搞不清楚的东西也得搞下去，就只好摸着石头过河。摸着石头过河，日夜处于胆战心惊的恐惧状态，任何风吹草动，都容易使人泄气。但慈禧太后知道，改革只能向前，倒退是没有出路的。

主张施行宪政，最具代表性的人物就是大清帝国状元张謇。

张謇，1853 年出生于江苏南通，1894 年考中状元。那一年，作为新科状元的张謇极力主张对日作战。战争失败打碎了他书生报国的金戈铁马之梦。他决心放弃朝廷给他的高官厚禄，回到他的家乡创办实业。

张謇的才干似乎是与生俱来的，他考试能考状元，做实业也能做状元。1898 年他的大生纱厂建成投产后，经过数年的经营，逐渐壮大，到宣统三年（1911 年）为止，大生纱厂的净利润竟达 370 万两白银，成为中国东南沿海实

张謇

力最雄厚的民族资本企业。毛泽东曾经说，谈中国的重工业，离不开张之洞；谈中国的轻工业，离不开张謇！

但张謇毕竟是个读书人，有了钱之后的他，走上了另一条"达者兼济天下"的路，民族和国家的命运始终是他内心深处关注的所在，他跃跃欲试，想在政治上有所作为。而他的实力和能力，又使他立即成为东南最具声望的立宪派领袖人物。

张謇 1903 年曾去日本考察了 70 天，每向日本人问一个问题，他都把对方的回答详细地作了笔记，不放过任何细节。其中，他对日本宪政特别关注，认为中国必须向日本学习。回国后，张謇参加为湖广总督张之洞等人草拟立宪奏稿，刊印《日本宪法义解》和《日本议会史》两本小册子送给自己的各界朋友，请朋友把他的小册子送达朝廷。此外，张謇亲自跟满族大臣铁良深谈宪政问题，临别时把自己写的这两本小册子赠给铁良作临别礼物。

从 1907 年春开始，张謇受到慈禧太后 4 次召见。慈禧太后希望从他口中得到有益的建言。

张謇觐见慈禧太后，不像一般的朝臣那样委婉地说话，他一开口就直接大胆地问太后改革是真的还是假的？慈禧太后被他问傻了，半晌才缓过神来，反问道："因为国家形势不好才着手改良，改革还有真假不成？"张謇于是向太后直言新政的种种困难。如新政急需要钱，国家财政困难，不得不加重税收。加重税收，增加人民负担，加上地方官又借新政横征暴敛，人民更加怨声载道。海外青年留学生对国内官场腐败、宪政进程不满，革命党掀起排满革命，青年留学生大多由于年龄和阅历轻，没有正确的判断力，纷纷加入革命或拥护革命……

慈禧太后听着听着，在张謇的面前禁不住失声痛哭，边哭边说："我久不闻汝言，政事败坏如此。你可以问问皇上，现在召对臣工，不论大小，甚至连县官也时常召见，哪一次我不是用言语以求激发天良，要求他们认真办事？万不料全无感动！"

改革向来都不是一帆风顺的，张謇的直言不是没有道理。具体一点说，慈禧太后推行宪政改革需要大量的经费，而这些费用都以各种名目强加到百姓头上，许多官吏在推行改革过程中又趁机中饱私囊、搜刮民财，百姓负担不断加大，被逼得没办法，不得不起来反抗。当时上海的《东方杂志》做过调查，1909 年曾发生 113 起民变，1910 年发生 285 起。

以广西为例，广西在咸丰、同治年间，全省的财政收入每年只有白银一百余万两，到了光绪十二年（1886 年），龙州边防军编制和人数大幅度增加，军费开支不得不依靠外省的支援。广东每年支援白银五十万两，湖南支援二十万两，湖北支援十万两。庚子赔款，广西每年摊派三十万两。庚子过后举行新政，新政什么都要钱，这些钱都得靠加征赋税而来。到 1910 年，广西全省的财政收入达到白银三百万两，而当时编练一个镇的新军，每年需要花费一百三十万两。花在军费上的开支越多，用在其他方面的开支就越少。向人民征收的赋税越高，引起人民反抗的概率就越大。1904 年，广西发生旱灾，粮食失收，全省范围内普遍发生饥荒，地方会党乘机鼓动吃不饱饭的农民起来暴动。会党组织的农民暴动多达万人，清军统领马盛治被农民军包围，战至阵亡，所属部队几乎全军覆没。起义军攻占忻城、北泗、北棚等县城，向柳州、柳城、融县、罗城、环江、中渡、大苗山等地发展，当地地方官员纷纷被杀。朝廷震惊，紧急征集广东、湖南、湖北、云南、贵州五省的兵力，从四面八方调来围攻暴动的农民军，费了九牛二虎之力，才最终将它扑灭。

可以说，由改革引起的民众暴动所产生的社会影响，远比孙中山、黄兴等少数几个革命党领袖在东南沿海边疆地区发动的革命起义大得多。孙中山、黄兴等革命党领导的革命起义不足惧，惧怕的是他们的革命思想传给那些因改革而不满的民众耳朵里，那才是真正动摇了帝国的根基。慈禧太后心里非常清楚，她越来越失望地看到，她把科举废了，读书人对朝廷的向心力没有了，朝廷花钱派出大量的留学生到日本去。这些留学生一到日本，很多都成为孙中山的革命信徒。

改革的道路危险重重，慈禧太后也悲哀重重。但她是个坚强的人，她知道，改革必须走下去，倒退是没有出路的，倒退只有死路一条。于是，慈禧太后鼓足勇气，于 1908 年 8 月 27 日，亲自颁布《钦定宪法大纲》。于是，中国历史第一次有了宪法，第一次把宪法作为国家的根本大法颁布下来。同时，慈禧太后又宣布以九年为期，逐年筹备宪政，期满即开国会。根据"九年筹备立宪清单"，先在各省设咨议局，再在朝廷设资政院。

1908 年 11 月中旬，74 岁的慈禧太后就带着她的那位病恹恹的光绪皇帝一起离开了人世，这离她刚刚颁布的《钦定宪法大纲》仅仅过了三个月！病重之时，慈禧太后把具体实施宪法的权力传给一个只有三岁的小男孩——溥仪。溥仪很快登基做了宣统皇帝，他的父亲载沣则顺利地当上了大清帝国的监国摄政王，替儿子掌管天下大权。载沣这时候年仅 25 岁！

载沣对一夜之间全归于他的权力其实相当陌生。对于这突如其来的权力，他并不怎么感到幸福，而只是战战兢兢。他首先迫不及待地组建由自己直接控制的皇家禁卫军，用来保卫北京朝廷的安全。同时诏告天下，告诉天下人自己以监国摄政王代替儿皇帝总理国政，并行大元帅之职，把全国军队的最高统帅权抓在手上。在制度层面上握住权力之后，他还不放心，害怕权力红杏出墙，急急忙忙把政敌袁世凯废了。废了袁世凯之后，他还担心自己的臂力太小，担心自己一个人把持不了那么大的权力，就处心积虑地把他的两个亲弟弟推上掌管帝国陆海军的高位。

年轻气盛的六弟载洵掌管帝国海军，他好大喜功，一上台就宣布一个雄心勃勃的复兴大清海军的七年规划，可惜时不待我，很快在辛亥革命的冲击中夭折。同样是年轻气盛的七弟载涛上台当帝国陆军军谘府大臣，重用大量留日士官生，军谘府各厅厅长全部由留日士官生来当。载涛本人不懂军事，无形中，用人行政的实权都落到了留日士官生手里。留日士官生在军谘府发布命令，将全国各省编练的新军上层军官统统换成他们的同学。两三年后辛亥革命爆发，掌握各省新军军权的留日士官生纷纷起来独立，反过来推倒朝廷。载涛派军谘府科员兼官报局副局长李书城、军谘府科员黄郛南下，试图与南方的民军商议罢兵和谈。李书城和黄郛离开北京以后，从天津乘船前往上海，船一拢岸就背叛了朝廷，加入南方民军跟清军作战。李书城跑到武汉去当革命党领袖黄兴的总参谋长，在汉口、汉阳前线指挥民军跟冯国璋的清军作战；黄郛留在上海帮助陈其美组建沪军，自任沪军都督府总参谋长，并率沪军加入江浙联军攻陷南京。这是后话，当然载涛当时不会想到，他的哥哥载沣更不会想到！

载沣的本性是一个温厚和蔼的人。一般来说，温厚和蔼的人，可以成为社会道德的典范，但绝对成不了国家政治的楷模。尤其是在不大正常的国家社会里，这种人一旦掌握了国家政权，给国家带来的坏处往往大于好处。慈禧太后以她的精明，肯定懂得这个道理，但是她为什么还要把懦弱的载沣推上权力的最高峰呢？这个问题在以后的历史中，不断地萦绕在很多人的心中，尤其是那些留恋大清的人们心中。

民主的闹剧

　　1909 年 10 月 4 日这天，载沣起得很早，命人备好轿子，去白米斜街看望病入膏肓的老臣张之洞。他对张之洞说："中堂公忠体国，有名望，好好保养！"张之洞说："公忠体国，所不敢当，廉正无私，不敢不勉。"载沣走后，傍晚 6 点钟，一直卧床不起的张之洞突然坐起，下床，换衣服，又继续睡。再次躺在床上的张之洞全身发热，大汗淋漓。晚上 11 点，张家诸子个个跪在父亲床前，聆听父亲的最后吩咐。张之洞反复告诫他的后代，要他们"勿负国恩，勿堕家学，勿争财产，勿入下流"。张家诸子泣不成声，张之洞叫他们不要哭，说："我的一生，学术行十之四五，治术行十之五六，心术则大中至正。"说完，张之洞叹了一口气。不久，就合上双眼，平静地离开了人世。

　　张之洞走了，带着晚清"四大名臣"（曾国藩、李鸿章、左宗棠、张之洞）的荣耀走了。他的一生经过道光年、咸丰年、同治年、光绪年、宣统年五个变化多端的时代。他活着的七十二年间，鸦片战争、太平天国运动、洋务运动、中法战争、中日战争、义和团运动和八国联军，清末新政与预备立宪，接踵而来，他本人由旁观到参与，由激愤到持重，成为无可争议的时代弄潮儿。他是那个时代最有精神的学问家，亦是那个时代最有精神的政治家。他的死无疑是大清帝国的遗憾。从此，大清帝国再也没有一个像张之洞这样能够无限忠于大清、无限忠于他的事业的人。大清帝国，这艘庞大无比的航船，没有了张之洞，将会驶向何方呢？

　　张之洞死后两个月，另一个老臣孙家鼐也死了。如果人们可以让时光倒流，逆着时序回头看，1908 年光绪和慈禧去世，王文韶去世，1904

年翁同龢去世，1903年荣禄去世，1902年刘坤一去世，1901年李鸿章去世……短短九年时间，一个又一个老成持重、忠心耿耿的重臣相继去世，他们留下的权位可以由年轻人很快补上，但他们的权威却一时没人能够补回来。袁世凯是个唯一存在的既有权位又有权威的人物，然而，他的权位和权威却对刚刚上台的摄政王载沣构成了巨大威胁。年轻的摄政王载沣知道，要是扳不倒袁世凯，他这个摄政王永远只是个傀儡。于是，他以一种不能让人信服的方式把袁世凯赶出京城，又同样以另一种更不能让人信服的方式让他的两个弟弟载涛和载洵分别掌管帝国陆军和帝国海军。载沣时年25岁上下，这个年纪不可能让他具有令人放心的执政经验，当然也就积累不了让人信服的权威。一个没有权威的执政者，在一个动荡不安的时代，一上台就打倒他的政敌，又任人唯亲，后果是相当可怕的。张之洞生前忧心忡忡，曾经力劝载沣不要提拔自己的两个弟弟，载沣不听。张之洞一死，能够在载沣面前说话的重臣几乎没有，而载沣面临的局势是全国各地一片时起时伏的宪政浪涛声。速开国会，速设议院等等，立宪派叫喊出来的口号都带一个"速"字，催促帝国快马加鞭，全速冲刺，跃进一个宪政时代。

宪政的具体开端是各省纷纷建立咨议局。

《咨议局章程》规定："咨议局为各省采取舆论之地，以指陈通省利病，筹计地方治安为宗旨。"这条规定表明，咨议局不是地方的权力机关，而是各省的民意机构，相当于各省议会，用来监督各省地方政府的。

咨议局的职权很大，包括：议决本省应兴应革事件；议决本省岁出入预决算、税法及公债、单行章程规则之增删修改事件；负责资政院议员之选举；申复资政院和督抚之咨询；公断和解本省自治会之争议，收受本省自治会或人民陈请建议等。虽然，咨议局议决出来的内容必须经地方督抚批准才管用，但地方督抚想要做什么，如果没有得到咨议局的同意，也不能做下去。这样一来，咨议局便成为能够与地方督抚并驾齐驱的权力中心。无形中，集权的力量分散了，民主的力量凸显出来。

咨议局议员的选举，根据《咨议局章程》的规定，凡属本省籍贯之男子，年满 25 岁以上，具下列资格之一者，有选举咨议局议员之权：

一、曾在本省地方办理学务及其他公益事务满三年以上著有成绩者；

二、曾在本国或外国中学堂及与中学同等或中学以上之学堂毕业得有文凭者；

三、有举贡生员以上之出身者；

四、曾任实缺职官文七品、武五品以上未被参革者；

五、在本省地方有五千元以上之营业资本或不动产者。

同时，《章程》还附加一条：凡非本省籍贯之男子，年满二十五岁，寄居本省满十年以上，在寄居地方有一万元以上之营业资本或不动产者，亦得有选举咨议局议员之权。

根据这样的规定，能当选咨议局议员的都是各省士绅官商的头面人物。于是，咨议局便成为各省士绅官商集聚荟萃的场所。如果上溯历史，中国民间社会的管理模式，从古到今一直都由朝廷派来的官员跟地方士绅共同维系。现在咨议局出现了，地方士绅便能够从各个零散的角落走到一起来，聚合成一股庞大的政治力量。这股力量远比他们各自分散在角落里的力量大。如此一来，咨议局实际上便成为地方的权力中心，督抚的作用变小了。如果弄不好，地方咨议局站起来跟朝廷对抗，朝廷对它也没有办法。它如果闹分裂，朝廷亦只能听之任之。

咨议局在各省一建立，立即成为各省立宪派的中心。各省的立宪派都认为慈禧太后生前制定的九年预备立宪时间太长了，要加速立宪，加速开国会。

但从今天来看，这个九年期的立宪时间表似乎是可行的。但是，那个时代的人们不理解，以为是朝廷在拖延时间。张謇曾经怀疑过慈禧太后实施宪政的诚意。载沣上台以后，他对慈禧太后的既定立宪政策一成不变地继承着，张謇对此十分不满，决心运用他的人望和巨大的影响力来加速朝廷的立宪进程！

1909 年 10 月 14 日，江苏咨议局成立，张謇当选咨议局议长。议长张謇雄心勃勃，跟江苏省巡抚瑞澂、咨议局议员雷奋、孟昭常、杨廷栋、许鼎霖等人，在咨议局开会的前一天，拟定了一项惊人的计划。该计划分两个部分同时进行：由瑞澂出面联合各省督抚要求朝廷迅速组织责任内阁，由张謇出面联合各省咨议局要求朝廷迅速召开国会。当天下午，江苏省咨议局开茶话会招待议员，议员们个个激动异常，纷纷登台发表演说："中国外交失败，内政不修，非联合各省速开国会不可！"

11 月初，张謇亲自去了一趟杭州，取得了浙江巡抚曾韫和省咨议局议长汤寿潜的大力支持。这使张謇信心大增。其后，江苏咨议局议员杨廷栋、孟昭常、方还等人分头出发，分赴全国南北各省，以国事日危，9 年立宪期限太长，要求各省咨议局派出代表，到上海开各省咨议局联合会议，催促朝廷迅速召开国会。湖南长沙修业学校有个 32 岁的教师叫徐特立（毛泽东的老师），听说上海那边有人搞国会请愿运动，一时热血沸腾，竟然拿刀割掉自己左手的小指，写下"请开国会，断指送行"八个血淋淋的大字。写完之后，当场晕倒。当时的人们惊呆了，他的热血换来了一片欢呼和喝彩。

12 月 18 日，江苏、浙江、安徽、江西、湖南、湖北、河南、广东、广西、福建、山东、直隶、山西、奉天、吉林、黑龙江 16 省咨议局代表 50 多人齐聚上海，开会商议请愿速开国会。会上，湖南代表罗杰、刘善渥向各省代表展示了徐特立的血书。顿时，整个会场像炸开了锅，群情激动，代表们纷纷挥泪大叫：这次请愿不请则已，请必于成，不成不返！有的代表甚至极端地表示："如请愿不成，当负斧踬死阙下！"

经过近半个月的激情讨论和酝酿，16 省代表决定派员到北京直接向朝廷请愿。临行前，张謇信心满满，连夜改定《请速开国会建设责任内阁以图补救意见书》，并设宴饯行，作壮行书《送十六省议员诣阙上书序》：

闻诸立宪国之得有国会也，人民或以身命相搏，事虽过激，而其意则诚。我中国神明之胄，而士大夫习于礼教之风，但深明乎匹夫有责之言，而鉴于亡国无形之祸，秩然秉礼，输诚而请；得请则国家之福，设不得请而至于三、至于四、至于无尽，诚不已，则请亦不已，未见朝廷之必忍负我人民也。

1910 年 1 月，代表们在热烈的欢送声中离开上海，溯江而上，途经安庆、汉口，又受到安徽、湖北各团体各界人士的热烈欢迎，最后沿京汉铁路北上。

经过几天几夜的长途旅行，火车缓缓驶进北京火车站。于是，一场由南方开始的请愿运动，已经进入了北京的政治中心。他们将会掀起什么样的运动呢？

1 月 16 日，请愿国会代表团 33 人，由直隶咨议局议员孙洪伊领衔，正式向都察院呈递了速开国会的请愿书，要求在一年之内召开国会。都察院是监察机关，通过它把请愿书传奏朝廷，是一个正当和正规的途径。但是，都察院一开始就把代表们的请愿书给压了下来，拖到 28 日，摄政王载沣已通过别的渠道了解到其中的一些情况，当面警告都察院御史张英麟，不准再拖延时间了，张英麟才将请愿书上奏给朝廷军机处。

摄政王载沣读了代表们的请愿书之后，感到事情重大，不敢自作主张，跟军机大臣们仔细探讨，大家的意见一致认为：缩短年限徒滋纷扰，应对请愿给予拒绝。于是，摄政王载沣于 1 月 30 日小心翼翼地颁布一道上谕，一面赞赏代表们的爱国热忱，一面给代表们解释说："我国幅员辽阔，筹备既未完全，国民智识程度又未划一，如一时遽开议院，恐反致纷扰不安，实足为宪政前程之累。"载沣又进一步耐心地说："宪政必立，议院必开，所慎筹者，缓急先后之序耳。夫行远者必求稳步，图大者不争近功，现在各省咨议局均已举行，明年资政院亦即开办，所以为议院基础者，俱在于此。"

这是载沣的心里话，这番心里话体现了一个当政者的苦楚。载沣这番话，我们今天回头去看，仍觉得似乎也有道理。但可惜的是，已经被激情所笼罩的代表们体会不到一个当政者的苦心。载沣的这道上谕，几乎给他们激情燃烧的灵魂泼了一盆冷水。然而，激情一旦燃烧了，就不是一道谕旨就能浇灭的事儿了。

对于这个结果，代表们似乎早就预料到了。如果这次请愿成功了，那才是意外，不成功是正常。向来对当政者的妥协，不必奢望一蹴而就，代表们仍兴高采烈，请愿运动仍旧继续进行。可是，继续进行的请愿运动悄悄地改变了策略，直隶咨议局议员孙洪伊提出："朝廷既然不允速开国会，各省国债会应即停止，何时允开，何时再行筹办。"很显然，这个办法就是要挟朝廷！

孙洪伊是天津人，光绪朝的少年秀才，家中非常富有，为人豪侠仗义，性情急躁，喜欢冒险，又固执己见。1908 年，孙洪伊当选直隶省咨议局议员。当上议员的他立即建议用直隶咨议局的名义，号召各省咨议局派出代表，成立全国咨议局联合会，表现出与众不同的政治热情和政治眼光。一年以后，江苏省咨议局集约各省代表到上海开会，孙洪伊表现激进，是会场的火药人物，连张謇都觉得他做得太过头了。会议决定上书要求政府速开国会，孙洪伊慷慨陈词，愿意领衔代表第一个签名，如政府怪罪，由自己一人承担。孙洪伊那种敢说敢做、敢作敢为的气魄，很快赢得了代表们的信任和拥护。

第一次请愿运动失败后，1910 年 6 月，同样由孙洪伊领衔，第二次声势浩大的请愿运动又出现了。这次国会请愿代表团的人数多达 150 人，包括各省立宪团体代表、商会代表、学会代表以及海外的华侨代表，他们手上拿的请愿书不止一份，而是十份，一共有 30 万各界群众的签字，沉甸甸的，相当有分量。

这一次，都察院御史张英麟很快把请愿书上交给了朝廷。摄政王载沣看到请愿书上有多达 30 万人的签字，吓得脸色苍白。平时说话声音不大的他，也忍不住大声地说："人民请愿如此之多，倘再不准，未免大失民心啊！"但等他冷静下来，还是觉得不能答应他们，万一开了先例，以后凡事都可以效仿请愿，朝廷还像个朝廷、国家还像个国家吗？于是，载沣在征询了军机大臣的意见之后，决心不为所动。6月27日，他下了一道谕旨说："仍俟九年筹备完全，再行降旨定期召集议会，尔等忠爱之忱，朕所深悉。惟兹事体大，宜有秩序。宣谕甚明，毋得再行渎请。"

6月27日颁发的谕旨当天就传遍了京城，孙洪伊慌了。有人劝他别那么热心再搞请愿了，他当即慷慨激昂地表示："我等受父老之重托，为天下所仰望，苟不达到速开国会之目的，虽诸君尽归，我孙某抵死不出京师一步也！"孙洪伊自从领衔请愿后，就一心一意扑在请愿运动上，其他事情一概不闻不问。有一次，他的家人来信叫他回家处理家事，他说："国会一日不解决，则一日不回乡"，一口回绝。

载沣的谕旨刚刚下过两天，6月29日、30日，请愿代表团成员连续两天召开会议，讨论下一步的打算。在会上，孙洪伊力排众议，大声疾呼请愿有进无退，必须毫不犹豫地坚持下去。在孙洪伊等人的坚持下，会议最后通电各省："务必再作第三次请愿之举，矢以百折不挠之心，持以万夫莫拔之力，三续，四续，乃至十续，或可有望成功！"

张謇知道了孙洪伊等人在北京的困难之后，马上以江苏省咨议局议长的名义发表公报，号召各省议长都到北京去，声援国会请愿代表团，另外组成"议长请愿团"，以别开第三次请愿之新面目。一时间，湖北省咨议局议长汤化龙、湖南省咨议局议长谭延闿、四川省咨议局议长蒲殿俊、浙江省咨议局议长汤寿潜等纷纷表示支持。于是，一项规模更加宏大的第三次请愿运动开始了。

10月25日，由东三省总督锡良、湖广总督瑞澂领衔，两广总督袁树勋、云贵总督李经羲、伊犁将军广福、察哈尔都统溥良、吉林巡抚陈昭常、黑龙江巡抚周树模、江苏巡抚程德全、安徽巡抚曾韫、江西巡抚冯汝骙、湖南巡抚杨文鼎、山东巡抚孙宝琦、山西巡抚丁宝铨、河南巡抚宝茱、新疆巡抚联魁、广西巡抚张鸣岐、贵州巡抚庞鸿书，联名致电军机处，要求立即组织责任内阁，明年开设国会！

这一下，摄政王载沣傻眼了。迫于形势，他不得不于11月4日下诏：缩短预备期限，决定于1913年召开国会，并先行组织内阁。

张謇得到朝廷缩短立宪期限的消息，高兴得手舞足蹈，像个小孩。当他兴高采烈地来到江苏省咨议局，欲将这一好消息告诉大家。他还没有走近咨议局大门口，远远的，就听见那边传来噼里啪啦的鞭炮声。

张謇应该是这个时代最具影响力的实干家。多年的历练使得他比一般人更具有现实性，他的高兴应该是真诚的。但是，与他一起为争取朝廷缩短立宪时间的其他人却不这样认为。他们本来是要求朝廷明年（1911年）开始国会，可朝廷只答应缩短到1913年，并没有给予他们完全的要求。他们很泄气，仍然要继续上书朝廷，要求立即于明年召开国会！

这些人还要继续上书，这让摄政王载沣感到相当烦躁。他觉得自己已经对他们的要求作出了让步和许诺，这些人怎么还这么不依不饶？于是干脆下一道谕旨说："此后倘有无知愚氓，借词煽惑，或希图破坏，或逾越范围，均足扰害治安，必即按法惩办……"载沣觉得这样做还不够，又另下一道解释性的谕旨说："现经降旨，以宣统五年为开设议院之期。所有各省代表人等，著民政部及各省督抚剀切晓谕，令其即日散归，各安职业，敬候朝廷详定一切，次第进行。"东三省代表竟敢抗议他的谕旨，于12月10日进京上书请愿，要求明年行宪。载沣十分恼火，下令军警将代表押送回籍，严令"京外各官，弹压拿办"。与此同时，天津各团体代表三千八百多人联名上书，载沣命令军警把带头的天津学界请愿同志会会长温世霖逮捕，并"发往新疆，交地方严加管束"。他现在要杀鸡儆猴，以毫不妥协的姿态表明他的立场，朝廷不会再向任何人让步了。

载沣的强硬确实收到了很好的效果，之后果然没有议员再联名上书了，这使得他有点沾沾自喜起来。但是，摆在面前的形势依然严峻。既然已经向天下作了承诺，要先行组织内阁。这个内阁该如何组织呢？这是一个令人头痛的问题。

尽管是头痛的问题，但载沣还是不得不面对。皇族内阁的出笼，使得对载沣抱有希望的人失去了希望。张謇就是其中的一个。

1911年6月，"皇族内阁"刚刚出笼一个月后，立宪派领袖张謇趁赴京的机会特意去河南彰德洹上村看望袁世凯。此时的袁世凯已经不再是一个只知道钓鱼的老人了，外面的风风雨雨传进了他的耳朵，即使他的内心想做一个钓鱼的老翁，但时代的浪潮已经不允许他这么做了。何况袁世凯本人并不是一个安静的人。当接到张謇的电约之后，袁世凯欣喜若狂，亲自来彰德火车站恭候张謇。

张謇跟袁世凯的交往很早。两人曾经同在吴长庆的帐下工作，张謇是吴长庆的幕僚。1882年奉朝廷之命增援朝鲜，张謇叫袁世凯打点军备，限他五六天之内做的事，他不到3天就办好了。张謇很惊讶这位比他小7岁的年轻人竟然这么能干。然而，这个年轻人倚仗自己得到吴长庆的爱护，个性张扬，飞扬跋扈，根本不把其他人放在眼里。他凭借一己之力率兵冲进皇宫，打败日本军队，平息了朝鲜内乱。张謇跟庆军的其他将领一样，都对他非常不满。张謇写了一封洋洋洒洒三千多字的信函《致袁慰庭司马绝交书》，信中对袁世凯大加数落，极尽讥讽之能事。但袁世凯没有跟他辩驳，默默地承受着该承受的或不该承受的一切。

在张謇和袁世凯绝交的20年间，晚清社会发生了翻天覆地的变化。在变化中，两人都幸运地成为时代的弄潮儿。1904年，袁世凯是举足轻重的直隶总督兼北洋大臣，张謇是举世瞩目的状元实业家和民间立宪派领袖。张謇曾主动写信给袁世凯，希望他勇敢地成为立宪运动的直接推手。1906年，袁世凯在朝廷官制改革中受到排挤，仕途难测，张謇却来信力挺他，热情洋溢地称赞他是中国的"大久保利通"（日本的"宪政之父"），是亿万中国人的命运所系。张謇更主动地提及22年前自己写的那封绝交信，向袁世凯道歉，表示自己当初看错了袁世凯这个人。袁世凯对张謇的主动示好也投桃报李，说张謇现在民间鼓吹立宪，是中国"舆论之母"！

由于两人已经绝交 20 年了，张謇一开始并不愿意拜访袁世凯，与张謇同行赴京的咨议局议员雷奋等人极力劝张謇途中下车亲自去看望袁世凯一趟。雷奋对张謇说："不要因为你自己是清朝状元，要确守君臣大义而躲避现实，对袁世凯态度要诚恳，以便观察他有什么动向。"张謇听了这一番话后，才决心中途在彰德下车，去见袁世凯。

对于 20 年后首次见面，张謇和袁世凯都不自然，有点尴尬。一开始，袁世凯说话吞吞吐吐，但见到张謇说话坦率，才渐渐放松了自己。当晚，两人闭门彻夜长谈。第二天，张謇离开洹上村，袁世凯恭敬送行。临别时，袁世凯郑重地对张謇说："有朝一日，蒙皇上天恩，命世凯出山，我一切遵从民意而行，也就是遵从你的意旨而行。但我要求您，必须在各方面，把我的诚意告诉他们，并且要求您同我合作。"

与袁世凯依依惜别之后，张謇乘火车沿京汉铁路一路北上，直奔京城而去。坐在车窗旁边，他一边看着窗外一边兴奋地对身边人说："慰庭毕竟不错，不枉老夫此行也。"

天下未乱蜀先乱

第五章

·铁路！铁路！

·围攻成都

铁路！铁路！

  1911 年 5 月 9 日，即清政府在宣布组成"皇族内阁"的第二天，宣布"铁路国有"政策，将已归商办的川汉、粤汉铁路收归国有。宣布这项政策的直接负责人是内阁邮传部大臣盛宣怀。

  盛宣怀，江苏常州人，1844 年生。盛宣怀的父亲盛康是道光年间的进士，主政过太平天国战乱时期湖北粮道和盐道，给清军筹集作战军费。由于从小就跟在父亲身边，耳濡目染，盛宣怀对钱和粮盐有着比别人更为深刻的认识。据说，在父亲主政湖北盐道期间，正在为是引进川盐还是引进淮盐进退两难之时，少年盛宣怀看到了父亲一副焦头烂额的样子，私下悄悄草拟一份"川、淮并行之议"，很快帮父亲解决了问题。

  但是，盛宣怀跟袁世凯一样，都成不了科举考试的佼佼者。1866 年，他和弟弟在家乡常州考中了童子举，以后就一直通不过乡试。无奈之下，1871 年，他投奔了父亲的朋友李鸿章，之后经过一年多一点时间，盛宣怀做了道台，赏花翎二品顶戴。尽管如此，他仍然对自己没考中举人这件事耿耿于怀，不知是为了证明自己还是为了别的，他于 1872 年 8 月和 1876 年 8 月两次去考试，但都名落孙山，这才一声叹息，从此谢绝科场。尽管屡试不中，但跟袁世凯一样，盛宣怀因能做大事而做高官，丝毫没有受到科场失意的影响。

盛宣怀所做的事情，涉及航运、电报、纺织、大学、银行、煤矿等方方面面。他创建了中国许多个"第一"：草拟中国第一个集资商办的《轮船招商章程》；中国第一个电报局天津电报局；中国第一内河小火轮公司山东小火轮公司；中国第一家钢铁联合企业汉冶萍煤铁厂矿公司；中国第一条铁路干线卢汉铁路；中国第一家银行中国通商银行；中国第一所正规大学北洋大学堂；中国第一所正规高等师范学堂南洋公学首开师范班；中国

盛宣怀

第一任红十字会会长。此外，他还创办中国勘矿总公司，在上海办成私人性质的上海图书馆。这一系列"第一"的头衔使得盛宣怀无可争议地成为晚清洋务运动的核心人物之一。似乎可以说，没有盛宣怀，就没有洋务运动后期的成就。

慈禧太后对盛宣怀的评价："盛宣怀为不可少之人。"李鸿章对盛宣怀的评价："志在匡时，坚忍任事，才识敏赡，堪资大用。"张之洞对盛宣怀的评价："可联南北，可联中外，可联官商。"

盛宣怀办洋务，跟袁世凯练兵一样，他并不具有多少经济学常识，完全凭的是个人的悟性和天才登上了事业的顶峰，他也因此无可争议地成为慈禧太后推行新政的最直接的实行者和责任人之一。慈禧太后死后，摄政王载沣执掌了帝国大权，他对当时国人寄予厚望的铁路非常重视。但是，对于施行怎样的铁路政策这一关键问题，载沣一直犹犹豫豫、左右摇摆。当时，可行的铁路政策只有两种：一种是实行铁路国有化，向外国人借债修路；另一种是实行铁路商办，由民间筹措资金，依靠中国人自己的力量来建设铁路。

依靠中国人自己的力量来修建铁路，几乎是全国上上下下的共识。铁路，完全是来自外国人的东西，如何一下子成为中国人的共识呢？想当年，上海吴淞1876年诞生中国第一条铁路，正式运营不足一个月，就因为火车运行时意外轧死一个人，被朝廷勒令停运，最后连铁轨也一起拆掉了。因为当时的观点认为，火车是外国人的东西，是外国人用来侵略中国的工具，专门破坏中国的风水。于是，拆毁铁路成为中国人民反抗外国侵略的一次伟大胜利，人人弹冠相庆。20年后，经历了甲午战争战败和八国联军攻占北京的中国人，一下子猛醒过来，上自朝廷，下至平民百姓，开始认识到铁路这个东西的重要性：一个国家想要强大，不能没有它！似乎一夜之间，经历过灾难的人们，把赶造铁路当成是挽救中国的一颗大救星。

赶造铁路要钱，朝廷没有钱，只好向外国人贷款。从1896年到1904年，八年的时间，通过向外国人贷款，一共修建出长达一万三千里的铁路。作为回报，朝廷不得不把铁路的管理权、用人权等重大权力拱手让给外国人。根据外国人跟朝廷签订的合同，如果中国不能按期准时还清他们的本金和利息，他们有权利按照协议把中国铁路占为己有。这在一般的中国人看来，外国人帮我们修铁路，他们是在拿一把刀架在我们的脖子上，我们随时都有生命危险。1903年，四川总督锡良上了一道有关铁路商办的奏折，要求从洋人手中收回路权，由商绅集资，通过中国人自己的力量来建设铁路。锡良的奏折很快得到很多人的响应，到1904年，"拒外债、废成约、收路自办"这个鲜明的口号，响亮地出现在黄河上下、大江南北。湖广总督张之洞听从一个叫王先谦的湖南人的建议，花650万美元巨资（高出原价近一倍的资金），从美国人那里赎回了粤汉铁路的修筑权。张之洞的成功带头，给中国人带来信心和鼓舞。从1905年到1908年，中国人先后赎回了沪宁铁路、苏甬杭铁路、广九铁路的承办权。同时，一场轰轰烈烈的中国人自主商办的铁路修筑运动展开了。

同样是张之洞，在经历了三年多轰轰烈烈的铁路商办运动之后，悲哀地发现中国人自己办铁路所面临的巨大困难：第一，民间难以筹集到修筑铁路所必需的巨额资金。第二，商办铁路在各省是各自为政，缺少所必需的统筹和规划。第三，中国缺乏修筑铁路所必需的技术人才和管理人才。由于种种困难，从1905年到1908年，整整三年的时间，全国所造的铁路竟然不超过500公里。张之洞不得不痛苦地转变初衷，转而于1909年6月6日代表朝廷跟美国、英国、德国、法国四国银行签订借款草约。他打算借款总计550万英镑，利息五厘，用来建造湖南和湖北境内的粤汉、川汉两条铁路干线。

张之洞与外国人签订借款草约并没有引起社会的强烈抵制。当他正准备上奏朝廷请求批准之际，意外出现了，外国人自己为借款给中国一事闹出了矛盾，事情也就给拖延下去。4个月后，张之洞去世。他的去世，留给中国深深的遗憾。

张之洞是一个具有权力又有权威的人物，他说的话和他做的事，社会上很少有人敢于反对。张之洞要跟外国人签订借款合同，社会上没人反对；要是由其他人来签，下面的反对声浪便会鼓噪而起。摄政王载沣非常明白这一点，他要找一个人来接任张之洞的位置，这个人就是盛宣怀！只有盛宣怀，唯有盛宣怀，才能担当这一重任。

盛宣怀风度翩翩，他是当时中国最受外国人尊敬的谈判对手，能够游刃有余地周旋于谈判桌上，令对手捉摸不定，从而对他佩服不已。盛宣怀强烈主张铁路必须收归国有，他举德国的例子作为理由。他对摄政王载沣说："数十年前，德国民间也要求自办铁路，但吵吵闹闹搞了几年，一路无成，德国政府从而认识到问题的严重性。这么重大的政事，怎么能因民间的牵制而受耽误呢？于是，决心把铁路全部收归国有。正因为德国政府坚决实行铁路国有政策，才有了今天德国铁路的四通八达。中国完全可以以德国为鉴。粤汉铁路收回三年了，民间筹钱自办，到现在仍一无成效。按照目前的进展，即使再过30年，所筹的钱也不足以建好铁路。向外国人借款修铁路，当然不好，但现在国家财政困难，资金严重不足，不借又不行。假如我们跟外国谈判，能够做到让外国投资方只有投资的利润，没有干预造路用人的权力，在这种情况下，招商引资，利大于弊，是行得通的。"

有一位名叫石长信的都察院给事中，写了一封有关铁路政策的奏折上交载沣。这份奏折别出心裁，建议朝廷把全国铁路分为干路和支路两种类型：纵横一省或数省而远达边防的路线为干路，从一府一县接上干路的路线为支路。石长信建议，朝廷把干路收归国有，由国家投资借款建设；把支路让给民间筹钱自办。石长信说，德国、法国、奥地利、日本、墨西哥等国家的铁路都归国有，而中国能够把支路让民间自办，算是给足民间面子了。载沣从头到尾认真地把石长信的奏折看完，喜出望外。石长信的奏折也得到盛宣怀的热情支持。于是，载沣正式向全国发布上谕，宣布实行干路国有、支路民办的铁路政策。

铁路政策的出台刚好是皇族内阁出台的第二天，也就是 5 月 9 日。当时，跟铁路政策有直接联系的有湖北、湖南、广东，广西、云南、贵州、四川七个省份。这七个省份都在中国中西南部。贵州、云南、广西是穷省，每年的财政都得靠邻省支持，自己筹不起钱来修路，因此对国家的铁路政策表示支持。湖南、湖北、四川、广东四省在铁路商办过程中出了亏损问题。湖南、湖北的铁路公司损失不大，由朝廷埋单，赔偿股民的损失。广东商办铁路公司损失很大，股票的实际价值已经不足票面价值的一半，也由朝廷埋单了。四川铁路公司的损失最大，倘若这些损失只是一般性损失还好，偏偏是铁路公司一位名叫施典章的上海管款员（类似会计）私自挪用去投机股票，亏损了三百多万。朝廷非常气愤，下令将施典章革职拿办。朝廷认为，施典章挪用亏空掉的三百万巨款是你们四川铁路公司管理不善，随意挥霍掉的。朝廷的钱来自全国老百姓，全国老百姓的钱怎么能用来给四川的投机损失埋单？于是，反对铁路政策的四个省中，湖南、湖北、广东都因问题得到解决而不再闹了，唯独四川的问题还继续搁在那儿没有得到解决，不闹是不行的。

铁路干路收归国有的电报，5月11日才送达成都，护理四川总督王人文便把四川铁路公司主席董事彭兰村、副主席董事杜永和等人找来商议应对措施，但没有商议出什么结果来。彭兰村感到事情重大，就去找咨议局议长蒲殿俊、副议长罗纶商量，他们三人达成这样的应对方略：把成都的股东集聚起来于5月28日开临时股东大会。

临时股东大会召开之前，时在成都的法部主事邓孝可在报纸上发表文章说，对于铁路国有，他不主张反对，但朝廷把铁路收归国有，应该把铁路公司四年来用去的钱以及上海损失的钱（指上海的施典章私自挪用公司的钱投机股票亏空的三百多万银元），一并用现金偿还给四川。邓孝可的主张得到蒲殿俊、罗纶、彭兰村的支持和响应。5月16日，四川铁路董事局向北京发去了一个策略性电文请维持商办，实质上只想争取赔偿而已。不料，两天以后，朝廷任命端方为督办川汉、粤汉铁路大臣。端方打电报给护理四川总督王人文，要求他派人去查四川铁路公司的账目。端方个人的电报刚刚传到，朝廷的电报也到了，同样是催王人文查账。这一下，可把铁路公司吓坏了。假如让王人文来查账，铁路公司的好多钱被公司的管理层贪污挪用的事情就会曝光。彭兰村大惊失色，又去找蒲殿俊、罗纶二人。三人又决定，在临时股东大会召开之前，抢先以咨议局和铁路公司的名义，分别致电王人文，请他代奏朝廷，收回国有成命，以拖延时间，不让查账。

5月28日召开的临时股东大会，到会的人数不多，但咨议局的常驻议员全体都参加了。大家对铁路干路国有政策都不反对，只要政府把商办公司历年的用款和上海损失的钱、开工的费款一律承认，并偿还六成现金，搭四成国有股票（铁路收归国有之后发行的股票），并把宜昌所存公司现金和公司陆续收存的股款，交由特别股东大会自行处理就行。但是，川汉铁路从商办转为国有，事关重大，临时股东大会无权宣布路权转移，得通知四川各县股东代表，请他们于8月5日来省城召开全体股东大会，由全体股东大会作最后决定。事实上，建议召开全体股东大会也是拖延时间，把时间拖到 8 月 5 日，反正拖得越久越好，看朝廷能用什么法子来接收川汉铁路，反正就是千方百计不让朝廷进公司查账！

当时，主张争路的人，多数是不了解铁路公司内部秘密的。他们被了解内幕的少数人牵着鼻子走在前面冲锋陷阵。大多数人都乐观地相信，朝廷服硬不服软，只要一硬到底，最终朝廷会向四川屈服的。是的，四川铁路公司是有亏损的，但湖南、湖北、广东三省的铁路公司不是也同样有亏损吗？朝廷既然愿意为他们的亏损埋单，为何不肯为我们四川人埋单？！

王人文被四川人的蛮劲给吓住了，感到民情民意不可违，当他接到盛宣怀、端方联名发来的歌电 [1]，料到歌电一旦宣布，一定会激起四川人的愤怒，于是赶紧复电盛宣怀和端方，请他们收回成命，并说，他已将歌电留中不发，还没有泄露出来。盛宣怀感到情况不对，亲自打电话给四川铁路公司驻宜昌总经理李稷勋，问他有没有收到歌电？李稷勋莫名其妙，就打电话给铁路公司，铁路公司就打电话到总督府询问。王人文知道上头催查下来了，再把歌电留中不发将大祸临头，6 月 11 日，被王人文藏了整整 10 天的歌电，终于跟四川人见面了。歌电说要查明四川铁路公司的各种账目，公司的各种股票一律换发国有股票。并咨问公司现存的股款放在哪里？请四川总督查明核办。四川铁路公司吓得目瞪口呆，第二天，公司匆匆忙忙通电各县租股局，但成都电报局不肯发电，理由是奉邮传部命令，不准译发有关铁路电文。6 月 13 日，王人文正式派人来公司查账了。查账，好比一把尖刀刺进公司的心脏，要命！到了这个时候，四川铁路公司已别无退路，被逼上梁山，不得不舍命一搏了。

就在王人文派人去公司查账的当天，盛宣怀与四国签订贷款文本送达成都。王人文这次再也不敢留住不发，第二天就将合同文本传达给铁路公司。这不正给狗急跳墙的铁路公司提供了一个发动人民群众反抗铁路国有

---

[1] 近代中国开通电报之初，因为发送电报很昂贵，按字论价，字字是"金"。为节约用字，特创制一种韵目代日法，用地支代替月份，用韵目代替日期。"歌电"系农历每月 5 日这天发的电报的简称，即农历每个月的第 5 日这天发的电报统称"歌电"。

的绝佳机会吗？成都各报纷纷转载盛宣怀跟外国人签订的合同文本，并争先恐后发表激烈评论，斥责合同卖铁路，盛宣怀卖国。一时间，大街小巷议论纷纷，整个城市像炸开了锅，群情激昂，民怨沸腾，大有山雨欲来风满楼之势。

围攻成都

6月17日，成都召开四川铁路公司临时大会，有两千多人到会，人人情绪高昂。

有一个八十多岁的老翰林叫伍肇龄，满头白发，也亲自来了。人们问他："老先生早已不问时事，何以今天肯来呢？"他瞪着眼珠子说："四国合同，关系四川与国家存亡，走不动，找人搀扶着都要来的！"身材不高的罗纶是会场的焦点，只见他慷慨激昂，声音洪亮地说："邮传部盛宣怀签订之四国借款合同，丧权辱国，招致危亡，此大前提，必先反对！既不还川路股本，又要提去川路现存各款一千余万，已经不能容忍！为要封锁舆论，敢于假借所辖全国电局权力，禁止拍发有关保路事件的电报，防民之口，甚于防川，其能久乎？盛、端歌电，实为苛政；不还现款，只发股票，实为骗局；夺路劫款，压迫川人，违背朝旨，实为残臣；步埃及、印度后尘，大借外债而召亡国之痛，实为汉奸！"罗纶边讲边哭，会场上的人也跟着哭成一片。就连维持会场秩序的警察，也丢下警棍，放声大哭起来。

会场的哭声几乎淹没了一切，罗纶只好抬高他那洪亮的声音喊出："父老昆仲们：我们的痛哭，不是示弱，是对盛、端的讨伐，但我们更须要节哀，理智起来，深思下一步如何办？为了动员全川七千万人，一心一德，誓死反对国有铁路，为了拒债废约争路起见，我提议立刻成立一个责任机关：保路同志会！"就这样，保路同志会在一片哭声中诞生了。

在哭声中成立的保路同志会，立刻推举咨议局议长蒲殿俊任同志会会长，罗纶任副会长兼交涉部长。当天下午，两千多人散会后由罗纶带领，八十多岁的老翰林伍肇龄由人搀扶着走在前面，浩浩荡荡地奔向四川总督府请愿。四川总督王人文听说这么多人前来，赶紧站在总督府门口迎候。他站在一张临时找来的方桌上说："大家的来意，已经由罗副议长转告了。我始终表示同情，请大家尽量发表意见。我的责任该办的，力量能办的，一定替四川人办！"罗纶说："川汉铁路是前川督锡良，因避免英、法夺路，才乘机奏办的，是光绪皇帝批准商办的。宜夔铁路并非干线，不能收归国有。川路董事局四月二十四日上邮传部电，据光绪三十三年国定干线，并无川汉在内，当不在收回之列，而邮传部迄无回电。今以宜夔路线抵补截去之荆门至汉阳支路，尤为川人所痛心。四国借款合同，损失权利极大；借外债抵押财权，已有亡国之忧，且收路又不还路之股本，川人决不甘心牺牲，务请王副帅代奏，请收回成命。"说完，罗纶大哭，两千多人也跟着他大哭。哭声中，王人文被感动了，他慷慨激昂地回答说："四川总督是政府派来代四川人办事的，四川人对政府有什么意见，总督有代你们转奏的责任。你们快把刚才所说的具个呈文来，我立刻代你们电奏，并代你们力争，不行就再争，哪怕争到丢了官，能把我的责任尽到，丢了官也快乐！"话音刚落，老翰林伍肇龄率先给王人文下跪，两千多人跟着集体下跪，全场一片静穆。王人文不敢接受，脸色苍白，慌忙从方桌上跳下来下跪。

第二天，王人文将保路同志会两千多人在总督府门口请愿的情形电奏朝廷，请求朝廷顺应民意，收回成命。

面对四川的这种复杂局面，朝廷是如何反应的呢？摄政王表现得异常坚定，一个政府怎么能被无理取闹的所谓民意所挟持？假如对这般无理取闹的四川人让步，其他各省份纷纷起来效仿，国将不国。载沣对王人文严词斥责。但是，漩涡中的王人文已经失去了理智，两千多四川士绅一齐哭着向他下跪的震撼场面时时噩梦般地浮现在他的脑海，挥之不去。他完全不理会摄政王对他的斥责，继续上书摄政王说，那天到场的两千多人，哭声震天，我派巡警前去弹压，巡警队士兵个个相顾挥泪，我能怎么办呢？这些天来四川人对铁路合同的攻击责难，无处不在，禁不胜禁，防不胜防。王人文绘声绘色地描述着他那天看到的情形，态度十分明确，并指名道姓弹劾盛宣怀，大骂盛宣怀欺君误国，甚至要求诛杀盛宣怀以谢川人。载沣心惊肉跳地看着这篇写得文采飞扬的奏折，看完之后，立马挥笔下了一道上谕，罢黜王人文的职务，任命赵尔丰为四川总督。着赵尔丰紧急前往成都上任，以安地方。

王人文被罢官的消息一经传出，成都一片哀怨，士绅们纷纷表示惋惜。成都自争路事起之后，每得一个新的消息，都有人以法体或股东的名义召集一次讨论会议，商讨对策。当时在成都的法团有教育会、省农会、省工会、总商会。无论是教育会、省工会、总商会，还是铁路公司股东大会，都无法代表全省的民意。只有四川省咨议局才是全体四川人民的代表。咨议局议长蒲殿俊、副议长罗纶等在成都拥有无人比拟的声望。当时的成都，有人概括有一句话，叫做"罗纶的演说，蒲殿俊的谋略"！蒲殿俊进士出身，又留学过日本，学识渊博，富有谋略。他极力支持身材不高的副议长罗纶在台上慷慨演讲。演讲讲到动情的地方，罗纶情不自禁地泪流满面，给人留下深刻的印象。一些热血青年特别是青年学生纷纷聚集在他的周围，爱国的热情像瘟疫一样在成都传布开来。四川保路同志会就是蒲殿俊、罗纶6月16日深夜商谈，一夜合谋出来的结果。第二天一经宣布成立，立即就成为四川保路运动的中心。

四川保路同志会以前所未有的新举动公开向政府挑战。这在四川历史上，甚至中国历史上，都是一件从来没有过的举动。用今天的话来讲，绝对创新！当年四川商办铁路公司成立，集股的办法是面向全体7000万四川人民，分购股、租股、商股三种。股票面额5两为一小股，50两为一整股。购股只有有钱人家才买得起，商股是以富商大贾为对象。租股则有点强迫的性质，每年政府下乡征收官税时，凡是拥有田亩的人家，都要附加交出一定份额的租股，有点类似今天的附加税，不交也得交，但交了之后会发给一个临时收据，交足5两填一小股票，满50两填一整股票；临时收据不足5两的，可以几家人家凑齐5两，换得一张小股票，以此类推。因此，四川各县都设有租股局，由租股局派出大股东代表去成都参加股东大会。因此，股东大会代表的是7000万四川人民的切身利益，而在成都岳府街铁路公司大楼成立的保路同志会，一举一动都牵动上下。蒲殿俊、罗纶通知各县租股局，要求各县设立保路同志会，于是，一场以省城成都为中心的保路运动，一夜之间竟以上下通融的联系在四川各地纷纷发起，全省范围内没有一个地方不再欢呼保路。

赵尔丰是四川前任总督赵尔巽的弟弟，1908年，朝廷任命他的哥哥赵尔巽为四川总督，同时任命他为驻藏大臣。在治理西藏期间，数次打败有英国支持的西藏叛军，为维护国家统一作出了卓越的贡献，由此赢得了朝廷对他的重视。当四川出现问题的时候，作为一个有能力、有手段的官员，朝廷把他调到四川来，是指望他能用他的强硬手腕为朝廷镇压川民的无理取闹。

一开始，四川士绅对新任四川总督赵尔丰抱有相当大的希望，保路同志会文牍部部长邓孝可、叶秉诚邀请四川臬司周善培，三人结伴到新津、邛崃迎接新的总督前来成都上任。但因赵尔丰多在雅安住了两天，很遗憾人没接到。

赵尔丰抵达成都以后，7月30日，四川铁路公司特别开了一次迎接大会。士绅们踊跃发言，要求赵尔丰帮助四川

赵尔丰

人争路。赵尔丰当众向大家承诺："必代川人尽能尽之责，倘有棘手之处，仍望大家来讨论，我不敢不努力，大家也不要太急躁。"

8月5日，酝酿已久的四川铁路公司股东特别大会在成都开幕，由四川各县赶来省城参加会议的代表有480人，自由列席会议的股东最多时有上千人，最少时也有四五百人。开幕会当天上午就选出颜楷为大会会长，张澜为副会长。之所以选颜楷为大会会长，是因为他有翰林身份，又与赵尔丰熟识，希望他在赵尔丰面前多为四川人说好话。下午，赵尔丰率一帮四川地方官员前来出席会议，颜楷请赵尔丰训话，赵尔丰这天心情不是很好，只简单地讲了几句，就走了。

正在股东大会期间，督办川汉、粤汉铁路大臣端方抵达武昌，四川铁路公司驻宜昌总经理李稷勋答应将宜昌所存公司股款现金交由端方派员接收。宜昌董事局打电报向成都总局报告。报告由会长颜楷于8月15日向大会透露，代表们听了，一片哗然，一致主张全体代表到总督府请愿。颜楷用电话告知赵尔丰，赵尔丰赶紧派臬司周善培匆匆忙忙赶到股东大会现场，说了一大堆好话，劝大家不要为难总督大人。请愿之举算是取消了，但代表还是异常愤怒，当下电告李稷勋限十天内将宜昌公司存款现金全部交出，并自行辞职。

8月19日，朝廷根据端方的奏请，仍派李稷勋为公司驻宜昌总经理，并责成赵尔丰遵循历次谕旨，严重对待四川动乱。端方、瑞澂联合上奏朝廷称："此次川省集会倡议之人，类皆少年喜事，并非公正绅董，询之蜀绅，众口金同。"五天之后，四川铁路公司得知了朝廷对李稷勋的任命，并探知朝廷给赵尔丰的警告，还知道端方、瑞澂联名上奏的事情。当时，公司正在开会，会场几百个人一起大叫："政府要硬抢铁路了，要打四川了，大家快要死了，还做什么生意！"

顿时，会场的怒吼声、喧嚣声、嚎哭声汇成一片。

8月24日，成都爆发了中国历史上第一次大规模、有组织的学生罢课、商人罢市运动。三天之后，罢市运动破天荒地很快蔓延到全四川各大州县。罢市运动开始的前三天，成都全城秩序不乱，股东大会照旧召开。大会仍然起草呈文，请赵尔丰据情代奏朝廷。赵尔丰会同成都将军玉昆等人联衔代奏，呈文的前半部分列举原呈的各大要点，后半部分则称："铁路收归国有，致激起民变，请暂准商办。"这个奏折送交朝廷之后，如石沉大海，没有回音。实际上，从罢市的第一天起，同志会每天都有会议，因为事情已经闹到了街头巷尾，成都这个接踵摩肩的大都市，出现一片静悄悄、冷清清的景象。百业停闭，交易全无。悦来戏园、可园的锣鼓声，各茶馆的清唱声，鼓楼街估衣铺的叫卖声，各饭店的喊堂声，一概没有了。连半边街、走马街织丝绸的机器声，打金街首饰店的钟声，向来都是整天不停的，到了这个时候也听不到了。那些棚户摊子，都把东西收起来了，东大街的夜市也没人去赶了。

无论什么场合，人们只谈一个话题：争路！大街小巷的中心地带，搭起高高的临时牌楼，上设香案，香雾缭绕，环绕着中间立起的那个光绪皇帝的牌位。同志会各街道分会每天在光绪皇帝牌位面前聚会，高喊光绪皇帝准许商办铁路的口号，大骂盛宣怀卖国，李稷勋卖川。不论是谁，远远望见光绪皇帝的牌位，是文官，则下轿，是武官，则下马，下轿下马后给光绪皇帝的牌位磕头，然后还要步行一段路，才能通过去。

保路同志会在街头巷尾一切活动的费用，全由铁路公司报销。本来，铁路公司的钱只能专用于修铁路或跟修铁路相关的事情，但现在，一切事情的消耗都得由它来承担。无形中，用来修铁路的钱被大大小小的事情随意挥霍，到后来，假如有后来的话，查账下来，该怎么办？公司的管理层显然不去管这些，他们好像只想以一切方式把公司的钱快快花出去，让7000万四川人民都学会唱这样一首激荡人心的民歌小调：

来！来！来！伯伯，叔叔，哥哥，弟弟，姐姐，妹妹，老老少少，要死大家都一路，宁为中国鬼，不为外人奴！

到 9 月 4 日，罢市已持续 12 天了，赵尔丰慌了，派臬司周善培去跟士绅们商量开市办法。周善培召集士绅开会，谁知当周善培刚讲完话，从人群中出来一个人，走上讲台，大声地说道："铁路完了，四川省完了，我们把铁路收不回来，不能开市。"会场顿时呼声震动，大乱而散。周善培碰了一鼻子灰，垂头丧气地回来，赵尔丰无计可施，更加慌了。正在这时候，赵尔丰受到端方、瑞澂联名发来的一封专函，专函称："果骈诛数人，市面可以立靖，倘迁延不决，恐阁下将为裕禄之续也。"

9 月 5 日，四川铁路公司继续开会。会场门口有人抱着一大卷宣传文案，见人就给一份。股东代表们开始还以为发的是开会材料，随手带一份进了会场，等坐下来一看，吓了一跳。这份文件标题赫然醒目：《川人自保商榷书》，这份文件根本不是开会的材料，而是保路同志会的宣传品，莫非他们要造反了？代表们人心惶惶。

《川人自保商榷书》很快被秘密送交到赵尔丰手里，赵尔丰冷静地把整个文件看完。虽然《川人自保商榷书》全文没有一个"独立"字样，但字里行间隐隐表明，自保是名，独立是实，只是还不敢旗帜鲜明打出"独立"口号而已。赵尔丰一口认定：保路同志会要造反了。现在，只有流血，才能镇服四川。

9 月 7 日早上，赵尔丰派一个军官拿着请帖到四川铁路公司去，点名请咨议局议长蒲殿俊、副议长罗纶、股东大会会长颜楷、副会长张澜、同志会骨干江三乘、邓孝可、程莹度，一共七人到总督府商量解决问题的办法。那天程莹度请了病假不在，股东代表彭兰村、王铭新、叶茂林三人也想去，那个持请帖的军官同意了，就请这九个人立即出发，由他带领朝总督府走去。

这九个人一走出咨议局大门，就惊讶地看见，荷枪实弹的士兵早已把公司包围起来了。不等这九个人有任何反应，那持请帖的军官立即指挥士兵，蜂拥而上，分别把他们捆绑起来，做出捉拿犯人的架势，强行押他们一路朝总督府走去。

这九个人被强行押进总督府。总督赵尔丰早就站在花厅台阶前等着他们了。他双手叉腰，刻意做出威武的气势，眼睛直盯着被押送来的九个人。领头的蒲殿俊愤怒地大声质问赵尔丰："赵季和（号季和），你请客就是这样招待的吗？"赵尔丰气呼呼地答道："你是保路、股东两会的主谋，发纵指使，暗中活动，借保路为名，谋反独立，尚有何说？"

蒲殿俊等九个人被赵尔丰捕押进总督府的消息传出以后，成都全城震动，一片哗然。这天早上10点钟左右集聚在提法司衙门口的数千名请愿人员，原本打算向提法司作抗议请愿。他们率先听到总督府那边关押了咨议局议长蒲殿俊等人，就立即朝总督府涌去。

这数千人直接从提法司门口奔向总督府，要求释放咨议局议长蒲殿俊等九人，沿街的成都市民闻风也加入他们的请愿队伍，自发将家门口供着的光绪皇帝牌位捧在手心，或顶在头上，一路朝总督府涌去。

总督府门口的卫兵最初不准请愿队伍进入总督府大院，但请愿人员实在太多，一排一排地往大门口挤，卫兵根本阻挡不住，这些人一拥而入，立即布满了整个大院。人们七嘴八舌，要求总督赵尔丰立即放人。好多人跪倒在地，泪流满面，齐声呼号。在呼号声中，请愿队伍强行涌入仪门，眼看就要涌进总督府大堂了。守卫大堂的卫兵喝令阻止请愿队伍入内，请愿队伍不听，仍向大堂冲去。卫兵先是朝天空开枪警告，没有作用，情急之中，便掉转枪口直接朝人群射击。大堂这边的卫兵一开枪，其他各处的卫兵也一起开枪，一时枪声四起，弹如雨下。请愿队伍中不断有人中枪倒地，大家纷纷夺门逃命，秩序大乱。当天中弹死亡二十多人，受伤不计其数。这就是著名的"成都血案"。

"成都血案"发生以后，赵尔丰一面以《川人自保商榷书》这一铁证控告蒲殿俊、罗纶等同志会领袖，一面封锁四川铁路公司大会会场，一面派兵沿街强迫商店开市。铁路公司的股东大会代表纷纷躲藏，供奉光绪帝牌位的临时牌楼被强行撤除，成都各街道的同志会分会被勒令解散，商店也在大兵强迫之下重新开业。就这样，关闭了半个月的成都市场，又恢复了一点生机。强硬似乎收到了意想不到的效果，但是，同志会是一个遍及全四川的组织，镇压了成都总会，各地大大小小的同志会分会感到大祸临头，纷纷组织同志军起来反抗。于是，一场遍及全四川的同志军暴动被点燃了。

各地的同志会多数由袍哥帮会的弟兄把持，因为底层老百姓大多数是一盘散沙，袍哥大爷具有秘密联络基础，由他们出头号召，能够在短时间内形成与政府对抗的群众声势。"成都血案"爆发后的一段时间内，成都城门几乎天天关闭，城内与城外无法互通消息。有人用木牌写上"调兵进省救援"六个大字，刷上油漆，趁夜投入江中。下游沿江的老百姓捡到木牌，以为政府要杀老百姓了，纷纷组织同志军，从四面八方向省城开来。

同志军鱼龙混杂，地方的流氓、无赖、土匪，由袍哥大爷率领，以为是他们出头的日子到了。盲从的民众在地方士绅或由成都城内逃逸出来的股东代表的带领下，拿着大刀长矛、菜刀扁担，组成同志军，向成都涌去。四川同盟会会员乘机发动革命，龙鸣剑率荣县同志军离开荣县之前，拔剑对着城内起誓："不杀赵尔丰，决不再入此门。"9月25日，同盟会会员吴玉章、蒲洵等人竟宣布荣县独立。荣县独立是四川同志军最大胆的行动。但是荣县太小，他旗帜鲜明的另类行动影响不了整个同志军的大局，自然不会引起全国的注目，更谈不上效仿。无数支浩浩荡荡的同志军队伍像赶庙会一样，在成都城外安营扎寨，把成都城团团包围。离成都最近的各县同志军最先围城，西有温江、大邑、灌县，南有华阳、双流、新津，北有彭县、新都、广汉，东有资州、资阳。远一点的各县同志军，还在日夜兼程，从四面八方不断赶来。

同志军仗着人多，手持大刀长矛、鸟枪飞标，以及各种叫不上名字的武器一次又一次冲击成都城门。他们是一群乌合之众，有组织无纪律，又没有统一指挥，更没有作战经验。赵尔丰指挥训练有素的正规军只要在城门架起机关枪，对准涌进来的同志军扫射，同志军肯定不是训练有素的正规军的对手。但是，赵尔丰能指挥的正规军人数太少，无法跟城外汪洋大海般的同志军相提并论，因此他们一步也不敢出城。同志军攻城攻不下，便砍断了城外通往城内的电线，同时在各地截击赶来支援成都的军队。在同志军此起彼伏的呐喊声和喧嚣声中，成都完全成了一座几乎要与世隔绝的孤城。四川历史上，甚至中国历史上都没有出现过如此奇怪的现象，赵尔丰急电北京求援。朝廷根据赵尔丰的求援，一面令赵尔丰就地剿抚，一面改派督办大臣端方为查办大臣，率一旅湖北新军入川查办，另外，朝廷还调派前两广总督岑春煊入川，会同赵尔丰办理剿抚事宜。

岑春煊1902年曾在成都上任四川总督，他曾一次性弹劾40多名四川官员，将四川长期积累下来的官场弊端一一革除，因此在川人当中享有崇高威望。他在启程来四川之前，先给四川发来一封安抚性电报，可是走到汉口，发现情况不妙，就称病不来了。端方是曾被当时的西方观察家认为是中国最优秀最开明的政治家之一，他曾为慈禧太后派去考察西洋宪政的五大臣之一，历任陕西巡抚、湖广总督、闽浙总督、两江总督、直隶总督。他一进入四川，就先派人到四川各县到处张贴他来查办铁路风潮的告示，告示内容说他打过回疆，打过捻军，做过巡抚，做过总督，他奉命前来查办四川铁路风潮，要川民不得轻举妄动，简直杀气腾腾，围着看告示的人直摇头说："凶！凶！凶！"但端方并不是一个很凶的人。10月1日，端方带兵到了重庆，亲眼目睹重庆保路运动的声势，大为震惊，决心改用软化的一手，拉拢四川士绅，以缓和愈演愈烈的当前局势。

在端方率兵抵达重庆的当晚，赵尔丰在成都将张澜、彭兰村等四人先行释放，蒲殿俊、罗伦等人继续扣留，并开始做出缓和形势的实际行动。但是，他并不想马上释放咨议局议长蒲殿俊、副议长罗纶两人。四川士绅营救蒲殿俊、罗纶的行动仍在进行。实际上，自从9月7日，蒲殿俊、罗纶被捕后，营救活动不仅在省内开展，也在省外开展。四川人黄绶来到湖南找湖南咨议局议长谭延闿，谭延闿同时也是第二届各省咨议局议员联合会会长，黄绶请他以咨议局议员联合会会长的名义，通电全国各省咨议局，上书朝廷，要求朝廷惩办盛宣怀、赵尔丰，释放四川咨议局议长蒲殿俊、副议长罗纶，否则，湖南、湖北、广东、四川四省就搞联合起义，推倒朝廷！谭延闿说："伯英等热诚组织同志会，争路、废约、拒债救国，上一个月已派人来联合长沙，共同反抗。现在他被捕了，我决心通电全国各省咨议局，共同抗争挽救。我谭延闿还要单独去电朝廷力争，四川既然已经发难，湖南自当相机准备，绝不落在别人后头。"谭延闿还建议黄绶赶紧去武汉找湖北咨议局议长汤化龙。见了汤化龙之后，黄绶将谭延闿的话转述给汤化龙。汤化龙听了以后，马上答应湖北将按照谭延闿的主张去办。

谭延闿、汤化龙是各省咨议局议员联合会的领袖级人物，由他俩出面，振臂一呼，各省咨议局要求惩治盛宣怀、赵尔丰，释放蒲殿俊、罗纶的电文纷纷传向北京。这些电文一经发出，就说明各省咨议局已经走上了跟朝廷对抗的道路，各省咨议局跃跃欲试，似乎已经在为下一步打算做准备了。

武昌起义时的武汉形势图

武昌兵变

　　1911 年 9 月 23 日，武昌城内发生了一场士兵闹事风波。原因是陆军第八镇炮兵第八标第三营管带杨启凤，殴打了一名不守纪律的士兵。该营的士兵不服，纷纷拥到军械库抢夺炮弹。所幸的是，库里的炮弹没有引线，不能施放，抢得炮弹的士兵们一下子傻眼了，立刻四处逃散。于是，一场偶然闹起来的革命风波就这么离奇地消失得无影无踪。

　　这件未遂的暴动事件一经传开，还是闹得满城风雨。报告很快打到了第八镇统制张彪这里，各营管带不敢隐瞒本营内受革命蛊惑的士兵人数，张彪看完报告后，沉思了一会儿，只是严厉地告诫第八镇的各营管带，要他们好好地维持他们的部队，不要将这件事情张扬出去，也不要报告营内的革命党。各营管带听完统制张彪的话，默默地退下去了。他们心里都明白，假如总督瑞澂察觉出陆军第八镇里面有革命党，张统制（张彪）必受严厉处分。总督瑞澂是个旗人，刚刚调到湖北不久，刚愎自用，正打算用他的亲信旗人铁忠替换张彪任第八镇统制，只是苦于没有找到合适的机会。军队内部一有中级军官缺出，瑞澂就用他的人补上，而不用张彪推荐的军内下级军官升上来接充。瑞澂撇开张彪，随意安插他的人进军队内部，只要这个人能够胜任，官兵心悦诚服，也不要紧，但关键是，瑞澂委任的人个个都是门外汉，军事知识一窍不通，只知道狐假虎威，压制同僚。军队内部的军官、士兵受到一帮门外汉的压制，平时都是敢怒不敢言。明明知道革命党在军队内煽动士兵，但是睁一只眼闭一只眼。第八镇的官兵大多爱护自己的统制张彪，对瑞澂、铁忠这两个旗人恨之入骨。

张彪

9月23日那次未遂的暴动事件发生后，因有张彪的指示，第八镇的上层军官大多装聋作哑，敷衍了事。底下的士兵们看到这么大的事情都没人追查，有革命倾向的胆大士兵更加肆无忌惮，明目张胆，见人就宣传他们的革命方针："驱逐鞑虏，恢复中华，推翻专制，建立民国。"大多数士兵对于革命一无所知，但经不起革命党的狂热宣传，好些人糊里糊涂地倾向革命了。

总督瑞澂不可能不知道军队内部潜藏的革命风潮，因为从9月23日起，当时武汉三镇的报纸就一直宣传革命党暗中策动士兵暴动的新闻。隐瞒是瞒不住的，但既然已经隐瞒了，说出真相是要付出代价的，不如干脆一直隐瞒下去。张彪于是非常坚决地在瑞澂面前说，军队内无革命党，报纸宣传全是空话。瑞澂不信，就大骂张彪说："你在湖北练兵二十余年，现在是一统兵大员，食我朝的禄，应该报我朝的恩。我再责成你，倘尔军队内查出有革命党，当唯你是问。"

瑞澂

瑞澂大骂张彪，并不是想借此摸清军队内的情况，而只是想借机发泄一下他对张彪的不满。他宁可相信张彪说的军队内部无革命党，也不愿轻信外面报纸的风言风语。

外面谣传"八月十五杀鞑子"，革命党准备在中秋节起义，张彪也怕出事，传令第八镇各营军官务必监管好自己的士兵。可是，10月6日（农历八月十五中秋节）的夜晚非常安静，各营士兵们都在欢欣鼓舞地过着中秋节，没有一点可疑的迹象。于是，第二天，张彪派人在军队内部到处说，外面传的革命党起事都是谣言，请大家不要受谣言所惑，根本就没有这回事。经张彪这一辟谣，官兵们都放心了。

然而，仅仅过了三天，10月9日，大白天从汉口俄租界长清里的一幢民房突然传出一声炸弹爆炸的巨响。俄国巡捕反应迅速，很快在长清里搜查出炸弹和革命宣传品。俄国领事得到报告，将此事通告给一个叫齐耀珊的中国海关官员，齐耀珊马上将情报上报给总督瑞澂。瑞澂得到消息，大惊失色，立即召来文武大员，说："果然有革命党，真是不得了。幸我朝洪福，革命党自己被炸弹轰坏，泄露情形，但是革命党一个人尚未捉获，危险万分，望大家迅急捉拿革命党，勿令漏网！"

瑞澂说话时特别紧张，连语调都变了。在场的铁忠说："请大帅万安，绝不要紧。跳梁小丑焉得能为害，沐恩等下去，即派人严密搜索，定将革命党拿来请大帅严办。"陈得龙说："革命党是无知识的人，万不能成大气候。比如从前徐锡麟、熊成基等，哪能成大事呢？"瑞澂说："徐锡麟小子甚为可怕，恩抚台（恩铭）不是被他刺死了吗？不管他，我们还是要严防，一面设法捉拿，总以捉拿干净，勿令漏网为妙！"

八点钟左右，有一个士兵班长悄悄地跑来第八镇司令部楼下，气喘吁吁地说有最要紧的事非得面见统制张彪不可。见到张彪，这班长两腿一软，跪下去连磕三个响头，说他入过革命党，乞求张彪饶命。他接着说，今日孙武在汉口长清里储存炸弹，已经爆炸，孙武炸伤，革命党人因机关泄露，打算在今晚12点钟起事。第八镇各营都有士兵加入革命党，他们在武昌小朝街张廷辅家有一个联络点，十五协营房外一家杂货店有一个联络点，黄土坡有一个联络点。

张彪根据情报，顺藤摸瓜，在小朝街张廷辅家逮捕了革命党人彭楚潘、刘尧徵、牟鸿勋等十余人，又到十五协营房外杨洪胜开的杂货店查抄了几十枚炸弹。彭楚潘是宪兵正目，他的上司果清阿是旗人，本想在瑞澂的亲信铁忠面前秘密替他说情，保全他的性命。谁知执法官一问彭楚潘，彭楚潘即大骂满清，说满奴无道，入主中华二百余年，现在外患紧迫之际，不诚意修明内政，召开国会，改为立宪国家以救中国危亡，反而儿戏国政，压迫我黄帝子孙！人在世上总不免一死，我是为救国及争人格起见，早已准备流血，要杀便杀，不成问题！执法官连忙说："你不要胡说，我看你是一很好青年，为什么一时糊涂，饮革命狂泉，受人之害，而送你之命，灭你之族呢？"彭楚潘反唇相讥说："你是汉奸，你晓得什么？你只知每日赚几两银子，升官发财，替满人做奴隶罢了。"

当天夜晚，第八镇工程营督队官阮荣发宣布戒严：

一、今晚各队由各队官挑选亲信士兵二十名，发给实弹，守卫兵营出入口；

二、各士兵从现时均在各营睡觉，不得出入；

三、各士兵有要大小便者，须先报告该排长，照准后即徒手出入；

四、各士兵不得擅动武器；

五、各士兵不得高声说话；

六、遇有要事紧急集合，必须遵从官长命令。如有不服从命令，任意集合者，即以军法治罪。

到了午夜12点，没有听见炮声，夜很沉寂，一直沉寂到天明。

10月10日，天刚蒙蒙亮，瑞澂一面命人将革命党彭楚潘、刘尧徵、杨洪胜三人砍头示众，一面命人将各城门关闭，不许开城。一时间，城内人心惶惶，谣言四起。城外的老百姓远远看到城门紧闭，又听到城内大肆屠杀革命党的消息，纷纷奔走呼号。

正午时分，瑞澂大肆宣称："革命党谋反叛逆，反对我朝，非搜杀尽净，不留后患！"本来，在这紧急时刻，如果瑞澂理智一点的话，他不应该匆匆忙忙下这样一个斩尽杀绝的命令。因为任何一项暴动，人不到绝望的边缘，是不会走上绝路的。一心一意要暴动的士兵毕竟是少数，多数士兵是存有观望态度的。如果你一定要斩尽杀绝，大多数观望的士兵已无路可走，只好站起来跟你拼个你死我活。

瑞澂按照昨天搜出的革命党名单，顺藤摸瓜，一个接一个地抓捕。军营里禁止士兵出入，士兵们不能跟外面通气，害怕自己的名字落在名单上面，非常惊恐。工程队第八营的士兵亲眼看到步队第十五协的革命党张廷辅被捕，从而证实了他们都在瑞澂要抓的人的范围之内，于是，他们决心破釜沉舟，饮酒盟誓，插上枪膛，准备天黑起事。

晚上7点，工程营排长陶启胜带着两个巡逻兵查到该排士兵程定国的步枪里装有子弹，又看到班长金兆龙正在擦枪，就问金兆龙："你这是干什么？"金兆龙回答："准备预防不测。"陶启胜大怒，说："岂有此理，你们是在准备谋反，这还了得，来人，给我绑起来。"话音刚落，"啪"的一声，程定国一枪击中了陶启胜的小腹。陶启胜应声倒地，起义就此打响。

听到枪声之后，工程营的士兵哄然而起。一颗炸弹突然在营房内爆炸，响声大震，营房玻璃哗啦啦掉下。工程营督队官阮荣发和右队队官黄昆荣、司务长张文涛见势不好，准备阻止，立即被士兵开枪射杀。于是，一般军官都不敢阻拦，纷纷逃避。士兵们从工程营的营房涌出，向楚望台军械库奔去。

楚望台军械库藏有湖北新军所有的枪支弹药，士兵们破门而入，拿到了枪炮和子弹。这时候，除了工程营的士兵起义外，武昌城内的其他各营都没有动静，工程营第八营的士兵还不到300人，人数很少，如果瑞澂派部队来袭，情况就十分危险。

士兵平时依赖长官指挥，这时候没有长官，士兵们惶惶无主，秩序大乱。为了稳定阵脚，士兵们公推当晚守护军械库的工程营左队队官吴兆麟为总指挥，吴兆麟不肯接受，士兵们流泪相劝，软硬兼施。吴兆麟大声说："你们拥我为总指挥，是否愿意听我的命令？"士兵们回答："愿意！"吴兆麟又说："如果不听我的命令怎么办？"士兵们异口同声地回答："如有不服从命令，或有临阵逃脱者，即请总指挥以军法从事。我们这些人，都愿遵守总指挥命令，赴汤蹈火，在所不惜！"

深夜里，起事士兵在吴兆麟的带领下，放火焚烧都督府门前的民房，火光冲天，士兵们乘火光向总督府进攻。炮弹响声极为猛烈，瑞澂急得像热锅上的蚂蚁，巡防军统领陈德龙在旁说："卑职保护大帅。"瑞澂说："炮弹厉害得很，如落一颗下来，可不得了。"

瑞澂的一家老小都在制台衙门里，万一有炮弹落下来怎么办？在这关键时刻，宠妾廖克玉说："趁现在还能走，赶快逃出总督府，到楚豫兵轮上不是照样可以指挥吗？搁在这里，家眷都在一起，你怎么指挥打仗啊！你即使不怕，我们女人也怕啊。"这么一说，瑞澂就下定决心逃走了。这时候，革命党已经到了总督府附近，四面八方有枪声，前门人声嘈杂，瑞澂一家女眷很多，一开门就会被人发现。制台衙门没有后门，陈德龙说："后花园离楚豫兵轮停靠的码头很近，可以在墙上打个洞，大家从洞里出去。"这晚的月亮很好，照得大地一片明亮，陈德龙命卫兵用枪托敲掉墙上的泥巴，再用刺刀刺进砖缝，最后一二十个卫兵用枪托敲打，终于敲出一个大窟窿，所有的人都转移到了楚豫兵轮。

第八镇统制张彪刚一听到士兵起事的消息，还满不在乎，等到传来炮队士兵发难的消息，才开始恐慌起来。这时候，他身边的四夫人对他说，第八镇各营均有革命党，已经动手，已无可挽回了。四夫人一边说一边哭，哀求他暂时躲开。第八镇司令部亲信参谋跑到文昌门公馆紧急求见，张彪以为是革命党，令门边侍卫不准进门。不多久，城内电话均被起事士兵切断，张彪一个人困守在家里，束手无策。跟张彪一样，第二十一混成协协统黎元洪听说他的辎重营和工兵营响应起事，也恐慌异常。黎元洪的第二十一混成协驻在城外，城内仅有步队四十一标第三营，黎元洪立即前往第三营去，看看士兵的情况，一看到情况不对，黎元洪赶紧躲了起来。

经过一夜的战斗，天亮了，群龙无首的起义士兵在临时总指挥吴兆麟的指挥下顺利地占领了整个武昌城。没有了夜幕掩护的起义士兵很快发现，他们的革命行动已经暴露在光天化日之下，长江对岸的汉口、汉阳仍在朝廷手里，即使夺取了汉口、汉阳，将整个武汉三镇完全占领，没有其他省份的响应，革命还会失败。

武汉三镇的革命行动已经暴露在全国人民面前，如果仍然没有一个头面人物出头领导他们，他们将是十分危险的。头脑清醒的临时总指挥吴兆麟拒绝了士兵们的拥戴，因为他心里十分清楚，自己前一天只是一个小小的连长，不足以担当领导士兵的重任。于是，群龙无首的士兵涌向那个代表湖北民意的湖北省咨议局，希望咨议局为他们做主。大名鼎鼎的议长汤化龙几乎是毫不犹豫地欢迎了他们。他们提出要拥戴汤化龙，汤化龙连

被攻克的湖广总督府

忙对他们说："革命事业，鄙人一向赞成，但是此时武昌发难，各省均不晓得，必须先通电各省，请各省一致响应，以助大功告成。况且，两广总督瑞澂刚刚逃走，必然会发电报向北京求援，朝廷闻讯，必然派兵来湖北，与我们为难。此时正是军事时代，兄弟我不是军人，不知用兵。关于军事，请诸位筹划，如果有需要我的地方，兄弟我无不帮忙。"

听了汤化龙这么一番话后，群龙无首的士兵于是改变初衷，准备将协统黎元洪推上前台。

黎元洪是湖北军界除了统制张彪外，在士兵中影响力最大的人物。张彪是武举出身，勇猛有余，头脑不足，喜欢殴打士兵。黎元洪跟张彪不一样，其在正规的军事学堂毕业，具有专业军事知识，做事有板有眼，加上人很老实，又晓得爱护士兵，因而广受士兵拥护。黎元洪是反对士兵起义的，昨晚还曾亲手杀死一个起义士兵。当他看到起义已无法制止的时候，赶紧换上便衣，不敢在家待着，躲到部下刘文吉家里去了。

当起义士兵把他从刘文吉的家里搜出来的时候，他吓得面如土色，为掩饰自己的惊慌，刻意提高声音说："我黎某平日宽大治军，你们为什么要谋害我？"

黎元洪

汤化龙

起义士兵说："我们并不是要谋害统领，是来请统领出来主持大计。"

黎元洪说："革命党人才济济，要我有什么用？"

起义士兵说："统领非去不可。"

黎元洪说："要我到哪里去？"

起义士兵说："到楚望台和吴兆麟总指挥见面。"

黎元洪说："吴兆麟很好，有他一人就可当大事，无须我了。"

起义士兵不耐烦了，说："你到底去不去？去是生，不去是死！"

黎元洪没办法，只好答应去。吴兆麟听到黎元洪骑马来了，令起义士兵吹哨敬礼，举枪欢迎。黎元洪跳下马，对欢迎他的人说："武昌城虽然占领，瑞澂、张彪在逃，一旦大军到来，水陆进攻，你们外无援军，内无粮饷，毫无准备。我曾学过海军，如海坼等兵舰一来，武昌城只需三炮就可以全毁。你们不知利害，我劝各位还是各自回营休息，再行商议，如果事情闹大了，更不得了。"

起义士兵说："统领不知道，我们革命党早就有充分准备，湖南焦达峰数日内就起兵来响应，京山刘英现在襄河一带，日内也要举事。我们并不孤立。"

黎元洪并不轻信士兵的话，起义士兵又试图说服他，于是把他带到了咨议局。咨议局议长汤化龙的热情让黎元洪感到吃惊。汤化龙劝说黎元洪支持革命：你当都督，我当民政部长，你管军事，我管民政。黎元洪一语不发，始终不表明态度。在劝说无用的情况下，不论黎元洪愿不愿意，士兵们在10月11日下午军政府成立大会上，毫不犹豫地把黎元洪推上军政府都督这一位置。军政府成立大会结束前，咨议局议员胡瑞霖发言奖赏起义士兵，向参加会议的士兵代表大声说："诸同志如需用款项，咨议局可先垫借5万元。"当晚，胡瑞霖送来了大银宝149个，小银锭15个，士兵们一片沸腾欢呼。

汤化龙站在咨议局台阶上向起义士兵发表演说："本局为国民代表，原有复兴责任。既经诸君推举，事已成局，自当尽死报名，成则共图勋名，败则生灵涂炭。我汉人从此扬眉吐气，在此一举，我汉人万劫不复，亦在此一举。"就在当天，汤化龙以咨议局的名义通电全国，电文说：

清廷无道，自召灭亡，化龙知祸至之无日，曾联合诸公奔赴京都，吁请立宪，乃伪为九年之约，实无改革之诚。溥仪竖子黄口，摄政愚谬昏庸。兵财大权，存亡所系，而竟摒弃汉人，悉授亲贵。溥伦、载涛，童骏儿戏，分掌海陆军部；载泽贪狠，管领度支，意在钳制汉人，强持专制。维新绝望，大陆将沉，吾皇神明之裔，岂能与之偕亡。楚虽三户，势必亡秦；非曰复仇，实求自救。武汉义旗一举，军民振臂一呼，满酋瑞澂，仓皇宵遁。长江重镇，日月重光。立乾坤缔造之丕基，待举国同心之响应。特此通电告慰，望即不俟剑履，奋起挥戈，还我神州，可不血刃。诸公久立悬崖之下，同怀伐罪之忱，必当见义勇为，当仁不让，立举义旗，争先恐后。友邦领馆，来问宗旨，告以政治革命，极表同情，中外腾欢，大势已定；一发千钧，时机不再。伫候佳音，无任激切！湖北咨议局议长汤化龙暨全体同仁叩。

这一通电，迅速传向大江南北、黄河上下。汤化龙和湖北咨议局的通电十分清楚地向全国和全世界表明，武昌起义已不仅仅是一场士兵革命，已经演化为一场咨议局革命。由一省的咨议局起来革命，必将引起其他各省咨议局的连锁反应。汤化龙知道，湖北咨议局革命的成功与失败，取决于是否有其他省的咨议局起来响应。而其他省咨议局是否能够起义响应，关键在于湖北的革命能否保持住胜利的果实。假如武昌能够独力支撑一两个月，其他省的咨议局很有可能会群起响应。湖南、湖北唇齿相依，如能争取湖南独立，则革命声势大增。汤化龙于是秘密派出他的亲弟弟汤毓龙拿他的亲笔信去长沙见湖南咨议局议长谭延闿，催促谭延闿响应独立。

不管黎元洪愿不愿意，假黎元洪和汤化龙之名发出的对内命令和对外通电一封接着一封。武昌起义的消息在一两天之内传遍了全世界。一时间，黎元洪的名字响亮地出现在世界各地大大小小的报刊上。10月12日，汤化龙建议黎元洪以他的名义写信给大清海军提督萨镇冰。萨镇冰是黎元洪的老师，正率海军舰队溯江而上，奉命与北洋陆军一起围攻武汉，与起义军作战。汤化龙有一个弟弟叫汤芗铭，是萨镇冰的高级参谋，后来策动海军舰队响应革命，参加对清军的作战。

在11日、12日两天时间内，起义士兵渡江攻克汉口、汉阳，整个武汉三镇全部落入了武昌军政府手中。武昌的军械库和汉阳的兵工厂两处地方存储的枪支弹药，足够装备几万士兵；武昌藩库存银丰足，银元局、铜元局、官钱局所存的硬币和台票，合计约有4千万元。枪多钱也多，汤化龙、胡瑞霖天天都在游说黎元洪，这么多枪和这么多钱难道还不够你开创一番大事业吗？除此汤化龙还控制着汉口的一支商团武装，配备有两千条毛瑟枪。起义军之所以能很快占领汉口，就是汤化龙的这支商团武装在起作用。汤化龙对黎元洪说，只要都督松口，这支商团武装随时可以听你调遣。你还犹豫什么呢？

大清海军三大主力之一："海筹"号巡洋舰

武昌起义士兵渡江夺取汉口

10月13日，黎元洪终于被汤化龙等人说服了，态度急转，在晚上举行的军政府会议上，他慷慨激昂地对士兵军官发表演说：

今日革命军起义，是推倒清朝，恢复汉土，废除专制，建立共和的开始。承党的及军、学界多数同志，推戴兄弟为都督，我无德无学，何能担此大任，但众意难辞，自应受命。我等身为军人，从此须抱破釜沉舟的精神，扫除一切顾虑，坚决去干。但革命必须有充分武力，同事中多不明宗旨临时走避，各位赶快通知他们，即速前来，以便扩充军队，准备战争，尤其老兵不得有逃走思想。品行端正或操课兼优者，概以军佐委用。开会时拟即建议派员往说张彪回来，我让都督席位，使他仍为我等之长官，兄弟愿往前方督师作战；张如执迷不悟，就是我们的敌人。我认为革命成功，有十万分的把握，理由有以下几点：

一、我省出差驻防各部队，闻义旗飘扬江汉，必立时响应陆续前来受命。

二、各省党人联络已有成效，响应成约自无问题。

三、长江下游以及云、贵各省军队中之军官，多是我军发迹去的；北洋军队中，吴禄贞统制带去的军官不在少数；东三省军队中的上、中级军官，由湖北调升去的约五十员之多，下级军官更不待说了。

以上军官都是素抱革命大志的，把握着这些事实，我们的事业一定成功。时间匆促，不多说了。各位回去，尽其职责，速召集旧同事前来，鼓励士兵，不使士兵有脱逃思想，这是目前要紧的任务。

从一言不发到发表这个慷慨激昂的演说，黎元洪的转变让与会人员都惊呆了。但是，这个演说非常好，表现出一个高级将领应有的领导才能。大家报以热烈的掌声。掌声中，黎元洪完成了让与会者相信自己转向革命的态度。当天早些时候，黎元洪还跟汤化龙一起，接见美国领事访问湖北军政府。美国领事问他俩打算采取何种政体？他俩明确地回答："共和！"

黎元洪又写了一封信给张彪，明确表示了自己的革命立场，劝张彪投奔革命，做"黄帝之肖子，复汉之伟人，与法国拿破仑、美国华盛顿争烈"。信交给张彪的亲信营长齐宝堂，渡江面交张彪。暂时躲在汉口租界的张彪看完黎元洪的信，愤怒地对齐宝堂说："我辈为高级长官，食皇上俸禄，理应尽忠朝廷，万不可造反。不日北京有大兵南下，将武昌革命党剿灭，叫黎元洪小心他的脑袋，我提拔他到了这个地步，他还不知恩，反致造反……望你渡江说与黎元洪一听。"

10月17日，武昌军政府在咨议局门前广场举行隆重的祭天大典，临时搭起的帅台上竖立着高高飘扬的一面大旗，大旗上赫然写有"湖北军政府都督黎"几个大字。黎元洪戎装佩剑，带领文武官员从咨议局大楼出来，各军举枪向黎元洪致敬。黎元洪带文武官员登上帅台，台上放着汉族的祖先轩辕黄帝的牌位。祭台前设有燎火，台上设有香案，香案上供奉着玄酒太牢。一时间，军乐声响起，黎元洪跪拜在黄帝牌位面前，文武官员随之跪拜，一齐行四叩礼。四叩礼结束，台下军队立正举枪，读祝官跪读祝文，向黎元洪授都督职位。谭人凤代表革命军向黎元洪授予表示权力与职位的旗和剑。然后，由黎元洪宣读《祭告天地文》和《祭告黄帝文》。

《祭告天地文》曰：

敢昭告于天地山川河南与我汉族祖宗之前曰：义声一动，万众同心，兵不血刃，克复武昌，我天地、山川、河海、祖宗之灵，实凭临之！元洪投袂而起，以承天庥，以数十年群策群力、呼号流血所不得者，得于一旦，此岂人力所能及哉！日来搜集整备，即当传檄四方，长驱漠北，吊我汉族，歼彼满夷，以与五洲各国立于同等，用顺天心，建设共和大业！凡我汉族，一德一心。今当誓师命众，日朗云空，天容如笑。江清波静，山川有光。伏维歆享，不尽血诚。

《祭告黄帝文》曰：

鄂军都督黎元洪，率同全军人谨以太牢玄酒之仪，恭奠于先黄帝在天之灵，伏以黄帝接中华文明之国，演神明奕禩之祚，绵衍至今，越四千余载，达四百兆子孙。惟是满奴入关，横侵政权。二百年来，我族痛心疾首，久思光复故物，克缵先烈，卧薪尝胆，匪伊朝夕。兹幸义旗一举，不崇朝而克复全鄂；邻疆响应，不旬日而抵定东南。众志一心，务以歼除满酋，恢复神州为目的。元洪德薄智浅，仰托先皇灵爽之凭依，赖同志进行之锐，誓必达到目的而后已。循序布宪，足与环球各国并驾齐驱，使我五千年文明古国历史上发异常光彩，子子孙孙永保幸福。

宣读完毕，台下全体士兵举枪，三呼"中华民国万岁！""四万万同胞万岁！""黎都督万岁！"黎元洪走下祭台，在文武官员的陪同下，骑着马绕场一周，检阅全体士兵。

检阅完毕，黎元洪回到设在咨议局大楼的军政府。由汤化龙陪同，黎元洪正式会晤了驻汉口的英国领事葛福特。葛福特是由驻汉口的英、法、

外国人在日本领事馆屋顶观战

德、日、俄五国领事，公推出来亲手送交黎元洪一封公函，公函承认起义军为交战团，各国严守中立。

交战团是根据国际上的战争标准来制定的，承认交战团也就等于承认湖北军政府。湖北军政府得到世界各国的承认，并且各国还宣布严守中立，这是多么令人高兴的事情，黎元洪喜出望外，赶紧一面叫人去大街小巷张贴领事公函的原文，一面通电各省，起义军士气为之大振。黎元洪的威望在士兵当中一时无人可及。

黎元洪专管军事，民政都由汤化龙处理，分得相当清楚。在黎元洪一语不发、犹豫不决的那三天里，汤化龙既管民政，又以军政府谋略处总参议的身份兼管军事。军政府谋略处是军政府的实权机构，由同盟会革命党士兵控制。革命党士兵除了打仗以外，对其他一切事毫无能力，也没有经验。汤化龙与胡瑞霖、黄中恺等咨议局议员有娴熟的组织才能，很快起草出《中华民国军政府暂行条例》，使军政府得以正常运行。

《军政府暂行条例》用正式文字规定军政府分军政、民政两大部。汤化龙一手掌管的民政部下设 7 个局，这 7 个局全部由咨议局议员掌握。就这样，军政府的权力全掌握在咨议局议员手里。无形中，革命党士兵被排除在军政府的权力之外。当著名的同盟会领袖居正匆匆忙忙赶到武昌，发现革命党士兵有些抵制汤化龙，迫于形势，头脑清醒的居正不得不用自己的威望压服他们，迫使他们接受《军政府暂行条例》，服从汤化龙的领导。很多年以后，居正回忆起这个事情，还得意洋洋地对别人说："其后各省先后光复，各建都督府，大约都是依照鄂军政府条例。"

自从 10 月 17 日设坛誓师之后，武昌军政府的大权似乎完全转到了黎元洪和汤化龙的手里。居正、谭人凤、宋教仁这些赫赫有名的同盟会领导人来到武昌，他们也不得不面对咨议局议员所控制的整个政府的局面。居正、谭人凤、宋教仁等算是文职革命党员，当众望所归的黄兴扮成上海红十字医疗队员，于 10 月 25 日离开上海乘一艘江轮前往武昌后，武昌军政府也找不到他的位置了。黎元洪的地位无可撼动，他以都督的身份拜黄兴为战时总司令，把黄兴推到汉口的前线去打仗。

但是打仗并不是武昌军政府的擅长。因为武昌的起义军在完全占领武汉三镇之后，靠着武昌军械库和汉阳兵工厂堆积如山的枪支弹药，军政府在武汉附近招募了很多新兵，来不及训练他们，就发给枪支让他们上战场冲锋陷阵。指挥新兵的军官多是从弁目提升，指挥能力很差。新兵冲锋的时候异常勇猛，但北洋军架起机关枪"嗒嗒嗒"一阵扫射，前面士兵"哗啦啦"倒成一片。从 10 月 28 日到 11 月 27 日，黄兴以战时总司令的身份在武汉度过了不寻常的一个月。他身负重任，担任了汉口、汉阳战争的主帅，但是最后都失败了，因此蒙上"汉阳败将"、"常败将军"的称号。27 日晚上，黄兴退到武昌，向黎元洪报告失败，随后离开武昌，乘江轮前往上海。在江轮上，黄兴回顾近一个月来的战争，感到羞愧难当，曾一度想要跳水自杀。

黄兴之所以离开武昌，战争失败是最大的原因。而且在武昌的革命政权里，没有他的位置。他的位置需要他在战场上用胜利争取。黄兴在军政府里没有位置，说明革命党的势力在武昌军政府里没有地位。

其实，这场战争注定了失败，临时拼凑的武昌军队怎么也抵不过久经训练的北洋军队。这场战争一开始就不是真正在打仗，而是在打政治仗。政治上的革命硝烟弥漫着全国各地，各省的咨议局首当其冲，他们是推翻大清帝国最主要的推手。从10月11日在湖北省咨议局成立军政府开始，多数省份的独立响应差不多都依靠咨议局的力量并在咨议局里宣布独立。

独立风潮

湖南

湖北独立后，最先起来响应独立的省份是湖南。

武昌起义爆发后，湖南咨议局议长谭延闿从北京返回长沙，接到汤毓龙送来的汤化龙的亲笔信，旋即去跟湖南巡抚余诚格见面。余诚格刚来湖南上任巡抚才一个多月，两人是第一次见面。一见面，余诚格便拱手称谭延闿为谭大都督。谭延闿一听，吓了一跳。余诚格微笑着对他说："武昌起事，湖南必将响应，君威众望所归，大都督舍君其谁？"

武昌起义后第三天，湖北革命党就派人持蒋翊武的亲笔信来到长沙找焦达峰。焦达峰曾经跟蒋翊武等人约好：不管谁先发难，先发难的省一旦得到成功，则未发难的省必须于十天之内响应，作为支援。

长沙发难的最大阻碍是湖南巡防营协统黄忠浩。黄忠浩跟咨议局议员龙璋的关系很好，曾跟龙璋等人说革命党可以在湖南自由行动。龙璋虽然是湖南立宪派要人，但他暗中也和黄兴、焦达峰、陈作新等革命党人来往，还曾拿出三万元送交黄兴，作为黄兴领导黄花岗起义的经费。1911年 11 月 21 日，龙璋带上文斐、吴作霖两个革命党人去见黄忠浩。文斐对黄忠浩说，只要他同意革命，就可以推他为总司令。黄忠浩一听，十分恼火，大骂了文斐一顿。吴作霖看到话不投机，就对黄忠浩说："人各有志，不必相强，你不参加革命，是你的自由，还莫望和我们为难。我们告辞了。"当晚，黄忠浩亲自跑到龙璋家，跟龙璋说："我是会看相的，相人的有作为和没有作为，很准。今天同你一路来找我的文、吴二人，品貌平常，气色灰暗，我看他们是决不能成大事的。"接着，黄忠浩忠告龙璋："你跟他们交往，要谨慎一点！"

黄忠浩忠告龙璋之事刚刚过去一天，11 月 22 日，起义军已杀到巡抚衙门。士兵代表对巡抚余诚格说："请抚台赞助革命。"余诚格说："我从不同你们为难，至于如何赞助革命，还得等我想一想。"接着，余诚格叫人拿出早已预备好的一张白布，亲笔写了一个大"汉"字，让人挂到巡抚衙门门口。大家看到巡抚衙门上挂了大"汉"字的白旗，就点燃鞭炮来庆祝，庆祝起义成功。黄忠浩听到鞭炮声，慌忙骑马朝巡抚衙门方向赶来，被炮兵营正目（班长）李金山冲上去一刀砍下马。李金山将受伤的黄忠浩拖到小吴门城楼，斩首示众。

当天，湖南咨议局议长谭延闿出来组织军政府，依照湖北军政府的组织模式，焦达峰被推举为都督，谭延闿自任民政部长。焦达峰是靠发动会党起家，本人是湖南哥老会大哥，他当都督，湖南各地的哥老会地痞、流氓闻风而起，纷纷涌进长沙，去找焦大哥。焦大哥很讲义气，有求必应，他的都督府每天都要接待四五百人。弟兄们聚众抢劫、杀人放火，他也不管，长沙城内一片混乱，湖南士绅们惊呆了，大叫起来："会匪闹进城来了！"仅仅过了十天，湖南士绅们暗中策划士兵杀死焦达峰，拥戴谭延闿当湖南都督。就这样，湖南军政府的权力就落在了谭延闿一个人身上。革命党人不服，但当时局势紧张，不容许军政府内部相互残杀，不得不向谭延闿让步。实际上，当时的湖南，也只有谭延闿一个人能稳定局势。等稳定了湖南局势之后，谭延闿派兵一路前往湖北，支援武昌；一路进入江西，策动江西独立。

江西

1911年10月23日，江西九江打出独立的旗号，新军标统马毓宝被公推为九江都督。一省之内由省城以外的地方发难，成立地方独立军政府，江西算是给后期的各省开了个头。九江独立后，马毓宝封锁长江，截留大清海军军舰，震惊全国。江西巡抚冯汝骙在南昌闻讯后，立即将江西新军协统吴介璋软禁于巡抚衙门内，派臬台张检率巡防军奔赴九江进行"剿办"。不料，10月30日晚上，新军士兵悄悄地爬城墙入城。南昌城内的学生闻讯后，驱逐守城士兵，打开城门，新军士兵蜂拥而入，几乎没有遭到什么抵抗便占领了南昌。巡抚冯汝骙被俘，又羞又怒，觉得自己没脸见人，便吞金自杀。被软禁的新军协统吴介璋被推举为江西都督。

独立后的江西一片混乱，九江独立开了个不好的头，萍乡有萍乡都督，潘阳有潘阳都督，上饶有上饶都督。吴介璋是个老实人，在南昌的都

江西军政府

督府待着心慌，一天晚上乘着夜色逃走了。南昌都督府只好推出彭程万当都督。彭程万在都督府办公室里，每天都有好多人围着他写条子，这个要洋钱，那个要官位，闹得不可开交。外面的大街上三三两两地走一些自称是义勇军的革命队伍，穿着五花八门，背着马刀，一路招摇过市。杀人放火、抢劫民财的事情不断发生，彭程万如坐针毡，制止不了混乱局面，只好通电辞职，请九江都督马毓宝到南昌继任江西都督。马毓宝继任江西都督之后，不知是真的有病还是假装称病，竟不来都督府办公，政务废弛，政局更加混乱，江西士绅求助无门，都傻眼了。直到后来南京临时政府成立，江西士绅代表跑到南京，跪请南京政府为他们做主，派李烈钧率兵杀回南昌，快刀斩乱麻地过一批人之后，江西的局面才得以稳定。

陕西

陕西是继湖南、江西独立之后，第三个独立的省份。起义的前一天，革命党人钱鼎、张钫等人找到陕西新军司令部参谋兼营长张凤翙，表示愿意拥戴他为首领。张凤翙问："准备何时举事？"钱鼎说："明天。"张凤翙说："好吧，既承你们大家错爱，我也不便退却。"

第二天，也就是10月30日，起义士兵们扬言要到城外灞桥去洗马，按营级编制集合，徒手出发，路过军械局约100米处时，领头的士兵突然拔出指挥刀，大喊："杀啊！杀啊！"在喊杀声中，士兵们冲进军械局。这天正好是星期天，护卫连士兵多数出去游逛，只有少数人在岗。在岗卫兵人数少，不敢抵抗，都从后门溜走了。冲进去的士兵争先恐后爬上楼梯，用石头砸碎铁锁，七手八脚把成捆成箱的枪支弹药从楼上往院子里乱扔，没有上楼的，就争着拣枪配子弹。张凤翙来到军械局，就在军械局里建立了总司令部。张凤翙指挥士兵从军械局出发，沿途几乎没有遭到什么抵抗，就顺利占领了除满城以外的整个西安。

军械局场面混乱，前来领取枪弹的士兵们三个一群，五个一伙，七手八脚，吵吵闹闹。张凤翙的总司令部完全不能掌控。新军的中下级军官躲藏的躲藏，溜走的溜走，军队编制完全被打乱。在军队编制被打乱的混乱状态下，军队指挥权便落在士兵中的哥老会"舵把子"手里。士兵中的"舵把子"跟外面的"舵把子"很快联合起来，哥老会声势大震，潮水般地朝满城涌去。他们争先恐后，见人就杀，见东西就抢，满城被洗劫一空。正当以哥老会会众为主的士兵围攻满城的时候，张凤翙宣布成立"秦陇复汉军"。"秦陇复汉军"是仿照湖北军政府"鄂豫复汉军"的称号而来。张凤翙以"秦陇复汉军"大统领的名义布告安民："各省起义，驱逐满人，上应天命，下顺民心，宗旨正大。"

攻占满城之后，张凤翙以大统领身份在军械局召集各将领开会。哥老会会众有人直接向张凤翙挑战，说："起义后的局势，实力已掌握在哥老会手中，自应由会中资高望重的人出来担任大统领。"这句话一出，整个会场沸腾了。哥老会头目、原张凤翙的护兵陈殿卿气得忍耐不住了，大声嚷道："谁若不顾大局，再胡闹，我姓陈的就把军械局烧了，大家散伙！"张凤翙最后虽然保住了大统领之位，但不得不在大统领之下设六个都督，以满足哥老会舵把子当大官的要求。陕西真能创新，大统领之下设六个都督，别的省份，一省一都督，都督是最高长官，陕西那不伦不类的六个都督以为自己也是最大，就飘飘然起来，走路神气得很，根本不把张凤翙放在眼里。

张凤翙的命令一出他的办公室就不管用了，独立后的陕西到处都是哥老会的势力。张凤翙的人要出西安城，守城门的哥老会卫兵不让出城，大统领的命令不管用，非要有"大哥"的命令不可。这位"大哥"就是张凤翙名下的六大都督之一。张凤翙没法，只得低三下四去求卫兵的"大哥"帮忙，才得以出城。

安徽

武昌、九江独立后，假如武昌和九江的起义军顺江而下，首当其冲的便是安徽当时的省城安庆。

武昌起义爆发不久,安徽巡抚朱家宝就紧急抽调部分安徽新军,临时编成一个战时混成营,派自己的干儿子朱基率领,开往安徽与湖北交界的英山县进行防堵。同时,朱家宝急电两江总督张人骏,请求调派张勋的江防军加强对安徽省城安庆的防卫。

朱家宝对留在安庆城郊的安徽新军极不放心,先是为笼络他们,特意提前五天发饷,并每人发给50颗子弹。等到张勋的江防军由南京开进安庆城内接防完毕,又将发给新军的子弹全部收回,新军士兵愤怒了。10月28日,安徽革命党人吴春阳从武汉潜回安庆,他带来一个令人振奋的消息,说黎元洪答应在安徽独立后,支援安徽一个县的军火,于是,新军士兵于10月31日贸然攻城。张勋的两营江防军早已在城墙上严阵以待,集中火力向攻城的新军士兵猛烈射击。新军士兵见势不妙,纷纷逃散,起义失败。

朱家宝

朱家宝下令解散安徽新军,并将安徽陆军小学堂、测绘学堂一律遣散。这样一来,整个安庆城慌乱了。形势的发展越来越令人担忧,朱家宝虽然可以控制省城安庆,却制止不了省城以下的皖北寿州、六安、凤台、定远、怀远、凤阳、庐州、颍州等县,这些县纷纷独立,皖南芜湖也独

张人骏

立了，其他未独立的地方各种暴动风起云涌。朱家宝四面楚歌，他的政令已经不能出安庆城门一步。11月6日，安徽咨议局议长窦以钰带头出面规劝朱家宝独立，朱家宝不肯，对前来规劝他的人说："我朱家宝食清之禄，死清之事，城存与存，城亡与亡，无复多言。"

尽管朱家宝态度死硬，但咨议局已经不管他了，自行召集会议决定于11月8日宣告安徽独立。正在这千钧一发的时候，朱家宝收到了袁世凯的一封密电。袁世凯的密电要朱家宝"顺应时势，静候变化，不可胶执书生成见，贻误大局"。朱家宝如梦方醒，赶紧去向窦以钰等人表示："军心如此，民心如此，各省都独立了，难道我还敢一意孤行么？你们开会讨论吧。我遵命执行就是了。"

1911年11月8日，安徽咨议局正式宣告安徽独立，拥朱家宝为安徽都督。朱家宝刚刚就任都督，就有一个叫王天培的革命党人，带着四颗炸弹来见他，自称从武昌奉命前来接任安徽都督，要朱家宝交出都督大印。朱家宝本来就不愿当都督，就把都督大印交给他。但王天培只做了半天都督，就触犯众怒被咨议局赶走，朱家宝又继续当都督。革命党人吴春阳见势不妙，便悄悄地潜入江西九江，向江西九江都督马毓宝求援。马毓宝派黄焕章率2000人到安庆。此时，江防军已撤回南京去了。黄焕章进入安庆城内到处烧杀抢劫，无恶不作。吴春阳后悔自己引狼入室，自身前去相劝，被黄焕章的卫兵连开七枪打死。九江都督马毓宝见安徽民怨沸腾，赶紧派参谋长李烈钧去安庆把黄焕章劝回。李烈钧把黄焕章劝回后，自己做了安徽都督。但李烈钧的安徽都督也没做多久，就率九江军队到武昌前线去了。李烈钧一撤走，原安徽督练公所文案韩衍便把被朱家宝遣散的陆军小学堂、测绘学堂的学生组编成青年军，用以维持秩序。韩衍是个富有激情的中年诗人，他大胆创新，仿照中国历史上的监军制度，在青年军中设军监一职，对青年军灌输精神教育，居然将青年军训练成了一支军容整齐、纪律严明、作风硬朗的军队。韩衍的军监有点类似于后来国民党军的党代表、共产党军的指导员。很可惜，后来韩衍被觊觎安徽都督的柏文蔚派人暗杀。韩衍一死，以后安徽都督像走马灯一样轮番更换。直到 1913 年二次革命失败后，袁世凯派倪嗣冲为安徽督军，安徽局势才稍微稳定下来。

陆钟琦

山西

山西和陕西的关系，如同湖南和湖北，在名称上看似姊妹省份。陕西独立后，山西巡抚陆钟琦害怕革命波及山西，终日惶惶不安，就把他的儿子陆亮臣召到山西，商量该怎么办。他的儿子陆亮臣跟阎锡山、温寿泉、姚以价等人同是日本士官学校同学，知道阎锡山参加同盟会，并且知道他是同盟会中铁血丈夫团成员。陆亮臣是康有为、梁启超的信徒，主张改良立宪，但并不怎么反对革命。武昌起义后，全国局势大变，清政府已无力维持大局，再死抱改良立宪已失去价值，毫无意义，陆亮臣转而劝他的老爸投效革命。陆钟琦因为身边有这么一个革命的儿子，思想也渐渐倾向于革命，但他是一省巡抚，朝廷的地方大员，怎能说心里面没有一点顾虑，说造反便造反呢。他的儿子陆亮臣很急，找到同学阎锡山，见面就说："我此次来，即为与兄研究山西对武昌事件当如何应付。兄有意见，弟对家父尚可转达。"阎锡山回答他："武昌事件的真相，

陆亮臣

我还不知道，黎元洪究竟是为革命而起义，或是出于别的原因，我也不明白。我们现在谈应付武昌事件，是不是还有点太早。"陆亮臣说："我们还可以再观察几天，不过我可以说，最后需要家父离开时，我也许能想办法帮忙。"

经过一番积极的奔波，陆亮臣自以为他已经让父亲搭上了革命这条大船，殊不知更大的阴谋仍然在悄悄进行。实际上，士兵们确实有拥戴陆钟琦的打算，关键是他对革命的态度。如果他不赞成革命，或对革命稍有迟疑，就不让他有性命存留。10月29日拂晓，巡抚衙门外面突然枪声四起，陆钟琦从睡梦中惊醒，慌慌张张从被窝里爬出来，还没穿好衣服，就冲到院子里，大声地对士兵们说："兄弟我到山西没几天，弟兄们有什么事情，咱们可以慢慢商量。"起义士兵齐声问他："你许不许我们革命？"陆钟琦张口结舌答不上来，士兵们跺着脚，失去了耐心，"啪"的一声结果了他的性命。他的儿子陆亮臣拿出一包银钱往地上一扔，以为士兵们会去抢钱，从而解救父亲，没想到士兵们也跟着一枪结果了他。新军协统谭振德听到巡抚衙门内外的枪声，赶紧叫上一辆人力车，急速奔来。谭振德当时已是一个白胡子老头，气得脸色发紫，只带两个士兵就赤手空拳赶来了。一下车就用拐杖敲打地面，气势汹汹地指着士兵们说："你——你们这是造反啊！"士兵们照样问他："你许不许我们革命？"谭振德闭口不言，"啪"的一声，这位掌管山西军队的白胡子老头也倒下了。占领太原城除了进攻巡抚衙门打死几个人外，还要围攻太原城内的满城。满城中只有300名旗兵，抵抗激烈，但最后还是被攻占了。当天上午，山西咨议局开会选举山西都督。咨议局议员兴高采烈地把持着整个会议。选举都督由议员们说了算，谁的官大就选谁，巡抚陆钟琦死了，统领谭振德死了，现在就数姚鸿发的官最大，但姚鸿发的父亲是朝廷重臣姚锡光，曾经任帝国陆军部侍郎。姚鸿发本人又是庆亲王奕劻的女婿，家眷都在北京，怕朝廷抄家，坚决不干。随着往下排，黄国梁和阎锡山都是标统。但黄国梁人不在太原，又不是山西人。山西都督还是由山西人来当最好。于是，阎锡山被公推为山西都督，咨议局议长梁善济当仁不让就任民政部部长。但实际上民政部部长梁善济控制着军政府大大小小的事务，他提出什么要求，阎锡山都点头。独立的山西像一把尖刀插在中国北方离北京最近的地方。北京大惊失色，先是派出北洋军第六镇统制吴禄贞进攻山西，但吴禄贞在石家庄遇刺身亡。接着，朝廷又派北洋军第三镇统制曹锟进攻山西。曹锟率兵攻破山西的门户娘子关，然后长驱直入，攻占太原。阎锡山外逃，不知去向。后来，阎锡山跑到北京，向袁世凯输诚，又回到山西当都督，由此奠定了他日后成为山西土皇帝的基础。

山西娘子关

云南

云南是继湖北、湖南、陕西之后，第四个宣布独立的省份，云贵总督李经羲是鼎鼎大名的李鸿章的侄子，是主张君主立宪政体最积极的封疆大吏之一。他曾于一年前领衔各省督抚联名致电朝廷，要求缩短预备立宪九年期，逼得摄政王载沣看到奏折后吓得面如土色，不得不答应把九年期改为三年期。李经羲十分赏识梁启超的学生蔡锷，把蔡锷从广西请到云南帮他训练新军。蔡锷是日本士官学校毕业生。他到云南时带着他的一大批士官学校同学。蔡锷接任新军第三十七协协统以后，将部下中上级军官全部换成他的同学。李经羲对蔡锷的同学也欣赏有加，将十九镇另外一个协的中上级军官也统统换成日本士官生。这样，通过大规模的人事调整，云南新军第十九镇营长以上军官，大半出自日本士官学校，都是蔡锷的同学。云南是中国的边防重地，陆军第十九镇士兵用的步枪、马枪、机关枪、管退炮、手枪等武器，全部从德国购买，装备精良，当时为全国之首。加上日本士官学校毕业生军事素质过硬，指挥才能一流，云南新军具有超强的战斗力。以后，云南能够以一省之力发动护国战争，仅靠3000名士兵就能对抗人数十倍以上的北洋军，使袁世凯的皇帝梦破灭，原因就在这里。

士官生中的唐继尧、李根源、罗佩金等都是同盟会会员，蔡锷虽然不赞成革命，但对同学们的革命睁一只眼闭一只眼，当同学身受危险时，他总是第一时间站出来在李经羲面前替他们讲好话，一次又一次替他们化解危机。当武昌起义传来，云南咨议局陆续收到湖北、湖南、陕西咨议局要求独立的通电，于是找到李经羲，要求李经羲宣布云南独立，但李经羲不同意。同盟会士兵准备发动起义，就派黄子和去找蔡锷，说明来意之后，蔡锷对黄子和说："你怎么敢来见我？"黄子和说："不怕你我才来见你，要是怕你，我就不来了。"

10月31日是农历九月九重阳节，夜深人静的时候，起义爆发，分三路打响，一路扑向军械局，一路扑向总督府，另一路扑向十九镇镇台衙门。起义士兵首先占领军械局，拿到枪械后分头支援其他两路。总督府卫队抵挡不住，李经羲被俘，十九镇统制钟麟同和总参议靳云鹏退到镇台衙门背后的五华山进行抵抗，11月1日上午九点，钟麟同见大势已去，举枪自杀，靳云鹏化装为轿夫从山上逃跑了，起义士兵占领九华山。总督府参议，原第三十七协协统王振畿被云南讲武堂的学生杀害，蔡锷抱着王振畿的尸体大哭。被俘的李经羲不愿归附革命，蔡锷亲自充当他的卫队长，护送他离开云南，并送给他两万元作为路费。

11月1日中午，云南都督府在江南会馆宣布成立，云贵总督李经羲不肯附从革命，钟麟同自杀，王振畿被杀，靳云鹏逃跑，蔡锷成了云南省军职最高的军官，被公推为都督。新成立的都督府只是一帮新军军人，慑服不了全省。云南咨议局及时站出来，召开议员大会，联合昆明士绅和在省的其他军政大员，通电宣告云南全省，要他们拥护都督府。在咨议局的支持和合作下，蔡锷的都督府实现了对云南全省的控制，没有出现像其他独立各省的混乱。以后，云南都督府能出兵四川，镇压烧杀抢掠的川南土匪同志军，又出兵贵州，镇压贵州独立后的动乱都与云南的稳定有关。

贵州

贵州的独立完全是由省咨议局一手策划而成的。在中国的地理版图上，从古到今，贵州都是一个容易被人们忽略的省份。地理位置远离中原，挨着四川，背靠云南，西南边陲有它的名，没它的份。国家对外防御重点与它无关，对内控制中心也与它无关。外省人连贵州与贵阳有何区别都分不清，贵阳从"天无三日晴"这几个字演绎而来，贵州也就成为人们心目中没有阳光的省份，外面的新东西很难传播进来。贵阳人李端棻曾在北京担任礼部尚书，因他的妹夫是梁启超，维新变法失败后李端棻受妹夫牵连，被慈禧太后发配新疆，所幸中途被赦回贵阳，任贵阳贵山书院山长。他的思想很新，跟人家讲法国的卢梭，英国的培根。贵阳人睁大眼睛，看他像看着怪物一般。有人作了一首竹枝词贴在城内讥讽他：

康梁余党至今多，请尔常将颈子摸。

死到临头终不悔，敢将孔孟比卢梭。

居心只想做奸臣，故把康梁分外亲。

此公曾被康梁误，复把康梁再误人。

　　贵州真正的开化要从 1905 年开始，科举废除使得读书人失去了原有的奋斗目标。新学堂把西洋人的东西硬塞进来，贵阳的空气一下子变了。到 1911 年，贵阳已经能够与全国的其他省份城市同步，在立宪浪潮中不输于他人，并且在某些方面比其他省城走得更远，比如立宪派分出自治党。自治党早在 1907 年就成立了自治社，激烈主张自治。1909 年贵州咨议局成立，自治党垄断了大部分议员席位，到 1911 年，自治社已发展成一个自称拥有三万社员的组织，社员遍布全省五十多个县市。社员出言激烈，想将贵州推向独立边缘。武昌起义爆发前，自治社和咨议局早已派出联络员，分布广州、上海、北京等全国中心城市，甚至日本东京也有他们的联络员。湖南、陕西、山西、云南相继独立后，贵州咨议局蠢蠢欲动，黄济舟代表咨议局议长去见巡抚沈瑜庆。沈瑜庆一开始拒不见他，但最后还是见了，大声地质问他道："你们一定要见我，有何话说？"黄济舟说："时局紧张，谣言四起，想问我公有何打算？"沈瑜庆说："谁敢造反，我就杀谁。"黄济舟说："万一激出事端呢？要用人头来负责的啊！"沈瑜庆说："我们自有主张，不需要你们咨议局过问！"黄济舟说："咨议局代表人民，如不幸闹出惨剧，人民遭殃，不敢不问。要是真的闹出事来，波及无辜，事端扩大，如何收拾？那些敢于作乱的人，必然也做好准备，要逮捕他们岂能容易？如不幸生变，恐怕对我公不利吧？"沈瑜庆的气色稍稍缓和了一点，问黄济舟说："贵局能关心我的安全吗？"黄济舟见沈瑜庆态度变软，不紧不慢地说："我公是一省之主，人民所托命，咨议局自应关心。"沈瑜庆说："贵局有何见教？"黄济舟说："以我公地位，应做两手准备，严阵以待，不必打草惊蛇。如各省师平，贵州哪敢举事？如局势真的变了，希望我公看清局势，做出正确打算。"

全国局势越来越紧张，眼看革命马上就要爆发，枪声响起来，沈瑜庆害怕子弹打到自己的头上，于是赶紧交出政权。11月4日，贵州实现了和平独立，沈瑜庆等大小官员的生命财政安全，由咨议局负责担保。不过，独立后的贵州，局势混乱。云南都督府派出唐继尧出兵贵阳，大杀一批人后，贵阳局势有所改观，唐继尧自己则做了贵州都督。

广西

广西的独立与贵州如出一辙。广西咨议局陆续接到各省咨议局电告独立的消息，议长甘德蕃急了，匆匆忙忙找到广西巡抚沈秉坤，说："各省纷纷独立，湖南、湖北、广东独立后会停止对广西的财政支援，广西不独立是不行的，新军早晚快要举事，新旧军一旦有了冲突，全省糜烂。这非但不是广西百姓之福，对各长官也有不利。请尽早宣布广西独立，以维持大局。"说完，甘德蕃拿出各省独立的电函递给沈秉坤。沈秉坤不敢当场答复，就说："这事关重大，得等我去跟王芝祥商量商量。"王芝祥以布政使兼统广西各路巡防军，他早已探知新军中的革命党原定于九月九重阳节晚上起事，只因其中一个头子未能及时赶到而中途夭折。是镇压呢还是不镇压呢？王芝祥一时犹豫不决。这个时候，秘书薛家骏和刘鸿基对他说："现在革命党人要起事，力量不小，广西邻省，都独立了，广西还是独立为好。"王芝祥问："你们知道谁是革命党的头子？"刘鸿基说："大概是耿毅。"王芝祥就派刘鸿基去找耿毅，请耿毅到藩台衙门跟他谈判。耿毅答应了，但疑神疑鬼，随身携带手枪来藩台衙门见他。经过跟耿毅的两次谈判之后，王芝祥跟沈秉坤都决定独立。11月7日上午10点，沈秉坤、王芝祥携手来到广西咨议局，宣布广西独立，成立广西军政府。当天，沈秉坤被咨议局推举为广西都督，王芝祥、陆荣廷为副都督；咨议局改为广西参议院，甘德蕃为议长，黄宏宪为副议长。从此，广西脱离了清廷的统治。

广西省宣布独立之后第二天，11月8日，副都督王芝祥下令广西巡防军官兵，一律要剪掉辫子。这项命令一下达，士兵们一片惊慌："这不是不要皇上了吗？我们不愿当兵了，不如发点洋财回家乡。"于是，士兵叛变发生了。一时枪声四起，秩序紊乱，叛变士兵闯入商店、民居，抢夺财物。王芝祥亲自带队前来镇压，由于王芝祥在巡防军中素有威望，承诺给叛兵每个人发两个月的银饷，事件才告平息。但是，整个广西省的秩序一下子给打乱了，各地人心惶惶，于是，流氓、无赖纷纷出来。正当这个时候，从湖北那边传来汉阳失守、武昌告急的消息，黎元洪急电已独立各省派兵援助，沈秉坤虽然当了都督，但自己不是广西人，不愿继续留在桂林，乘广西新军援助武昌之机，离开了广西。广西都督一职由王芝祥接替，王芝祥也不是广西人，仿照沈秉坤的做法，率部队开往南京。于是，广西都督这个职务就落到了后来成为西南军阀陆荣廷的手中。

陆荣廷上台之时，广西各地已经乱成一片。革命党人仍然乘机闹事，攻打滕县、平南两地。濛江、大湟江口都同时发生战争。各地的土匪、流氓也在革命党人的鼓动下，四出抢劫，大河上下船只，不能通行，局势紧张。陆荣廷不敢到桂林就任广西都督，南宁是他的地盘，如一直待在桂林，可能会招来横祸。于是，陆荣廷把广西省都督府全部从桂林迁到南宁了。从此，桂林和南宁，都成为广西的政治中心，谁也不相让谁。桂林人说我们是省城，南宁人说我们是省城，这个争议直到一百年后的今天，还残留在广西人的心目当中。

广东

广东同盟会革命屡扑屡起的地方，历届两广总督上任后，多清楚他们即将面临的威胁来自何方。他们的防患意识远比其他地方的封疆大吏强。经历了2月27日革命党扑攻总督府、抛家弃老只身逃脱的张鸣岐，也许还没有从惊心动魄中完全解脱，进入10月，武昌起义消息传来，湖南、陕西等省纷纷响应，宣告独立，全国局势一日千里。10月25日，广州将军凤山还没到广州上任，就在途中被革命党的炸弹炸死。就在同一天，张鸣岐邀请曾任贵州巡抚的邓华熙、曾任湖北布政使的梁鼎芬等广东"在籍大绅"，联合广东咨议局开自治大会，倡导广东自保。广东自保有三条主要规定：

一、所有乱事省份，来电调兵、拨饷、拨械，三者断不能应命，至各协饷均一律暂为截留，以为防守之用。

二、即日成立监督官吏改良政治总机关，由各界团体公举代表若干人主持其事。

三、由报界公会推举若干人，前赴香港与旅港各团体接洽，俾资联络而保公安。

广东自保是张鸣岐不得已才采取的应变策略，但自保政策出来后，并不能安抚地方，广州城内的居民害怕动乱，纷纷迁逃。4 天之后，广东绅商直接要求张鸣岐独立。张鸣岐当时正好收到北洋军在汉口连战连捷的消息，决心不受绅商们迫胁，派人去大街小巷将早已张贴的独立标语统统撕扯下来，又连夜张贴布告，声称谁胆敢再说独立，将严加剿办。一时间，形势骤然紧张，广州城内商店关门，工厂停工，士绅们纷纷逃往香港、澳门。在广东的其他地方，革命风起云涌，革命党组织民军起来反抗。张鸣岐派清乡总办江孔殷剿办顺德民军，可是，江孔殷与民军刚一接触，便率部撤回佛山，转而电告张鸣岐，要他早日为计。水师提督李准数月前才被革命党的炸弹炸伤，这时候伤口还没有完全愈合，居然也打来电话劝告张鸣岐独立，因为李准已跟革命党要人胡汉民接上了关系。张鸣岐找来陆师提督龙济光，问龙济光说："你能不能扑灭李准？"龙济光说："不能。"然后，龙济光郑重地告诉张鸣岐说："我们没有反对民军的理由。"张鸣岐呆住了，这时候他才知道，他已经四面楚歌，再不转变态度，同意广东独立，身家性命难保。

胡汉民

朴寿

1911 年 11 月 8 日，广东士绅在咨议局开会宣布独立，成立都督府，拥张鸣岐为都督，龙济光为副都督，打算第二天举行独立典礼。第二天，咨议局派人持都督大印送给张鸣岐，却发现张鸣岐已于头一天晚上逃跑了。龙济光也不敢就任副都督。这样一来，独立典礼举办不成了，集聚在咨议局的士绅们一下子乱了套，情急之下，不得不推举革命党要人胡汉民就任广东都督府都督。胡汉民当时在香港，得到咨议局与广东士绅联合推举他为广东都督的消息后，匆忙从香港启程，第二天就赶回广州上任。胡汉民上任广东都督后，逐渐将都督府的各大要职委给革命党人，只留一个民政部部长让黎国廉当，一个教育部部长让丘逢甲当。丘逢甲是广东咨议局副议长，曾经庇护过革命党人。

福建

福建独立之前，福州将军朴寿认为革命党主要是从外地来的，只要严密防守，革命党人就无隙可入，革命就不会爆发。革命爆发，在别的省份几乎都由新军士兵发起，福建新军统制孙道仁是世受皇恩的人，他的父亲孙开华是攻打太平军的功臣，按理说，他应最忠于清朝才对，可是，当孙道仁面见朴寿的时候，令朴寿惊讶的是，孙道仁居然好言相劝他"识大体，明大局，不要过于固执"，这时候，朴寿才知道孙道仁已经叛变了，便将他软禁在将军署。

之后朴寿把福州满城里的汉人统统赶出去，就算是嫁到旗人家庭的汉族女人，也由她们的娘家把她们接走。旗人凡13岁以上的男子，发给步枪一支，子弹三百颗，准备与汉人作战。朴寿的做法让闽浙总督松寿一夕数惊，惶惶不可终日。当他知道朴寿软禁新军统制孙道仁的消息后，赶紧去见朴寿，要求朴寿立即释放孙道仁。但朴寿坚持认为，只要孙道仁不许部下叛变，部下就不会叛变，将孙道仁软禁就为达到这一目的。松寿的想法跟朴寿的想法不一样，他认为软禁孙道仁只会使事端扩大，造成不可收拾的后果。松寿再三力保，朴寿最终还是把孙道仁放了。

当孙道仁从将军署走出来，长长地舒了一口气，感到前途渺茫，他的部下几乎都加入了革命党，自己再不加入，就只有死路一条了。11月5日晚上，孙道仁化装为百姓秘密走进闽江上的一条夹板船，在船上与同盟会员彭寿松等人见面，由彭寿松主持加入同盟会。当晚，孙道仁就跟彭寿松等人制定了起义时间和行动计划。

福建起义军总司令部

当革命党在策动革命的同时，咨议局也在策动革命。革命党策动的是流血革命，咨议局策动的是不流血的革命。11月7日，福州城内谣言四起，说旗兵将要围攻新军统制孙道仁的家，抢劫陆军小学堂军械，焚烧城内汉族居民。当天下午，咨议局召开紧急会议，副议长刘崇佑提议组建新政府，获得全体议员的赞成。咨议局马上通知闽浙总督松寿，要求他交出政权。第二天，11月8日，一份强迫性协议送到福州将军朴寿面前。协议写道：

一、所有满人，宜服从新政府之命令。

二、旗兵宜将所有军械火药缴出新政府。

三、此后满汉，宜不分区别。

四、满人之俸禄，仍照旧支给。

朴寿看完后大怒："我有捷胜军一营，不肯让人。请愿战败之后，任汉人处置。"

本来，孙道仁和彭寿松的计划是11月10日起义，但咨议局的举动使他们不得不将起义时间向前提了两天。11月8日当晚，前敌总指挥许崇智率起义军爬上于山。于山居高临下俯瞰满城，大炮从山上猛轰下来。朴寿组织了几次绝望的进攻，没有能够夺得于山。大势已去，不得不竖白旗投降。投降后，朴寿被杀，孙道仁被推举为都督。彭寿松认为福建独立他功劳最大，但他无法控制孙道仁一派的许崇智等人，矛盾渐渐增大。黄家宸召集数百人请彭寿松编营给饷，彭寿松不给，黄家宸打算暗杀彭寿松，没想到彭寿松派人先把他杀了。之后，谁要是不服彭寿松，彭寿松就杀谁，蒋筠被杀，苏眇被杀，一时间，彭寿松的行为引起公愤，以致舆论发展到非驱逐彭寿松不可。彭寿松知道无法立足之后，索取一笔巨款离开福州。之后不得不靠岑春煊出来维持秩序，但岑春煊不久就离开福建，政局继续动乱，直到袁世凯派张元奇任福建民政长，局势才稍微稳定下来。

困陷金陵

武昌起义后，独立各省几乎都有咨议局策划参与，传檄而定。激烈的战斗只发生在少数几个地方。真正称得上作战的只发生在江南重镇南京。南京战役之所以能够展开，起源于上海独立。

上海是远东最大的国际化大都市。上海租界是中国法律顾及不到的地方，是世界冒险家的乐园。但上海的独立，具体浓缩起来，只需要将江南制造局攻下来，就算成功。也就是说，那么大的一个上海，只需要在黄浦江边集中精力打几枪，"乒乒乒"！枪声响过，就算占领全上海，费不了多大气力！

上海的光复会负责人是李燮和，同盟会负责人是陈其美，在进攻黄浦江边的江南制造局前，两会约定，由光复会的李燮和出任沪军都督。因李燮和是湖南人，驻上海新军多半是湖南人，由李燮和策反新军起义，便于指挥军事。光复会在上海的基础也比同盟会的基础好。至于李燮和个人，他是光复会中除了陶成章之外的第二号领袖。而陈其美在同盟会中的资历很浅，1910年以前同盟会中没有几个人知道他的名字。他在日本加入同盟会，1908年回国后一直住在上海，加入上海青帮，性格豪爽，办事果断大胆，很快混上了青帮老大。到了1910年，上海滩遍布他的青帮打手。孙中山、黄兴在中国南疆举行一次又一次不成功的起义，在同盟会内部引起广泛不满。有些同盟会中人渐渐将目光转向江浙一带，以及湖南、湖北一带。陈其美在上海有青帮打手作基础，渐渐在同盟会中崭露头角。1911年7月，中部同盟会成立，陈其美一跃而成为同盟会要人，与谭人凤、宋教仁、居正等人相提并论。武昌起义后，谭人凤、宋教仁、居正等都去

陈其美

了武昌，陈其美在上海的地位愈加显得举足轻重。在跟李燮和商量好进攻江南制造局的日期之后，两人分头行动，李燮和去策反新军，陈其美去策反警察。陈其美只身前往上海警察厅谈判，警察厅厅长告诉他说："武昌已起义，我是汉人，革满洲的命，我有什么不赞成？但是，上海是华洋杂处的地方，动辄惹起外交，你们革命党我信得过，只是发动时，帮会、匪类难免不乘机抢劫、杀人放火，维持治安一事，又是我的职责所在。"陈其美站起来，用手按在桌上，眼睛盯着那个厅长说："我们就是为着华洋杂处，动辄惹外交，希望彼此少流点血，才来和你谈判。你纵有为难处，我们要干的总是要干。"旁边的李平书接着说："厅长你知道吗？已有好几千名革命党到了上海，他们的炸弹那样厉害，上海真的会糜烂，还是想办法和平解决的好。"那厅长听了李平书的话，沉思了一会儿，说："就这样吧，你们事前活动，我可装着不管，发动时，我的警察决不参加战斗，只负责维持治安责任。"

11月3日，这一天还没到他和李燮和商议的起义时间，陈其美性急，匆匆忙忙率商团去围攻位于南市区黄浦江边的江南制造局。商团开到制造局门前，准备攻打时，陈其美突然站起来说，我来说服守卫制造局的卫队，可以不流血。结果进去之后，铁门"哐当"一声，重重关上，陈其美被绑架了。李燮和闻讯后，赶紧率光复军前来搭救，跟商团一起对制造局展开围攻。一直打到天亮，制造局的前门打不进去，改打后门，还是打不进去。制造局旁边有一家火油店，店老板拿来十几听火油，说："打不进，就烧吧。"顿时火光冲天，制造局的守卫乱了。制造局总办匆匆忙忙逃到黄浦江。卫队士兵见总办逃了，只好投降，大伙一拥而入，占领了整个制造局。在一个储藏钢铁的小房间里，发现了陈其美，只见他手脚带着镣铐，坐在一张条凳上，头紧靠着墙壁，一动不动。

攻占了江南制造局，整个上海就算攻占了。大家便开会选举，开始选举民政长、军政长，民政长由李平书担任，军政长由陈其美担任。会议即将结束时，忽然冒出一个不速之客，站在会议室中间，摸出手枪往桌上一拍，说："上海与中国全局有关，武昌起义选出鄂军都督，声望不小，陈其美昨天吃过大苦头，现在给他一个军政长，太不公平，不足以响应起义。"大家听了，都不说话。这位不速之客说大家应该组织都督府，要陈其美做都督，没有人反对。大家便拍手鼓掌。于是，陈其美就这样当上了沪军都督。

江南制造局东大门

沪军都督本来商议是由李燮和来当的，陈其美违反约定，令李燮和愤怒异常。但木已成舟，革命党不好内部火拼，而且，光复军和李燮和都不愿隶属陈其美，于是便跑到吴淞另起炉灶，成立吴淞都督府，李燮和自任吴淞都督，与陈其美分庭抗礼。陈其美派人带手枪去跟李燮和谈判，要李燮和解散吴淞都督府，李燮和如同意，就能从江南制造局里领取枪械。吴淞都督府当时没钱，已无法维持下去，如再跟陈其美对着干，恐怕连领取江南制造局枪械的机会都没了，只好同意解散。

上海的江南制造局是当时中国最大的兵工厂，里面储存的枪支弹药堆积如山。陈其美当上都督以后，各地的同盟会员闻风而起，纷纷前来投奔，加入他的队伍，为他出谋划策。陈其美的周围很快集聚了一大批同盟会精英，其中有的是学军事的留学生，他们就用江南制造局的武器迅速帮助陈其美组建了一支沪军。沪军的参谋长是时任军谘府科员的留日士官生黄郛，军谘府大臣载涛本来是派他到南方试探与民军谈判，他却背叛朝廷，跑到上海投奔了陈其美。加上陈其美的身后还站着一班青帮打手，陈其美在上海的地位如日中天。

陈其美在上海站稳了脚跟，也是同盟会在上海站稳了脚跟。上海是中国最大的城市，是华洋杂处的地方，一举一动都牵动中外，因此就特别地引人注目。上海越是引人注目，同盟会的革命宣传也就越是引人注目；革命宣传越是引人注目，同盟会的地位就越显巩固。但不可否认的是，当时全国各省的独立，几乎都与同盟会关系不大，主要是咨议局和新军的力量。所以说，孙中山后来之所以能够顺利当上南京临时政府大总统，也与陈其美在上海站稳脚跟有关。

当时的上海是江苏省的一个辖区，它的最高行政官只是一个道台。苏州是江苏巡抚衙门所在地，南京是两江总督府所在地。上海要接受苏州管辖，同时也要接受南京管辖。上海的独立势必影响到苏州和南京。加上，陈其美依靠上海的江南制造局，把大量的枪支弹药散发出去，革命形势一片大好。

江苏省最富人望的士绅是江苏咨议局议长张謇。武昌起义爆发后,张謇还亲自跑到南京劝说两江总督张人骏出兵攻打武汉。但随后全国局势急剧转化,一日千里。张謇看到大势已去,大清的江山已无可挽回了,便转而要求两江总督张人骏独立。张人骏不同意,张謇回到苏州,请江苏巡抚程德全宣布独立,以维持地方秩序。程德全同意了,便于1911年11月5日宣布江苏独立,把巡抚衙门的瓦片掀翻几块,再发出几张布告,就算江苏独立了。

上海的独立也直接影响到浙江省城杭州,就在上海宣告独立的当天,浙江巡抚增韫用电话通知在省官绅到巡抚衙门开紧急会议。到会的人很少,除了增韫本人,出席的人仅有藩司、督练公所总参议、杭嘉湖分巡道、杭州府知府、仁和县知县等五个人,其他的官员如臬司、提学司、盐运使、粮道、劝业道、巡警道、交涉员和其他各局所的官员都不露面。来的士绅仅仅有陈汉弟和许炳堃两人,场景十分凄凉。增韫首先开口说:"昨天沈衡山、汤尔和两位先生去上海,约今天早上赶早车回来,到现在还没回来。形势紧逼,大家看有什么办法。"在座的都没说话,场面鸦雀无声。这样沉默了一会儿之后,督练公所总参议袁思永站起来说:"杭州城内有巡防营十数营,每营五百人,枪支弹药充足。而新军仅有一千七百人,都住在城外,每支枪只有三发子弹,不足为患。"袁思永的话说完之后,没有人接话,会场又陷入了沉默状态。杭州府知府英霖突然大哭起来,一边哭一边说如不宣布独立便不能解决问题。他说得很多,但由于是边哭边说,情绪激动,有点胡言乱语。增韫于是叫仁和县知县沈思齐起草浙江独立告示。沈思齐当场写好,交给增韫过目,增韫过目后,交给身边的袁思永过目,依次传阅,都没有异议。增韫叫人立即把文稿抄印出来,贴到杭州的十个城门上。英霖说:"刻板印刷已来不及了,可以先交十个人分头抄写十份,送到将军署盖章。"增韫同意照办,会议结束。

会议结束后,增韫一脸轻松,为安定人心,特意带上老母亲、妻子和儿女，来大街上散步，身边只带有两个侍卫官。增韫一家还去杭州最有名的清和坊恒丰绸缎庄、舒莲记扇庄等大店铺买东西。独立告示预备第二天天一亮就贴到城门上去，可是，当晚十一点左右，巡抚衙门外突然枪声四起，等增韫穿好衣服，起义士兵已经打进衙门里面来了。增韫和他的一家当场被俘。起义士兵还放火烧了巡抚衙门。

天亮以后，起义军占领了整个杭州城。但全城还有满城没有攻下，于是，在接下来几天，起义军集中力量向满城发动进攻。炮队选好位置，将炮口对准满城将军署猛轰，旗兵受到炮击，惊惶万分，插出白旗投降。

浙江11月5日宣布独立，由浙江省咨议局议长汤寿潜担任都督府都督。汤寿潜当时在上海，不在杭州。直到11月8日，他从上海回到杭州后才正式就职。

汤寿潜出任浙江都督，引起了革命党人的不满。起义军敢死队队长王金发就是其中的代表，王金发极力反对汤寿潜出任浙江都督。陈其美从上海打电报向王金发解释说汤寿潜是出任都督最适合的人选。王金发不服，就跟蒋介石一起气势汹汹地去上海找陈其美。当时陈其美正和沪军参谋长

两江总督衙门

黄郛谈话。王金发一进去就说："汤寿潜是反对我们革命的,我们革命党为什么要推他出来当都督?"王金发说完,蒋介石就接上去说："你们怕死,我来死给你们看!"说完,从身上拔出手枪要自杀。旁边人赶紧握住蒋介石的手,夺下他的手枪,交给黄郛。这位未来的中国统治者年轻时就这么冲动、血气,让人大为感叹。黄郛把手枪藏了过后,说:"自己兄弟,有事好商量。"陈其美也站起来说:"我们还有许多大事要做,我们马上要北伐,光复全国,我们都要到中央去做事,何必计较地方一个都督呢?"说完,陈其美对蒋介石说:"介石,你就做第一师副师长兼第一团团长。"接着,陈其美转身对王金发说:"季高如果要回浙江,就做建设部长。"王金发说:"我不要什么建设部长,我要回浙江绍兴去反对汤寿潜!"后来,王金发果然回浙江绍兴,自己成立了都督府,自任绍兴都督,跟汤寿潜对着干,把绍兴搞得乌烟瘴气,留下"金发祸绍"的恶名。蒋介石后来则跟黄郛率沪军加入以徐绍桢为总司令的江浙联军,参加围攻南京的战役。

徐绍桢是新军第九镇统制,驻在南京城内。当时的南京城内还驻有江南提督张勋的江防军和江宁将军铁良的旗军。徐绍桢的新军直属于总督张人骏,与提督张勋、将军铁良彼此不相隶属。将军铁良指挥的旗军,已经不是清朝初年那个打遍天下无敌手的八旗军,他们的实力几乎可以忽略不计。铁良原是北京的陆军大臣,派他来当这样一支军队的将领,真是委屈。武昌起义是由新军第八镇发动的,两江总督张人骏因此对新军第九镇产生怀疑,想收缴新军士兵的枪械,但又怕过激生变,下不了决心。统制徐绍桢为防止士兵起义,曾召集各营队官和各队队官,一一询问:"你们的士兵是否有革命动向?"这些军官们都说没有,并向徐绍桢保证,自己的士兵绝没有一个革命分子。徐绍桢还不放心,又特意召集全军驻南京城内各标正、副目(正、副班长)训话,告诉他们说:"这次武昌第八镇叛变,无异以卵击石,自取灭亡,你们切勿步他们的后尘。"

江宁藩司樊增祥对朝廷一直不给他升官心怀不满,想发动新军起义,就对张人骏说:"武昌叛变的是新军,由京汉铁路南下平叛的也是新军,新军不完全是革命党。比如一树果实，其中有一果实生虫，不能认为全树果实都生了虫。《庄子》里有一个寓言说，有一位老妇丢了柴刀，疑心是邻家一位青年偷了她的，便天天观察这个青年，觉得他的所作所为都像偷了她的柴刀。后来，这位老妇在自己的柴堆里找到了柴刀，再观察这位青年的时候，便看不出一点做小偷的样子。现在大帅对第九镇的怀疑就好像老妇丢柴刀。我的意思是，不妨令第九镇驻城内部队暂时移驻郊外，不让他们入城，等到武昌叛乱平息，再将他们调回。"张人骏采纳了樊增祥的意见，便下令将第九镇驻南京城内的各部队，限期全部移驻到离南京城60华里的秣陵关去。樊增祥则悄悄地给第九镇士兵说："你们移驻郊外，一方面可以免遭大帅猜疑，一方面自己的行动也可以自由；至于粮饷，我已代为你们筹备好了，不必顾虑。"徐绍桢在樊增祥讲话后的第二天，便率领第九镇士兵向秣陵关开拔而去。

第九镇新军撤去，南京便成为张勋江防军的天下。张勋下令，凡是剪去辫发的青年和穿着学生装的少年都为革命党，一律逮捕，不分青红皂白加以杀害。一时间，南京城被张勋的极端手段搞得满城风雨，一时谣言四起，说第九镇新军要从秣陵关冲出来攻南京了。新军和江防军，本来就相互仇视。新军待遇比江防军高，新军看不起江防军，江防军仇视新军。开到秣陵关的新军士兵以为是江防军抢了他们地盘，一时群情激愤。下级军官们无视上级，擅自下令所属士兵把刺刀、马刀一律开口，准备与江防军肉搏，夺取南京。这个时候，新军中上级军官已经控制不住他们的部队了，于是能逃的则逃，不能逃的便只能听其自然。统制徐绍桢本人也不能遏止这种情况，不得不向总督张人骏报告。当时，秣陵关与南京城内不通电话，徐绍桢只得派军械官郑为成入城报告，但郑为成却借此离开秣陵关，前往镇江，并没有到南京去。徐绍桢不知道这个内情，又没得总督张人骏的回音，觉得张人骏在怀疑他图谋不轨。加上徐绍桢看到昔日所重用的中上级军官多数逃跑，自己处境危险，不如干脆附和士兵，率部起义。

下定决心之后，徐绍桢就将第九镇的两个旗籍军官扣留杀害，将镇司令部仅存的数千发子弹发给士兵，任命参谋官沈同午为总指挥，于1911年11月8日向南京城杀奔而去。

当时，起义士兵每人只有三颗子弹，下级军官们都认为子弹不足，不可以轻举妄动，要等上海方面运来子弹再攻城。但徐绍桢很急，仍命令士兵们快速前进。当天晚上十点钟，起义士兵抵达雨花台，从三面包围了张勋的江防军。江防军雨花台守将张文生，是个久经战阵的宿将，他命令江防军士兵先不要开枪，以静制动，并不理会远处的起义军"冲呀！杀呀！"的喊杀声。等到喊杀声由远及近，接近江防军前哨阵地时，张文生突然下令集中炮火作正面射击，两边架起机关枪左右扫射，只见冲在最前面的起义军士兵倒下了，后面的继续冲上来，又继续倒下。起义士兵每人只有三颗子弹，那战场简直成了屠杀场。不到两三个小时，起义军三路三千多人，死伤过半，尸横遍野，无法再攻，退出战场。天亮后，江防军冲出城门，又一路追杀而来，溃退的起义军士兵抵挡不住，又纷纷败逃。最后，徐绍桢率残部逃到镇江，才稳住阵脚。

徐绍桢在镇江稳住阵脚之后，得到上海都督陈其美、江苏都督程德全、镇江都督林述庆、吴淞光复军总司令李燮和等人的大力援助，大家组织江浙联军，推徐绍桢为江浙联军总司令，会攻南京。

南京城内人心惶惶。官绅们都做好准备，准备拥张人骏做都督，响应革命。但张人骏就是不肯，他说："我世代受清朝的厚恩，怎么可以反叛？"官绅们再三劝说，张人骏已经是七十多岁的人了，还哭着鼻子说："你们自己去选择吧，让我回到故乡去！"第二天，总督府仍继续开会，已经决议拥樊增祥为都督。张勋突然跑进来，大声地对张人骏说："别的人可以背叛朝廷，你老帅也可以背叛朝廷吗？"说完，"啪"地一拍桌子，就转身走了。大家都知道情况不妙，张勋翻脸，就只有背水一战了。

在江浙联军会攻南京之前，南京守城主帅张勋再三打电报向北京告急，南京孤城四面受敌，江浙联军已成燎原之势，自己兵力单弱，难以久守，请求迅速增调援军。内阁总理袁世凯回电说："北方可以调用的队伍，现在全都调往武汉前线作战，没有余力再向南京方面增援；南京死守无益，可以相机放弃，保全实力，扼守徐淮一带，以为北方屏蔽，使革命军不得北上。"张勋是一个忠于朝廷的人，接到袁世凯的电报，虽然感到失望，但还是决心死守南京孤城。

南京城的北面、西面有长江环抱，玄武湖附近地形低湿，布满湖泊和沼泽，不利于进攻作战。从紫金山南麓直到雨花台一带，是一片开阔的小丘陵，地势缓缓向东南倾斜，形成古今以来争夺南京的主战场，易守难攻。1911年11月下旬，攻城战开始了，联军士兵采用双管齐下的战术：一路攻打天保城；另一路攻打雨花台。

天保城是紫金山西北角上一个凸起的小山头，它俯瞰全战场，在太平天国时代是屡次肉搏的据点。谁想攻下南京，就必须先攻下天保城。黎天才率先锋队首先进攻乌龙山，乌龙山守军只有一营兵力，猝不及防，当时溃败，死伤惨重。张勋派周干臣率三营兵力驰往救援，刚一出城，就得到乌龙山失守的消息，便率队奔赴幕府山，去堵黎天才的来路。但当时正值天黑，黑夜里很难判断黎军有多少人马，发生激烈的遭遇战，黎军逼得太近，无法施放炮火。周干臣的炮兵火力失去效用，勉强应战，只得拼命突围，放弃幕府山，所有的重炮全部抛弃。张勋得到幕府山失守的消息，派赵会鹏、李辅亭率队反攻幕府山，与黎天才激战一昼夜，彼此势均力敌，形成了拉锯战。

进攻孝陵卫的联军士兵，迎头碰上江防军骁将王有宏，激战两天两夜，没有丝毫进展，自己损失惨重。王有宏打仗非常剽悍，常常身先士卒，一马当先。他是个极有荣誉感的军人，平时红顶花翎黄马褂不离身，战时也是这身打扮，这就容易成为联军射击的目标。第三天，王有宏率部反攻，身先士卒冲杀过来。联军士兵看到戴红顶花翎穿黄马褂的人过来，便集中枪炮对准目标一阵射击，王有宏当时连人带马中了一百多弹，被打得稀烂，死在阵前。部下卫兵拼死冒着弹雨，把尸身抢回。起义士兵见杀死对方大将，士气大振，乘势冲锋，一举攻占了孝陵卫。

江浙联军会攻南京

王有宏阵亡，张勋捶胸大哭，边哭边命令赵会鹏、李辅亭放弃幕府山，撤回天保城死守。接着，联军组织第一支敢死队猛攻天保城，江防军用机枪大炮轰击扫射，敢死队伤亡殆尽。第一支敢死队全部阵亡，第二支敢死队又扑攻上来；第二支全部阵亡，第三支敢死队又猛攻上来，没完没了，战场上尸山血海。双方血战两天两夜，直到江防军弹尽粮绝，无法再守下去，只好突围下山。

占领了天保城之后，联军炮兵在天保城上架起大炮，居高临下朝南京城内猛轰，江防军军心动摇。由张勋本人亲自指挥部队反攻天保城，但没有得逞。此时，雨花台阵地仍由张文生在率部死战，没有失守，但大局已无可挽回了。

正当张勋指挥江防军与江浙联军血战的时候，张人骏、铁良登上北极阁，用望远镜四处瞭望，突然不知从什么地方射来一颗炮弹。轰的一声，炮弹就在身边爆炸！张人骏、铁良所幸没有受伤，但身边随从被炸得血肉横飞，衣袍溅满了鲜血。卫兵便背上张人骏、铁良跑下北极阁，躲进事先已经接洽好的日本领事馆。第二天，就由日本人保护上船，逃往上海去了。

张勋看见张人骏、铁良二人逃走，南京城内地方商会也要求他撤退，他就在半夜里率领卫队营出了北门，渡江抵达浦口，奔赴徐州去了。张勋一走，张文生也放弃雨花台，率残部陆续奔赴徐州，与张勋会合。1911年12月4日，江浙联军进入南京城，宣布占领南京。

江浙联军占领南京之后，天下大势已定，长江以南的各个省份都已脱离了大清帝国的统治。清廷的半壁江山已经彻底地失去了，再作努力也无济于事了。

攻占南京，对于南方独立各省来说是好事，他们早就厌倦把岌岌可危的湖北武昌军政府作为南方临时政府来跟北方谈判。毕竟，在冯国璋的炮口下，只能躲在外国人的汉口租界开独立各省代表会议，无论如何都是一件相当委屈和无奈的尴尬事。南京的独立使各省会议代表们欣喜若狂，还待在武汉这个鬼地方干什么？大家都到南京去！于是，南京便轻而易举地取代武昌，成为南方独立各省的政治中心，以后接着又顺势成为中华民国临时政府的首都，从而奠定天下。

最先引发革命的四川，独立事件却反倒比南方其他省份都晚。1911年10月1日，四川总督赵尔丰把张澜、彭兰村等四人先行释放，仍将蒲殿俊、罗纶等五人继续扣留。不久，武昌起义爆发，全国形势大变。成都仍被各地的同志军团团包围。有人去见赵尔丰说："岑春煊、端方都要来了，你不放人，他们来了，一定要放。与其等别人来放，何如自己先放？以前扣留这些人，还想对开市发生点作用，今天再扣留就无用处了，释放或许还可以发生一点缓和作用。"赵尔丰犹豫不决，正在这个时候，四川法政学堂监督邵明叔从日本考察归国，由北京经汉口返川，在重庆见过端方，回到成都后去见赵尔丰，又对赵尔丰进行劝说，于是，赵尔丰11月15日便蒲殿俊、罗纶等五人全部释放，并加以礼待，请他们为总督府的座上客。赵尔丰拿出朝廷的电文给他们看，并抱歉地说："关押你们，非弟之不情，实端、盛等迫弟至此耳，望诸君谅解。"蒲殿俊、罗纶等人谅解了赵尔丰，鉴于形势混乱，他们联名发出了《告全川人民请解散同志会停止战斗书》。但是，这篇《停止战斗书》并没有制止住四川各地的起义行动。有一个新军排长夏之时，11月18日在成都附近的阳泉关宣布起义，率200人的队伍马不停蹄地冲到重庆，于11月20日宣告重庆独立。接着，南充、泸县等地纷纷宣布独立。整个四川只剩下省城成都还在总督赵尔丰的控制之下。11月26日，钦差大臣端方和他的弟弟端锦在资州被杀。端方被杀前，曾经对士兵们哀求说："我本来是汉族，原姓陶，投旗才四代，我治军最初在湘鄂，后来在两江、在直隶，对待士兵，向来不薄，进川以后，对士兵尤有加厚，求你们不要杀我。"士兵们回答："你待我们好坏是私恩私德，兴汉排满是大义大节。"说完，就拔出战刀，将端方的头砍下来，塞进一个装满洋油的木桶里，带回武汉向黎元洪邀功，途经重庆，一路将端方和他弟弟端锦的头展示给人们看。

端方被杀的第二天，赵尔丰被迫宣布四川独立。根据官绅独立协议，独立后的四川都督由蒲殿俊担任，新军统制朱庆澜任副都督。蒲殿俊毕竟是个书生，上任不到一个月，成都就发生兵变，军政部长尹昌衡挺身而出，策马飞奔搬来救兵，很快将叛兵镇压下来。镇压了叛变之后，他自己来当四川都督。当上都督的尹昌衡杀掉前四川总督赵尔丰，在成都成立"大汉公"总公口，自任总舵把子，通令四川各县哥老会头子率领兄弟到成都点验成军。一时间，四川各县农村的地痞、流氓，人人披红花、缠头巾，带上镰刀斧头、鸟枪火药枪等，耀武扬威，浩浩荡荡地开往成都。成都市面一片混乱。省城以下的各县，更是混乱，哥老红极一时，农村的地痞流氓光天化日之下杀人放火，无所不为。朝廷禁止的哥老会组织一下子在城乡合法化了，人人都争相加入，每逢赶场日子，哥老会你来我往，都是各带刀矛枪支，赌博酗酒，乌烟瘴气。

长江以北的山东，是抵挡南方革命军冲向北京的前哨，但也不可避免地受到革命的冲击。11月7日，山东咨议局牵头召开全省各界代表大会。

孙宝琦

令人万万想不到的是，代表大会竟然首先推翻省咨议局，另设山东各界联合会作为代替机构。联合会推夏莲居当选会长，副会长仍由咨议局副议长于普源担任。但于普源暗地里逃跑了，只好找其他人代替。夏莲居是夏辛酉的儿子，夏辛酉曾任云南提督，在山东人脉很广，他的儿子夏莲居很轻易地就赢得了各方的支持。加上夏莲居本人是朝廷一品荫生，前任陆军部尚书铁良和民政部尚书肃亲王善耆曾对他极力看好。武昌起义后，应山东省绅商各界及教育会的邀请，夏莲居回山东主持大计。山东巡抚孙宝琦与他家也有旧交，孙宝琦请他任联合会会长兼任巡警道，掌管全省警权。当时，想让山东独立的各方人士，都来找夏莲居，夏莲居去找孙宝琦商量解决的办法。孙宝琦对夏莲居说："我孙宝琦在山东有守土之责，土既不能守，唯有以身相殉，纵令不死，也不能领着大家宣告独立！"夏莲居见孙宝琦语气坚定，态度强硬，沉默了一会儿后说："此事只有定期开大会再行决定，现在我们唯有镇静。只要于大局有益，似不便过于坚持。"说完，夏莲居就转身告辞了。

到了开会那天，孙宝琦、夏莲居都出席了。大会从早上八点一直开到晚上九点，中间只留一两个小时的吃饭时间。会场上群情激昂，大家纷纷要求山东独立，但巡抚孙宝琦在台上坐着，纹丝不动，就是坚决不同意。都坚持一天了，一位新军军官把夏莲居叫到台下，大声说："夏会长，今天如果孙巡抚不答应山东独立的话，恐怕这会就要永远开下去！我告诉你，我们在会场里有二百支手枪，他要坚持不答应的话，说不定马上就会闹出什么事来，也许立即就出人命！而全城就要陷于不可想象的糜烂状态！"说完，他从口袋掏出手枪，故意大声叫喊，全场高声附和，一时人声鼎沸，形势已经达到千钧一发的境地。夏莲居对孙宝琦说："看当前这样情形，似乎是到了时候，箭已离弦，势难中止，无法再拖延了，既然水到渠成，就应该当机立断。不能再有丝毫的犹豫，以免发生不测的祸端。"孙宝琦说："此次请你出来，原为是共同应付各方发生的问题，没想到今天出了这样的事，我的责任无可避免。纵令以身殉职，是分所当然，也不足惜。若因此竟致决裂，连累了你，害及地方，我实在良心有愧。"夏莲居看出孙宝琦还在犹豫，但已不管了，就转回头来，面对大众，高声宣布："孙抚台已经承认全省宣告独立了！"顿时，台上台下欢声雷动。孙宝琦顺势站起来，将自己的官帽摘下来放在桌上，说："大家既都认为独立相宜，于山东有利，我也不坚持己见。"这时，有一个人马上拿出预先写好的一张独立宣言贴在台上，全场高呼："山东独立万岁！中国独立万岁！"孙宝琦被推举为山东都督，大家开了一天的会，都非常疲惫，纷纷散去。

山东宣布独立后士兵合影

山东独立后，孙宝琦寝食难安，头发全白，夏莲居也是心力交瘁，酿成大病。孙宝琦的父亲孙怡经是朝廷侍郎，他自己与庆亲王奕劻和袁世凯均是儿女亲家，因此他不可能跟朝廷兵戎相见。便于 11 月 25 日宣布取消独立。取消独立后，孙宝琦在报上发表一篇《罪言》，解释自己当初宣布独立，是迫不得已，是受夏莲居等人的挟持，并非出于本意。

东北三省是朝廷皇室的故乡，是满族旗人的发祥地。紫禁城内部一代又一代流传着的无数美丽传说，都跟山海关外的长白山有关。曾几何时，爱新觉罗家族为了保住这块他们祖先的发祥地，严厉禁止汉族同胞进入关外。朝廷在沈阳留有故宫，在那里建立起一套跟北京一模一样的统治机构，预备将来有一天在北京待不下去了，还可以回到自己的祖先发祥地。这是一块最后的自留地，一代又一代的皇族子孙呕心沥血经营下来的最后的自留地。

然而历史到了近代，有"北极熊"之称的大俄罗斯帝国，翻越乌拉尔山，穿越西伯利亚大荒原，进入黑龙江流域抢夺满族旗人的祖先发源地。东边的蕞尔岛国小日本居然在打败了大清帝国之后，又打败了大俄罗斯帝国，一跃而成为与大清帝国、大俄罗斯帝国共同争夺东三省的强有力的竞争者。到了这个时候，大清帝国的统治者爱新觉罗家族才如梦方醒，东三省已经不再属于他们的自留地了，而是他们必须用铁和血去跟俄罗斯人和日本人争夺的一块变化多端的黑土地。于是，他们不得不开放山海关，让汉族同胞进入这块黑土地。于是，一批又一批的汉族同胞背井离乡，拖儿带女，从山东、直隶、河南等地由陆路、海路闯关东进入东三省。他们勤劳勇敢，艰苦创业，很快在这里生根发芽，并迅速取得了在东三省人口上的优势。于是，汉人取代满人成为俄罗斯人和日本人争夺中国东北的最大障碍，满人在自己的故土变得越来越不重要了。到武昌起义爆发后，全国各地风起云涌，关内各省纷纷独立，掀起独立浪潮，关外的东三省也不得不受这股浪潮的影响。然而，在东三省，站出来闹独立的和站出来反对独立的，也都是汉人，满人的声音几乎没有，他们在自己的故土已经被彻底地边缘化了。

1911 年 11 月 6 日下午，新军协统蓝天蔚在奉天（沈阳）北大营秘密开会，打算宣布东三省独立，蓝天蔚自任东三省都督，但不想加害总督赵尔巽。令蓝天蔚万万没有想到的是，北大营秘密会议当晚就被自己的部下营长李和祥报告给了赵尔巽。赵尔巽立即把袁金铠等人召来，告诉他们自己的苦衷，将不得不离开东三省，出走入关。袁金铠是奉天咨议局副议长，他跟议长吴景濂不同，吴景濂是赞成独立的，袁金铠表面上敷衍吴景濂等人，但内心深处仍效忠朝廷。当袁金铠听完赵尔巽说自己要被迫出走之后，当场便声泪俱下地跪在赵尔巽面前说："请大帅为我全省民命不要入关，革命党完全是虚张声势，蓝天蔚部下既来告密，可见军心仍然依归大帅。我袁某在大帅前敢以身家性命担保，重用防营统领张作霖，其人土匪出身，人很机警，愿效忠大帅。请大帅当机立断。传见张统领。"赵尔巽就传见张作霖，把自己目前的危险处境告诉了他。张作霖听了之后，当即表示对赵尔巽绝对效忠。

张作霖是单枪匹马跑到省城叩见总督赵尔巽的，他的部队远在辽源，调进省城尚需时日，已经来不及了。11 月 11 日，

赵尔巽

张作霖

省咨议局开会，张作霖身边只带有十八个人保护赵尔巽进入会场参加会议。蓝天蔚下令军队从北大营进城，炮兵开到咨议局附近，将炮口直接对准咨议局。

会议进行中，赵尔巽讲话，他首先声明，自己两次到东三省，所作所为问心无愧。接着他说，当此关内风云多变的情势下，我们东三省是处于日俄两强之间，稍有异动，深恐前途不堪设想。最好望全省父老们各安生业，静观时变。赵尔巽讲话的时候，不时被蓝天蔚的人打断。蓝天蔚的人大声说："赵次珊，今日不是你报功的时刻，而是研究保安会改组的问题。"张作霖马上走上台去，将手枪往桌上"啪"地一放，大声吼道："今天是开保境安民的会议，只能依照原样，不能改变，谁主张改变，谁就是革命党，我就反对。我张作霖是交朋友的人，可我的手枪是不认得朋友的。"

经张作霖这么一吼，主张独立的人胆怯了。议长吴景濂感到情势不妙，便悄悄溜出咨议局，袁金铠便以副议长的身份主持大会，选举赵尔巽为东三省保安会会长。就这样，蓝天蔚的独立计划失败。当天晚上，蓝天蔚化装出走大连，接着乘船从大连逃往上海。蓝天蔚一走，东北的独立重心没了，赵尔巽和张作霖控制了局势，东三省得以继续保留在朝廷的控制之下。

那天，张作霖和赵尔巽的处境极其危险，只要蓝天蔚当机立断，命令革命党逮捕张作霖，张作霖就那十几个人马，是注定打不过蓝天蔚的。但蓝天蔚临场泄气，缺乏当机立断的勇气，只能眼睁睁地看着好端端的一个独立局面给张作霖搅浑。张作霖以一己之力挽救了赵尔巽，也挽救了整个东北。赵尔巽对张作霖十分感激，也十分信任，凡事都听张作霖的。后来，张作霖能够当上"东北王"，原因就在于此。

东三省算是保下来了，在长江以北的中国北方，除了遥远的边疆蒙古、新疆、西藏以外，只有河南、直隶、甘肃三个省份还没有宣布独立。

河南是朝廷大军云集的地方，假如河南也独立了，北京的朝廷也就没戏了。加上，河南是袁世凯的故乡，袁世凯是决不能让河南独立的。河南新军协统应云从，收到黎元洪要求他响应武昌起义的密信，被河南巡抚宝棻知道，宝棻将他引诱到巡抚衙门，对他进行软禁，并立即撤销了他的职务。河南革命党两次发动起义，都被轻而易举给镇压了。河南咨议局因势单力薄，不敢明目张胆地进行独立活动，他们秘密致电上海，赞助革命。同时，河南咨议局派人到陕西、湖北进行联络，更有人暗中组织人马到其他省份参加革命。后来，河南咨议局竟然公开通电要求朝廷赞同共和，朝廷实在看不下去了，便下令让继宝棻之后任河南巡抚的齐耀琳解散了咨议局。

直隶咨议局是 1910 年国会请愿运动最积极的咨议局之一。当南方各省的咨议局纷纷宣布独立时，直隶咨议局由于处于京畿地区，没有独立条件，但仍蠢蠢欲动，打算鼓动滦州驻军统制张绍曾独立。咨议局议长阎凤阁派出议员王法勤、孙洪伊两人作为咨议局代表去滦州访问张绍曾。向张绍曾表示，如他的二十镇宣布起义，经过天津组织政府，直隶咨议局将会承担筹拨军饷、按时供给的任务。但张绍曾优柔寡断，最后转而要求朝廷立宪，以十二条政纲要挟朝廷立即召开国会，限三天内答复，否则率兵直捣北京。朝廷被张绍曾的要挟吓坏了，赶紧答应了他的要求，并对他抚慰有加。自然，朝廷不会让张绍曾还待在滦州统军，而是把他调任长江巡察使。张绍曾因第六镇统制吴禄贞在石家庄遇刺身亡，蓝天蔚远在东北，不敢轻易抗命，便只好服从朝廷的调令，从此失去了军权。张绍曾离职以后，他的部下军官后来仍在滦州宣布起义，但已无法抵挡袁世凯的亲信部队的冲击，很快失败。直隶咨议局后来致电朝廷，公开呼吁共和，要求朝廷让位给袁世凯，拥护袁世凯上台。北方因袁世凯坐镇北京而形势大变，山东取消独立，山西太原被曹锟攻破。长江以北只剩下陕西省还在独立，但陕甘总督长庚和前任总督允升率兵猛攻陕西，陕西的独立形势岌岌可危。

甘肃是全国唯一一个缺乏独立土壤的省份，甘肃咨议局是全国各省咨议局中唯一一个坚决拥护北京朝廷的地方咨议局。议长张林焱、副议长刘尔炘支持陕甘总督长庚指挥甘肃军队攻打陕西。刘尔炘甚至向长庚毛遂自荐，说如果给他像曾国藩、左宗棠那样的事权，他可以建立像他俩那样的功业。刘尔炘说干就干，亲自招募了一支三百人的军队，日夜操练，准备配合长庚的正规军向陕西进攻。陕西革命政府从成立之初就不像一个团结的革命政府，大统领张凤翙缺乏实权，下设的各大都督似乎都自立山头，但他们居然能组织起队伍进行两线作战，东线在潼关（陕西通往中原的门户）打仗，西线抵御甘肃清军，这本身就是个奇迹。

"满城劫"

当时的革命，最现实和最直接的目标就是反满。武昌起义爆发后，在全国引起的连锁反应，第一时间就是围攻分散在各地的满城。

自从 1644 年满族旗兵入关以后，很快在北京建立了大清王朝。清朝建立后，全国近一半的八旗兵驻扎在北京近畿，拱卫朝廷。剩下的一半则分散驻守在全国十三个战略要地。这十三个战略要地是盛京、吉林、黑龙江、绥远、江宁、福州、杭州、荆州、西安、宁夏、伊犁、成都、广州。其中，东三省盛京、吉林、黑龙江是满族旗人的祖先发源地，所驻兵力几乎要占全国各地驻防旗兵的一半。余下的旗兵分散在庞大的帝国境内，人数非常少。大清皇帝又编了蒙八旗和汉八旗来填充八旗兵的人数，但还是很少。

全国十三个驻防旗营设十三个将军统辖，名称直呼盛京将军、吉林将军、黑龙江将军、绥远将军……将军的名号听起来好听，地位也比地方总督要高，但实权很低，多数将军能统辖的旗兵一般只有五六千人。伊犁将军负责新疆防务，那里是 1840 年鸦片战争以前大清帝国的防卫最前沿，历年征战不断，所辖旗兵也只维持在一万人上下，其他地方的旗兵更可见捉襟见肘。

依靠这么少而分散的旗兵兵力，要统治整个汉族人口占绝大多数的庞大中国，绝非易事。为了稳定旗兵军心，解除他们的后顾之忧，大清皇帝特允许驻防各地的旗兵，带着家眷一起过去。旗兵和旗兵一家老小的生活，都由国家财政供养，他们不事稼穑，坐食兵粮，住在高墙隔离的旗营里。分散在全国各大战略要地的旗营，几乎都建成一座戒备森严的城，里面有供旗人生活所需的一切设施，汉族老百姓不准进入。当地的汉族老百姓只能远远地望着它，称它为"满城"。

满城里的生活，完全保持八旗制度这种亦兵亦民的原始部落体制。旗人出则为兵，入则为民，类似后人说的全民皆兵。他们由国家财政供养，不需要劳动，女人整天无所事事，男人只需要为国家征战作准备。一般的旗民，男孩子长到五六岁，就要学会骑马射箭，挥刀舞棒。每个成年男子都是国家的"斯巴达"战士，生下来就有为国征战的义务。大清皇帝对旗民的日常生活有严格限制，旗民不得迈出满城一步，迈出满城二十里外，就要遭到法律的惩罚。即使是北京的亲王，皇帝也不允许他出京师三十里外。

皇帝之所以这么做，是为了防止他们跟地方上的汉族老百姓相融合，从而消磨了自己民族的特性；也为了防止他们跟汉族的老百姓争利，造成不可收拾的民族矛盾，影响到自己的统治。汉族内部经常出现冲突，跟其他民族也出现冲突，却很少出现跟满族的直接冲突。旗民和汉民因为没有来往而感到非常陌生，也因为陌生而相安无事。

大清帝国最有作为的康熙皇帝曾经颁布过一项轻徭薄赋、永不加税的国家税收政策。之后两百多年中国家税率一直没变，拨给旗人的财政支出也一直没变。两百多年的时间内，中国的人口增加了好几倍，民间的财富也增加了好几倍。但是，国家的财政收入并没有什么变化，拨给旗人生活用的那一笔钱也几乎没有什么变化，而旗人的人口却不知道已经增长了多少倍。这样一来，历史进入近代以后，满族旗人的生活便越来越困难了。有些人家一件衣服要穿好几代，一只杯子要用好几年。这也不算什么，关键的是，他们尚武的精神在战乱的年代发挥出无与伦比的优势，打遍天下无敌手，但接下来的是一段长达二百多年的和平岁月，他们的武功没有了施展的空间，慢慢地被和平所消磨。在年复一年的和平岁月里，旗人无事可做，整天不是提着鸟笼游荡在大街小巷，就是窝在房间里打牌消磨时间。随着岁月的流逝，他们的生活越来越贫困，他们也显得越来越委靡。于是，一个曾经强悍无比的民族，慢慢地被消磨得委靡不振了。

旗人能走出满城的唯一路子就是当官。可是，他们当官也当不好，咸丰皇帝遗诏中的"顾命八大臣"之首肃顺，就经常公开对人讲："满洲中人，多有只知靠祖宗而不学无术的浑蛋，无能力任事，今日天下事，只有靠汉人，他们有见地，笔下了不起，开罪不得！"旗人中的才子、当过两江总督的端方曾经借酒大骂道："旗人在外做官，一事不懂，一字不识，所有事件都请教于门政（政府办事员），好像门政就是他们的爹！"光绪皇帝也看不下去了，便让王士珍以汉人的身份当满城的副都统，他在召见王士珍的时候说："你这要与旗人共事了，他们都糊涂哇！"

民族主义和富国强兵是世界近代史的两个主要思潮，伴随着西方的坚船利炮传入中国。中国从 1840 年以后，在不停的对外战争中节节败退，朝廷自己的富国强兵之路越走越窄，让人看不到光明。满汉之间本来因为陌生而消解的矛盾慢慢地被激发出来。革命宣传家陈天华用白话文在《警世钟》里写道：

你看洋人这么样强，这么样富？难道生来就是这么样吗？他们都是从近二百年来做出来的，莫讲欧美各国，于今单说那日本国，二十年前，没一事不和中国一样。自从明治初年变法以来，那国势就蒸蒸日上起来了；到了于今，不但没有瓜分之祸，并且还要来瓜分我中国哩！论他的土地人口，不及中国十分之一，他因为能够变法，尚能如此强雄。倘若中国也和日本一样变起法来，莫说是小小日本不足道，就是那英俄美德各大国恐怕也要推中国做盟主了。可恨满洲政府抱定一个"汉人强，满人亡"的宗旨，死死不肯变法，到了戊戌年，才有新机，又把新政推翻，把那些维新的志士杀的杀、逐的逐，只要保全他满人的势力，全不管汉人的死活。及到庚子年闹出弥天的大祸，才晓得一味守旧万万不可，稍稍行了些皮毛新政。其实何曾行过，不过借此掩饰掩饰国民的耳目，讨讨洋人的欢喜罢了；不但没有放了一线光明，那黑暗反倒加了几倍。到了今日，中国的病，遂成了不治之症。我汉人……活活被满洲残害，弄到这步田地，亡国亡种，就在眼前，你道可恨不可恨呢？

陈天华这种道理简单、通俗易懂的话，很容易在新学堂培养出来的青年学生中传播开来。中国民间秘密会党一向以反清复明为宗旨，也很容易跟革命排满扯上关系。武昌起义前，汉口有一个报馆的排字工人叫刘心田，有一天跟朋友过江去武昌紫阳湖玩耍。紫阳湖边有朝廷的"皇殿"，不准汉人进去。刘心田和朋友好奇，想要进去看看，被打得头破血流。回来对报馆负责人詹大悲说这个事件。詹大悲告诉他，这就是民族压迫，满人压迫汉人，只有革命，推倒朝廷，我们汉人才有出路。刘心田恍然大悟，当天就加入了革命团体"文学社"。武昌新军第八镇有一标士兵大部分为旗人，汉人士兵跟旗人士兵相向走来，汉人士兵不能正视旗人士兵。否则，有些狂妄自大的旗人士兵马上就会质问："你看什么？鬼日娘的！""你吃谁的饭？"如果汉人士兵不回答是"吃皇上的饭"，马上就会大祸临头。因此，武昌新军中满汉矛盾异常尖锐，可以说，就是没有革命党人在士兵中宣传革命，迟早有一天，汉人士兵也会起来造反。

武昌革命爆发前夕，不知从哪儿漏出风声，"八月十五杀鞑子"这个古老的民间传闻，像瘟疫一样流传在武昌、汉阳、汉口的大街小巷。一时间，整个城市充满了杀气腾腾的火药味。果然，革命在八月十五日后的第四天爆发。失去理智的革命士兵沿着大街小巷到处搜索，只要是捉到旗兵，不是就地杀掉，就是送到军政府枪毙。有的旗兵被捉后，至死不讲话，越是不讲话反而证明是旗兵；有的学"湖北腔"应付盘查，企图蒙混过关，革命士兵想出一个办法，凡是出入城门的人，都要念"六百六十六"。"六百六十六"的湖北语音为"loubelousilou"，不是武汉土生土长的人是不容易学得一模一样的。这样，旗兵们就无法蒙混过关了。这种滥杀无辜的情形连黎元洪也看不惯了，他向革命士兵提出了三个条件，其中就有一条：不要乱杀旗人。革命士兵答应了条件之后，黎元洪才肯剪去发辫，答应就任武昌军政府都督，发誓与北京的朝廷势不两立。

武昌革命后，湖南和陕西率先响应。西安城内设有满城，以哥老会为主的起义军几乎不费吹灰之力就占领了除满城以外的整个西安。驻扎在满城的旗兵连同他们的家属，男女老少合计起来人数超过一万。但是能打仗的成年旗人为数有限，平时也没怎么训练，用的是前口装火药扳机上扣火帽的来复枪，抵抗是死，不抵抗也是死，与其不抵抗而死，不如抵抗而死。战斗十分激烈，几乎所有的旗人成年男子都在战斗中阵亡了，杀红了眼的哥老会士兵连剩下的老弱妇幼都不放过，他们在满城内逐巷逐院进行搜索，见人就杀，见东西就抢。据统计，西安满城里的旗人几乎被起义军杀光，侥幸存活的人几乎没有。起义军统领张凤翙，以"秦陇复汉军"大统领的名义，匆匆忙忙发布檄文说："各省起义，驱逐满人，上应天命，下顺人心。"

武昌革命军捕杀旗兵，西安满城的旗人惨遭洗劫，消息传到北京，北京的旗人一片惊恐。分散驻扎在全国各地的满城，原来的作用是保护地方，防止地方变乱。然而现在，面对突如其来的地方独立风潮，他们不仅没有取到震慑地方独立的作用，反而成为地方各省独立的猎物。住在满城里的旗兵只是少数，更多的是旗兵的眷属，旗兵一家老老小小都住在里面。起义军围攻满城，架起大炮朝满城内猛轰，中炮死亡的往往是那些手无寸铁的老人和小孩。围攻满城的战斗实际上就是一场对无辜老人和小孩的屠杀。旗兵的反抗越是激烈，死亡的无辜旗民就越多。随着形势的发展，南方各省纷纷独立，独立过程中几乎都要驱逐或杀害省城的旗人，设有满城的省份则满城遭到围攻，一旦攻下满城，推倒满城墙界，独立就算完成了。杭州、荆州、福州的满城进行抵抗，到了实在不能抵抗的时候，才开始投降，因而损失惨重。成都、广州、镇江的满城一开始就选择投降，损失不大。不论是抵抗后投降或一开始就投降的满城旗民，最后都无一例外地被迫离开满城。从此，满汉之间用城墙隔开的界限没有了，旗民们由于二百多年没有从事过劳动，完全没有了生活技能，摆在他们前面的是无边的苦难和噩梦一样的未来。

　　江浙联军攻占南京之前，南京城内流传着一首民谣："头上三尺有神灵，百年怨债要算清。壮士何惧沙场死，戮力杀尽辫子兵！"有些汉人流氓就拿起菜刀、斧头、镰刀、铁棒，夜间打起火把，三三两两在街上游荡。满城内的旗人家眷非常恐慌，妇女们天天哭泣，因为她们不像汉族妇

南京满城内搜获之战利品

女那样缠足，走路一扭一扭，穿的衣服跟汉人也不一样。为了活命，她们把自己装扮成汉人妇女，穿汉人服装，硬给十岁左右的女孩子缠足。旗人的成年男子纷纷改名换姓，充作汉人。但是，当江浙联军攻进南京城内后，南京城内的旗人很少有人能够幸免于难。

分散在全国各地的满城惨遭洗劫的消息不断传到北京，民政大臣满人桂春沉不住气，打算将北京城内的汉人京官统统杀掉作为报复。桂春一面密调城外驻圆明园、外火器营、健锐营的旗兵两千多人秘密进城，一面密令巡警总厅，准备将充任警察的汉人一律撤出。然后以迅雷不及掩耳之势在北京城内捕杀汉人，尤其要把南方的汉人统统杀掉。

民政部参赞汉人汪荣宝得知这一密谋后，大吃一惊，赶紧跑到桂春家去劝阻，桂春气势汹汹地说："本朝二百数十年，对于各省汉人，何等深仁厚泽，竟敢造反，惨杀旗人，天良何在？此次调旗兵进城，乃为防卫之计，你们不必多管！"汪荣宝劝阻无效，赶紧邀集汉人京官曹汝霖、章宗祥等人，一齐向内阁总理大臣庆亲王奕劻求救，他们沉痛地说："如果照桂春的办法，北京的汉人，如何能杀得尽。将来革命军得到北京之时，旗人终居少数，焉尚有余命存在。即皇太后、皇上以及宫廷妃嫔，必致玉石俱焚。大祸临头，悔之已晚。"奕劻吓得心惊肉跳，一面立即把桂春召来，严斥他不要胡闹；一面找徐世昌等人商量，赶紧把前巡警部侍郎赵秉均召到北京，将桂春替换掉。

赵秉均接替桂春任民政大臣之后，所做的第一件事就是将两千旗兵每人发给大洋一元，命令他们火速出城，回到原来防地。就这样，一场旗兵屠杀在京汉人的阴谋解除了。

然而，经过这么一番闹腾，京城里谣言满天飞，在京汉人已不能安心生活和工作了，都想逃离北京，往其他地方避难。当时，北京的东西两个火车站，人山人海，人们争先恐后上车，秩序大乱，几乎导致火车不能开车。

宫廷风暴

第七章

·『罪己诏』
·『摄政王归藩』

"罪己诏"

武昌起义爆发的前一天，朝廷在直隶省永平府集结了六万多兵力，举行了代号为"永平秋操"的军事演习。这是中国现代化陆军自建制以来规模最大的一次军事行动，由军谘府大臣、摄政王的亲弟弟载涛亲自坐镇指挥。起义爆发的当晚，湖广总督瑞澂的密电及时从楚豫兵轮发到北京。朝廷接到密电，马上召开内阁会议，一致主剿。摄政王载沣的反应不可谓不及时，11月12日，任命陆军大臣荫昌为南下统帅，赴湖北督师平叛。11月13日果断下令停止军事演习，令军谘府大臣载涛紧急赶回北京。

让陆军大臣直接南下，跑到湖北前线督师平叛，级别不可谓不高。荫昌是当年载沣初出茅庐、出使德国的最重要的谋士之一，18岁的载沣那时候什么也不懂，以皇弟之尊代表大清帝国漂洋过海去德国赔礼道歉，稍有差错便会有辱国尊。载沣最离不开的人就是荫昌。荫昌进过德国最好的陆军学校，跟德皇威廉二世是无话不谈的同学。载沣此行得以扬名世界，不能不说有荫昌的功劳。现在，帝国出现了危机，载沣首先想到的就是那个曾经帮助过自己的人，他要把他派到帝国最需要的地方。可是，作为帝国陆军大臣，荫昌却说了一句让人感到非常不可思议的话："我一个人马也没有，让我到湖北去督师，我倒是去用拳打呀，还是用脚踢呀！"说这话的人居然是堂堂的陆军大臣，不知道大清帝国最后十年是怎么练兵的，练到连陆军大臣都两手空空。当时，全国最精锐的陆军都集中在渤海湾滦州地区，要调动这些部队南下，到千里之外的湖北前线去，需要一些时间。湖北周围各省的军队要么不稳，要么不够用。新军似乎只有当年袁世凯训练的北洋六镇对朝廷还算忠诚，但北洋六镇只有袁世凯本人才能驾驭。摄政王载沣没办法，只好请袁世凯出山，让他担任湖广总督，配合陆军大臣荫昌剿灭武昌叛乱。

10月14日，摄政王任命袁世凯为湖广总督，与任命陆军大臣荫昌为南下统帅的时间仅仅差两天！请袁世凯出山，这好比摄政王载沣自己搬起石头砸自己的脚。但在关系到国家生死存亡的紧张局势面前，载沣已经顾不得自己的面子了，重要的是让袁世凯为朝廷卖命。但袁世凯也不是省油的灯，既不请辞，也不立马上任，迟迟不肯离开洹上村。他显然是在观望局势，想让朝廷给他更多的权职，载沣最担心的就是这一点。确实，朝廷里有很多为袁世凯请命的人，总理大臣奕劻、协理大臣那桐都是，更不用说袁世凯的铁哥们徐世昌了。

10月17日，驻汉口英法德日俄各国领事视武昌叛军为民军，承认民军为交战团，正式宣布中立！这等于说，武昌叛军已经获得了外国人的承认。消息传到北京，北京城内一片恐慌。陆军大臣荫昌率领的南下部队行动迟缓，直到10月16日才有两标士兵进驻武胜关和河南信阳，荫昌本人是17日才抵达河南信阳的。也就等于说，在武昌兵变后一个星期之内，朝廷未能集结力量威胁或打击武昌叛军，使得武昌政府能有时间从容地建立起来，并且赢得扩充实力的大好机会。镇压兵变，最好的办法是以迅雷不及掩耳之势迅速将它扑灭，错过了这样的机会，一切就难以挽回了。10月18日，获得外国人承认的武昌民军士气大振，主动向朝廷派来的军队发动进攻，于是才有武昌起义后双方第一次像样的交战。

以陆军大臣督师，本没有什么，但荫昌是个满人，武昌起义就是以汉人驱逐满人为口号发动起来的。这样，荫昌作为最高统帅在前线指挥作战，容易给对手留下满人镇压汉人的口实。荫昌本来就指挥不动北洋军，

陆军大臣荫昌由汉口回京下车情景

让他继续担任前线统帅，只能让前线的汉人军官对他产生反感，不利于应付局势。更要命的是，让袁世凯位居荫昌名下，显然是不适宜的，因为袁世凯曾经是荫昌的上司，能力也比荫昌强，经验更比荫昌多。即使袁世凯本人不在乎这些，袁世凯的亲信将领也会看在眼里，怨在心里。即使没有袁世凯跟载沣之间的个人恩怨，这一安排的错位仍让人感到不可思议。

在10月22日和23日两天时间内，湖南、陕西、江西九江相继独立，形势急转。总理大臣奕劻正式向载沣明确表明："当前这种局面，我是想不出好办法了。袁世凯的见识、气魄，加上他一手督练的北洋军队，如果调度得法，一面剿一面抚，确实有挽回大局的希望。不过这件事要办就办，若犹豫迟延，就怕民军的局面再一扩大，就更难收拾了，并且东交民巷也有非袁出来不能收拾大局的传说。"

所有的迹象和事态的发展都表明，荫昌已经不适宜继续做前线的最高统帅。载沣不得不于10月27日下旨把荫昌召回，改派袁世凯为钦差大臣，全权节制前线各军。让袁世凯为钦差全权大臣，在发上谕之前，载沣暗自下了决心，无论以后的结局怎么样，在用完袁世凯之后，绝不能让他继续存在于这个世界！他载沣是绝对不会再放过袁世凯了！

就在载沣向袁世凯让步，任命袁世凯为钦差大臣的前一天，10月26日，载沣罢黜了邮传部大臣盛宣怀的职务，改派袁世凯的亲信唐绍仪接任，同时还宣布对盛宣怀永不叙用。

对于对盛宣怀的罢职，当时的英国驻华公使朱尔典感叹道："大约从去年以来，盛宣怀作为铁路政策的倡导者，在能力上大大超过了衰弱不堪的北京政府中的所有成员，他深思熟虑地采取该政策作为维护国家生存的一项重要条件。他以勇敢无畏和不屈不挠的精神对待各省的反抗风潮，这种精神对任何国家中像他这样年老体弱的人都会带来荣誉。"

由于从表面看是盛宣怀的铁路政策引来导致帝国危亡的巨大灾祸，盛宣怀被罢职的第二天，朝廷资政院中发出一份书面决议传单，要求朝廷将盛宣怀立即处决，以平民愤。美国代办找到英国公使朱尔典，对朱尔典说，盛宣怀希望四国公使在他需要的时刻提供保护。朱尔典立即召集四国联合公使会议，一致决定去面见内阁总理大臣庆亲王奕劻，向他提交一份表示四国抗议书。抗议书上写道："我们对这件事极为关注，不能够允许清政府对盛宣怀进行任何伤害。"总理大臣庆亲王奕劻在阅读完抗议书之后，解释说："那天早晨，有位御史递给朝廷一份奏折，提出类似处决盛宣怀的要求，但摄政王认为对盛宣怀已经给予足够的处罚了，所以拒绝考虑该项要求。"总理大臣庆亲王奕劻向四国公使保证，对盛宣怀不再施加更重的惩罚，并答应让朝廷资政院撤销处决盛宣怀的决议。

10月29日，令载沣万万想不到的是，陆军第二十镇统制张绍曾、蓝天蔚等将领从滦州联名通电，提出十二条政纲，要求年内召开国会，制定宪法、组织责任内阁、削除皇族特权、大赦国事犯等，态度十分强硬，如不答应他们，他们便会率兵进攻北京。滦州就在京城近畿，朝廷一片恐慌，载沣吓得说不出话来。他还能做什么呢？该怎么挽回局势呢？

第二天，也就是10月30日，惊魂未定的载沣连续向全国人民下了三道诏书，一道是宣布取消"皇族内阁"，一道是宣布"开除党禁"，最后一道是宣布向全国人民承认错误的"罪己诏"。

"罪己诏"写道:

朕缵成大统,于今三载。兢兢业业,期与士庶同登上理。而用人无方,施治寡术。政地多用亲贵,则显戾宪章。路事蒙于金壬,则动违舆论。促行新治,而官绅或借为网利之图。更改旧制,而权豪或只为自便之计。民财之取已多,而未办一利民之事。司法之诏屡下,而实无一守法之人。驯致怨积于下而朕不知,祸迫于前而朕不觉。川乱首发,鄂乱继之。今则陕、湘警报迭闻,广、赣变端又见。区夏腾沸,人心动摇,九庙神灵,不安歆飨,无限蒸庶,涂炭可虞。此皆朕一人之咎也。

兹特布告天下,誓与我国军民维新更始,实行宪政,凡法制之损益,利病之兴革,皆博采舆论,定其从违。以前旧制旧法,有不合于宪法者,悉皆除罢。化除旗汉,屡奉先朝谕旨,务即实行。鄂、湘乱事,虽涉军队,实由瑞澂等乖于抚驭,激变弃军,与无端构乱者不同。朕维自咎用瑞澂之不宜,军民何罪?果能翻然归正,决不追究既往。

朕以眇眇之躬,立于臣民之上,祸变至此,几使列圣之伟烈贻谋颠坠于地,悼心失图,悔其何及!尚赖国民扶持,军人翼戴,期纳我亿兆生灵之幸福,而巩我万世一系之皇基。使宪政成立,因乱而图存,转危而为安。端恃全国军民之忠诚,朕实嘉赖于无穷。此时财政外交,困难已极,我军民同心一德,犹惧颠危。倘我人民不顾大局,轻听匪徒煽惑,致酿滔天大祸,我中华前途更复何堪设想!朕深忧极虑,夙夜旁皇(彷徨),惟望天下臣民共喻此意。将此通谕知之。

"罪己诏"是以六岁的宣统皇帝本人的口气发出的,但天下人都知道,"诏罪"的人是监国摄政王载沣。既然自己已经承认了错误,取消皇族内阁也就成为顺理成章的一件事情。取消皇族内阁,等于奕劻、载泽、载洵等人都要下岗。但载沣已经没有别的选择,只有硬着头皮请袁世凯来担任内阁总理大臣这一职位。北京已经越来越不安全了,随时都面临着危险。

只有让袁世凯进京，才能保证朝廷的安
全。11月3日，资政院加班加点，终于赶
制出《宪法重大信条》十九条，以回应张
绍曾等人的联名通电。同时，对张绍曾等
人给以安慰，嘉许他们的"爱国"之诚。

　　就在载沣紧张对付张绍曾等将领拥
兵要挟朝廷的那几天，山西独立的消息传
来，云南独立的消息传来，如坐针毡的载
沣似乎对南方各省的独立举动无能为力。
山西离北京很近，太原的军队一出娘子关
就可以杀奔北京而来。禁卫军不敷使用，
一方面要在黄河边上布防，一方面要监视
虎视眈眈的滦州张绍曾等人的部队。

　　京城的防卫光凭这一支一万人的禁
卫军是远远不行的。还没开到湖北前线的
北洋新军保不准肯为朝廷卖命，北方骤然
紧张的局势似乎比南方各省的独立更要危
险。驻在保定的第六镇统制吴禄贞是革命
党，送到载沣手上的证据越来越明显，载
沣强行使自己镇静下来。等镇静下来以
后，他把那些证明吴禄贞是革命党的证据
小心翼翼地搜集起来，放进一个精致的小
匣子里，等待吴禄贞受召前来的时候亲手
交给他。吴禄贞来了，载沣果真把小匣子
作为礼物亲手递交给他，但叫他暂时不要
打开，回家后再打开。吴禄贞回家后打开
小匣子一看，吓得说不出话来，哪里还敢

张绍曾

吴禄贞

继续待在保定按兵不动，匆匆忙忙整理行装，南下石家庄，去进攻山西的门户娘子关。吴禄贞把兵开到娘子关以后，突然在前线下令停止攻击，自己跑进娘子关跟山西都督阎锡山见面。载沣接到报告后，没有办法，只好去电嘉奖吴禄贞的招抚之功。焉知吴禄贞深入虎穴，不是去替朝廷招抚敌人，而是去联络敌人，组成晋燕联军，等待合适的时机，杀向北京，端朝廷的老窝！

北方的局势越来越明显地表明，只有袁世凯才能保护北京的安全。载沣绝望了。在绝望中，他命人到湖北前线去，催促袁世凯赶快来北京维持局面。袁世凯在动身来北京之前，先派亲信将领把北京的防护大权牢牢控制在手。等一切都安排停当之后，于 11 月 13 日北上赴京。三天以后，袁世凯在北京正式组阁。根据规定，新的内阁拥有决定国家一切的权力。摄政王载沣的权力全都移到了内阁里面。也就是说，载沣手中的权力被袁世凯统统拿去了。从此，袁世凯正式控制了朝廷的军政大权。摄政王载沣正式成了摆设，国家的航向已经不能由他掌舵了。

"摄政王归藩"

作为大清帝国的监国摄政王，载沣毕竟还不是皇帝。当国家出现危难、载沣应付不及的时候，坐在深宫里的那位中年寡妇隆裕太后便悄悄地浮出水面。假如没有辛亥革命，许多中国人或许不知道皇宫里还有一位隆裕太后。因为提起太后，人们的第一反应就是慈禧太后，其他太后只能做绿叶陪衬。根据慈禧太后的遗嘱，载沣遇大事要找隆裕太后商量，然后才能作出最后决定。一般的小事，隆裕太后都不管，放手让载沣去做。现在国家出大事了，载沣又管不好，隆裕太后只好自己出面管了。

　　隆裕太后这个女人有点奇怪，当年载沣任命徐世昌、那桐同为军机大臣的时候，她反对得相当激烈。但是载沣坚持己见，最后还是她被迫作出让步。她想要干预政事，就必然跟载沣产生矛盾，载沣又不是让她放心的人，如今局势危险，国家有难，她对载沣虽然有怨，怨他怎么会把整个国家搞成这样，但还是决心鼓起勇气拯救大清的命运。

　　女人当国，最称心的手段是以柔治天下。就连自称老佛爷的慈禧太后也懂得在大臣面前哭哭啼啼。坐在深宫里的隆裕太后听到动乱中的老百姓流离失所，无家可归的消息，就悲伤地抹眼泪。10 月 20 日，隆裕太后以太后之名发内帑 20 万赈湖北难民。10 月 24 日，直隶、山东、吉林、安徽、江苏、浙江、广东、湖南、湖北等地的饥民，都收到了隆裕太后发来的大约价值 24 万元的赈济食品。10 月 26 日，隆裕太后捐钱给慈善基金会……这一系列的慈善活动，使得不为人知的隆裕太后一下子以慈祥的国母形象出现在全国人民面前。人们惊喜地发现，在北京的政治舞台上，还存在着这么一个别样的声音。10 月 27 日，隆裕太后发内帑 100 万到湖北前线劳军。正在打仗的前线官兵一片欢呼，全军顿时士气大振，接下来只用不到 4 天的时间，就攻占了汉口。

　　人们都在欢呼和颂扬太后之德，而忽略了那个也变得十分仁慈的摄政王。武昌起义后第九天，也就是 10 月 19 日，载沣下了一道诏书，指示如何对四川、湖北用兵。诏书这样说：如果得到逆党名单，不要用它，而是要把它销毁，以免株连。对胁从者要宽大，对反正者要既往不咎，对愿意立功者要重赏。很显然，载沣已经被赵尔丰和瑞澂的强硬政策所吓倒，在急转直下的局势面前，回归了他本来的面目。载沣本性是一个温和宽厚的人，对于权力本没有什么欲望，但不幸被慈禧太后选中，当上了执掌国家大权的最高领导人。要领导一个处于急剧变革中的国家，领导人需要具备应变的资质和丰富的阅历，适当的强硬比柔弱更为重要。强硬能镇服人心，在纷繁复杂的局势中维护国家权威。慈禧突然去世后，载沣对于一夜之间到来的权力十分陌生，因为没有经验，生怕这也做不好，那也做不好，给人留下一副优柔寡断的印象，受人轻视和嘲笑。等他知道如何用雷厉风行的强硬姿态来治理国家的时候，国家就因此而出了问题，他也能立即发觉不对，马上来一百八十度的转身，又回归他的柔弱本色，但他却不知两手都要抓的道理。在他处境艰难的时候，隆裕太后从宫中发出一道又一道懿旨，跟他的圣旨并驾齐驱。随着懿旨不断升级，越管越宽，懿旨发挥的作用越来越大，圣旨的权力就受到节制，越来越不起作用。载沣下圣旨要治瑞澂失守武昌之罪，瑞澂竟能躲在上海逍遥法外。他要岑春煊入川，岑春煊到了汉口就托病不去，最后又回上海养病去了。等到袁世凯从前线回到北京，成功组建了新的责任内阁后，载沣这个摄政王的权力统统落到袁世凯身上，再作努力也无济于事了。

大清的江山不是载沣父子的，大清的江山是整个爱新觉罗家族的。爱新觉罗家族传承了一代又一代，到了宣统皇帝溥仪这一代，已经延续了两百六十多年了。作为爱新觉罗家族"溥"字辈的老大哥，溥伟很不甘心就这么让袁世凯夺取朝廷的军政大权。

溥伟

溥伟是鼎鼎有名的恭亲王奕訢的孙子，他18岁就继承了爷爷的王爵，成为第二代恭亲王。光绪皇帝没有生下一男半女，皇室近支的"溥"字辈兄弟中溥伟年龄最大，理应很有机会坐上皇位，便手持那把当年咸丰皇帝赏赐给他爷爷奕訢的白虹刀，雄心勃勃，等待皇宫里来人传达慈禧太后的懿旨，没想到慈禧最后却选择了三岁的溥仪。消息传来，溥伟感觉如同一盆冷水迎面泼在头上，浑身彻骨冰凉。但溥伟的五叔，也就是溥仪的父亲载沣对权力没什么欲望，他再三恳请太后不要让他当监国摄政王。载沣的谦让使慈禧十分恼火，大骂他说："都什么时候了，还讲谦让，你这个人，奴才一个！"载沣被这么一骂，立即就呆住了。慈禧太后冷静下来，缓缓地对载沣说："我怕你一人之力不能胜任，溥伟最亲，可以叫他来帮帮你！"溥伟听到这一消息，又高兴起来。虽然不能继承皇位，但是能在皇帝身边掌握政权，也没什么不可。谁知，慈禧太后的遗诏没有他的名字，只说凡事都听摄政王载沣一个人的。他在悲观失望中大骂张之洞，说是张之洞篡改了诏书。张之洞一见他就躲，朝廷的大臣们也个个都躲开他。他感到非常委屈，大哭起来，在哭声中破灭了所有的梦想。以后，他的五叔载沣只让他当一个有名无实的戒烟大臣，什么事都做不了。他对五叔有怨气，终日郁郁寡欢。

　　现在，大清的江山面临着覆亡的危机，溥伟跟载沣之间的个人嫌隙变得不值一提，因为大清一亡，大家都玩完。兄弟阋于墙而共御外辱，溥伟决心抛弃前嫌，去见他的五叔。溥伟当初不理解他的五叔为什么要起用袁世凯，起用袁世凯，不就等于放虎归山了吗？载沣回答他："庆王、那桐再三力保，他们说袁世凯可以重用。"溥伟说："既然已经起用袁世凯，难以收回成命，五叔可否重用其他忠贞智勇之臣，以分制袁世凯的势力？"载沣问："谁是忠贞智勇之臣？"溥伟回答："五叔监国三年，谁是忠臣，谁是奸臣，自在洞鉴。"载沣说："都是他们的人，我何曾有爪牙心腹。"溥伟说："五叔代皇上行大政，朝廷内外那些廉能正直的大臣，都是你的心腹，瞿子玖、岑春煊是袁世凯惧怕的人，升允忠诚可用。如果调瞿子玖入内阁，调岑春煊任直隶总督，再调升允为钦差大臣，握重兵扼守上游，袁世凯再狡猾，也不敢轻举妄动。"载沣沉默了一会儿，说："容明儿再商量。"溥伟知道，五叔说的容明儿再商量，实际上是在敷衍他，到明儿，五叔肯定不会商量出什么名堂来。溥伟大为失望，但是没有办法，只好嘘唏感叹。等到张绍曾等人在滦州拥兵要挟朝廷"立宪"，五叔载沣吓得连忙答应他们的"十九条"要求。五叔怎么就这样经不起别人要挟呢？

溥伟大为震惊，便对人感叹地说："大势去矣！"但是，溥伟不甘心大清的江山就这么在五叔的手上断送，他于是纠集王公大臣，向五叔载沣施加压力，要他挺住！

1911年12月4日，南京被江浙联军攻破。南京城破，大势去矣！长江以南的南方各省都已独立，半壁江山没有了，再作努力也无济于事了。载沣终于挺不住了，彻底地绝望了。各方面的压力使载沣喘不过气，他筋疲力尽，在南京城破之后的第三天，突然向隆裕太后缴还监国摄政王印章，奏请退位。

隆裕太后虽然不是一个权力欲望特别强烈的女人，但也有心效仿她的姑母慈禧太后垂帘听政。隆裕太后与载沣本来就有矛盾，在帝国最危难的时刻，监国摄政王辞职是一件关系重大的事情。隆裕太后居然不跟任何人商量就答应了，当天就下了一道准许载沣退位的懿旨：

据监国摄政王面奏："自摄政以来，于今三载，用人行政，多拂舆情。立宪徒托空言，弊蠹因而丛积。驯至人心瓦解，国势土崩。以一人措施失当，而令全国生灵横罹惨祸。痛心疾首，追悔已迟。倘再拥护大权，不思退避，既失国民之信任，则虽摄行国政，诏令已鲜效力，政治安望改良！泣请辞退监国摄政王之位，不再干预政事。"情词恳切，出于至诚。予深处宫闱，未闻大计。惟自武汉事起，各省响应，兵速（连）祸结，满目疮痍。友邦商业并受影响。每一念及，寝馈难安。亟宜查内外之情形，定安邦之至计。监国摄政王性情宽厚，谨慎小心。虽求治綦殷，而济变乏术，以至受人蒙蔽，贻害群生。自应俯如所请，准退监国摄政王之位。所钤监国摄政王章，着即缴销。仍以醇亲王退归藩邸，不再预政。著赏给岁俸银五万两，由皇室经费项下支出。嗣后用人行政，均责成内阁总理大臣、各国务大臣承担责任。所有颁布诏旨，应请盖用御宝。并觐见典礼，予率同皇帝将事。皇帝尚在冲龄，保卫圣躬，应有专责。世续、徐世昌著授为太保，尽心卫护。现在四方多难，国步阽危，诸王公等谊同休戚，各宜体念时艰，恪遵家法，束身自爱，罔越范围。诸大臣瘝（膺）兹重任，尤宜共矢公忠，精白乃心，力除痼痹，以谋国利民福。凡我国民，当知朝廷不私君权，实行与民更始。务须谨守秩序，各安生业，庶免纷争割裂之祸，而登熙皞大同之治。予有厚望焉。钦此。

从以上的文字可以看到，隆裕太后免去了载沣监国摄政王一职，同时把世续和徐世昌两人授为太保。世续是满人，徐世昌是汉人，一满一汉，满汉共治。这两人的名字都有吉祥的意思，隆裕太后是想靠着他们名字的吉祥让宣统一朝继续繁荣和昌盛。

载沣主动向隆裕太后辞去监国摄政王被准许之后，反倒身心轻松了。回家以后就高兴地对家人说：“从此好了，我也可以回家抱孩子了！”说完，便轻轻地抱起了他的二儿子溥杰。他的妻子瓜儿佳氏被他那种轻松的神气气得大哭一场。后来，瓜儿佳氏经常告诫她的儿子溥杰说：“你长大了，可不要像你爸爸那样没有志气！”

与载沣的轻松相反，监国摄政王辞职毕竟是重要的国家大事。隆裕太后的懿旨一经发出，立即在国内外引起了极大的震动。隆裕太后不得不于第二天通过外务部向各国公使发出“奉旨准监国摄政王辞退归邸”的照会，以回答外国人的疑问，让外国人放心。外国人对监国摄政王辞职归邸关注的声音，肯定没有国内自己人的声音大，朝廷内部的质疑也没有朝廷之外的质疑大，吉林巡抚陈昭常电奏朝廷，提出质疑。隆裕太后不得不于12月10日下了一道解释性懿旨：

此次醇亲王恩辞监国摄政王之位，经予俯准所请，并确照立宪政体，凡用人行政，一切责成内阁总理大臣及各国务大臣担负责任，唯有颁布诏旨，盖用御宝，及觐见典礼，予率同皇帝将事。与先朝垂帘听政制度迥不相同。正系实行改良政本，以示不私君权，与民更始。

乃该抚辄以庙堂之上先事纷更，及政权不一、宫廷不和等词漫相推测，实未深悉朝廷因时制宜、大公无私之至意。陈昭常等殊属昧于时势，不知大体。均着传旨申饬。

这份懿旨表明，隆裕太后在摄政王载沣退位后，已经把所有的权力都交给了内阁总理大臣袁世凯。12 月 20 日，有一位叫欧家廉的御史上奏隆裕太后，还在要求对载沣重新处理。奏折上说："如迫不得已，则请去监国之号，仍以醇亲王暂行摄政，以示贬损。"欧家廉反对隆裕太后把国家大权统统交给袁世凯，但隆裕太后看了他的奏折之后，却于当天发出一道懿旨：

关于国务有所陈述者，均暂由内阁核办，毋庸再递封奏，以明责任而符宪政。

这样一来，所有的奏折只能送达内阁，皇帝和太后都不处理政事，国家一切政事都由内阁总理大臣经手处理。从此，皇帝之位有名无实，太后之位同样有名无实，大清王朝的政治中心正式转到了责任内阁。作为责任内阁总理，袁世凯彻底掌握了国家大权，大清帝国将走向何方，不是由朝廷来决定，而是由袁世凯来决定了。

南北对峙

第八章

· 战与和
· 民国政府成立

战与和

　　武昌起义爆发的第二天，是袁世凯53岁生日，洹上村张灯结彩，热闹非凡。第三天，祝贺生日的客人们还没有赶回去，武昌起义的消息已经传来，一时间，洹上村人心惶惶，大家一口认定，朝廷必将起用袁世凯。

　　果然，第三天，朝廷任命袁世凯为湖广总督的圣旨就到了。第四天，庆亲王奕劻的私人代表阮仲枢匆匆忙忙赶到洹上村劝驾。

　　阮仲枢是袁世凯以前的亲信幕僚，虽然现在身份是庆亲王的私人代表，但情感上仍然向着袁世凯这一边。他说："革命刚刚开始，袁公出山，一鼓荡平它是绝对不成问题的，但是，要想使国家政治有所改变，还是没有可能。"站在旁边的王锡彤接过话头："我认为革命一旦被平定，袁公功高盖主，必将性命难保！"王锡彤说了大家都想说的话，一时间，谁都不说话了，房间里鸦雀无声。这时袁世凯慢腾腾地走进来，大家都坐下。王锡彤把他的想法说给袁世凯听，袁世凯脸色大变，很不高兴地对大家说："我不能做革命党，我的子孙也不能做革命党！"说这话的时候，袁世凯把眼睛看着他的大儿子袁克定。袁克定是反对他父亲出山最坚决的人。众人都不敢说话，袁世凯坐了几分钟，就转身出去了。

　　当天晚上，袁世凯给朝廷的答复，称自己"旧患足疾，迄今尚未大愈，未便即时就任……一俟稍可支持，即当力疾就道，藉答高厚鸿慈于万一"。袁世凯既不推卸，也不即行上任，用意十分明显，是在观望。

10月16日，南下督军作战的陆军大臣荫昌过彰德车站，亲自到洹上村看望袁世凯。两人居密室交谈，商讨该怎么对武昌用兵。

10月17日，朝廷正式向全国发布诏书，宣布任命袁世凯为湖广总督。消息一经传出，全国一片欢欣鼓舞。美国、德国的驻华公使甚至从北京致电袁世凯，对他表示祝贺。在天津的一家德国报纸这样说："最重要的消息当然是清廷任命袁世凯为湖广总督了，这说明北京方面认识到局势的严重性了；当这个国家碰到空前窘境的时候，只有袁世凯能够挽回局势。"

10月18日，内阁协理大臣徐世昌也赶到洹上村来了。这两个老朋友三年以来第一次见面，彼此都感慨万千。在最亲密的老朋友面前，袁世凯说话不再躲躲闪闪。袁世凯通过徐世昌直接向朝廷提出四个条件：一是明年开国会；二是组成责任内阁；三是解除党禁；四是宽容武昌起义之起事党人。与此同时，袁世凯要求清廷充分地拨给他军费，授予他前线指挥军事的全部权力，不对他的指挥横加干涉。

一个星期以后，朝廷答应了袁世凯的条件，并且改派袁世凯为钦差大臣，全权节制在湖北的帝国陆、海军，还下令把陆军大臣荫昌从前线召回北京。10月27日，袁世凯带着隆裕太后给他的一百万内帑走马上任，指挥北洋军向汉口发动进攻。其后，袁世凯仅仅用了四天时间，就指挥北洋军攻占了汉口。消息传到北京，人们一片欢呼。当天，也就是11月1日，摄政王载沣下"罪己诏"，责任内阁总理大臣奕劻率协理大臣那桐、徐世昌及载泽、载洵、溥伦、善耆等亲贵大臣集体辞职，袁世凯被授命为新的内阁总理。

根据权限，新的责任内阁拥有处理国家一切大政的权力。袁世凯获取了足以控制朝政与指挥军队的权力之后，就按照自己的意志一面奏请朝廷停止进攻，一面派人跟武昌军政府进行和平谈判。

全国局势的发展实在令人心惊肉跳，时间刚刚进入11月份，就有湖南、陕西、江西九江、山西、云南相继宣布独立。很显然，光靠军队镇压是不行的了，谈判似乎成了朝廷的必然选项，当袁世凯提出这个选项的时候，摄政王载沣不得不于11月3日准许袁世凯令前敌各路清军停止进攻武昌。

谈判一开始就是袁世凯主动提出的，也是袁世凯极力倡导的。早在袁世凯来湖北督师之前，他就将亲信旧部刘承恩召来，指示刘承恩两次写信给黎元洪，传达自己愿意和平息兵的意图。但是，两次都没有回信。刘承恩是黎元洪的湖北同乡，又曾在张之洞麾下一起共事过三年，跟黎元洪的关系很好。11月1日，趁着进攻汉口的胜利，刚刚抵达湖北孝感驻节的袁世凯，又叫刘承恩写信给黎元洪。等了几天，还是没有得到回信，袁世凯不得不亲自写信给黎元洪，表达自己的和平意愿。黎元洪这次收到袁世凯的亲笔信，终于于11月9日回信了，但黎元洪无意言和，甚至还在信中劝袁世凯转向革命，如果袁世凯转向革命，将来第一任民国大总统不难是他袁世凯的。同一天，身在汉阳前线任民军总司令的革命党领袖黄兴，也热情洋溢地写了一封信给袁世凯，信中自然是劝袁世凯归附革命，信中写道："人才原有高下之分，起义断无先后之别。明公之才能，高出兴等万万，以拿破仑、华盛顿之资格出，而建拿破仑、华盛顿之事功，直捣黄龙，灭此房而朝食，非但湘、鄂人民戴明公为拿破仑、华盛顿，即南北各省，当亦无有不拱手听命者。"

11月11日，刘承恩与蔡廷干从汉口渡江，作为袁世凯的代表秘密到武昌跟黎元洪直接对话。刘承恩说："项城的意思是，他家三代蒙受清廷的恩典，不忍心见到清廷被推翻，所以派我和蔡廷干前来跟都督谈判。都督之所以革命，无非是清廷表面上宣称实行立宪，实际上仍实行专制。现在清廷已经下诏罪己，废除皇族内阁，都督的目的可以说已经达到了。假如大家都一意孤行，继续战争，结果只能是生灵涂炭！希望都督顾全大局，暂时息兵，公举代表入京，大家共同来组织新的内阁。皇帝只是拥有虚名而已，人人都可以参政议政。满人虽然狡猾，但经过这么一番改革之后，大权都掌握在汉人的手里。我们尊崇皇帝这个名号，就好像和尚供奉庙里面的佛祖。佛祖显灵的时候，大家都供奉他；佛祖要是不显灵了，供奉不供奉他，权力都在和尚的手上，佛祖有什么法子呢？"黎元洪听完刘承恩的话，还没来得及表明态度，他身边的吴兆麟、孙武等人纷纷反对，有人竟抽出指挥刀，大声地呵斥道："谁主和，谁吃刀！"谈判自然不欢而散，刘承恩、蔡廷干只得灰溜溜地渡船回去，垂头丧气地向袁世凯汇报谈判失败了。

袁世凯平静地接受了刘承恩、蔡廷干的汇报，两天之后，他离开了湖北前线，北上进京组阁去了。谈判不成，只有再起战端，双方都士气高昂。尤其是武昌的民军，天天到汉阳司令部催促黄兴下令反攻汉口，士兵们都愿意上前线杀敌，不愿龟缩在战壕里消磨时光。黄兴一来武汉就遭受汉口之败，心里憋着一肚子气，时时想着如何把汉口夺回来。他给士兵们每人发四百发子弹，于11月16日黄昏下令分三路渡汉水向汉口进攻。当天晚上，天下大雨，渡过浮桥进入汉口滩头的士兵，竟然躲进民房内避雨去了。士兵们或蹲或卧，拥作一团，每个人的背上都披着一捆稻草当雨衣，状似一群难民。黄兴的参谋长李书城看到这种情形，十分惊讶，赶紧

起义士兵正运送大炮

起义士兵正在伏击中

派司令部参谋、副官和督战官到各民房把避雨的士兵们喊了出来,要他们赶到指定的阵地上去。将近天亮的时候,这些士兵才走入各自的阵地。

11月17日上午发动进攻,民军士兵冲锋异常勇猛,三路大军在喊杀声中蜂拥向前,形势看似有利。不料中午以后,北洋军运来机关枪和大炮,向民军士兵猛烈发射。民军抵挡不住,纷纷溃退。前面的民军向拦阻后退的司令部督战队员开枪,场面一片混乱,大家纷纷抢渡浮桥,人多桥断,溺水死者不计其数。幸亏北洋军没有乘胜追击,只是开到河岸,与民军隔河对峙。黄兴本人在撤退中几乎丧命,十分狼狈。

黄兴的进攻暴露了士兵素质差、有组织无纪律的缺点。11月20日,冯国璋指挥北洋军渡汉水猛攻汉阳。训练有素的北洋军所向披靡,连战连胜,经过一个星期的作战,冯国璋于11月27日攻占汉阳,并一举扫清民军在长江以北的所有据点。

11月26日晚上11时,黄兴在城破之际撤出汉阳城,乘江轮返回武昌。当江轮缓缓驶到江心,黄兴突然走近船舷,想要跳水自杀,幸亏被左右及时抱住。船拢岸后,黄兴去军政府向黎元洪报告了作战失利的情形。在咨议局举行的紧急会议上,黄兴痛心疾首地说民军失败的原因有三:第一，官长不用命；第二，军队无教育；第三，缺乏机关枪。每一次作战，士兵一听到敌人的机关枪声，就惊慌得不行。官长畏敌不前，司令部屡次鼓励，皆不收效。每次作战，即使是最热心勇敢的人奋勇前进，敌人用机关枪扫射，前者死，后者退，战斗就这么一次又一次失败了。现在的武昌，到处是战败后撤退出来的溃兵在防守。敌人如果渡江过来，武昌肯定守不住。为今后计，只有弃武昌而援南京，如攻下南京，然后组织北伐精锐军队，再图恢复可也。

黄兴的报告竟然主张弃守武昌，大会一片哗然。一时间，大家群起责难黄兴。有人拔出指挥刀，大声喝道："谁再敢说撤退，我就杀谁。"黄兴羞愧难当，不得不离开武昌，乘船前往上海去了。

汉阳一失手，武昌是保不住的。11 月 28 日，北洋军在汉阳龟山炮台对准黎元洪设在咨议局的都督府开炮，黎元洪等一帮都督府人员吓得手忙脚乱。大伙手忙脚乱忙着搬家，打算到洪山设都督府。但是，洪山同样离火线太近，都督府设在那里也不好。黎元洪在洪山狼吞虎咽吃了早饭，又带着大家走了三十里，到武昌郊外一个叫王家店的小村庄，进入一家民房找寻食物，吃完了继续走，但谁也不知道该往哪里去。这时，忽然后面一人飞马赶来，大叫站住！站住！原来是还留在武昌城的孙武派人来了，说袁世凯派来的代表由英国领事陪同议和来了，请都督回去。黎元洪呆住了，踌躇了一会儿后，才决意带着大家回去。

惊魂未定的黎元洪一回到武昌，就向前来和谈的袁世凯代表和英国领事要求以下条款：

一、停战十五天，在此期间内，目前各方所占领的领土应各自驻守。

二、已加入革命党的所有省份的代表在上海集会；他们将选出全权代表与袁世凯所指派的代表进行谈判。

三、如有必要，停战继续延长十五天。

冯国璋于 11 月 27 日攻占汉阳，北京一片欢呼。朝廷论功行赏，立即封冯国璋为二等男爵。冯国璋接到电旨，两只手都抖了，激动地对人说："想不到我一个穷小子，现在封了爵啦！这实在是天恩高厚，我一定要给朝廷出力报效！"说完，激动得大声哭起来。他原本打算趁 11 月 27 日攻占汉阳的余威，再接再厉，渡江过去一举攻占武昌。袁世凯亲自打长途电话强迫他停止进攻。冯国璋搞不懂，武昌唾手可得，为什么不让我进攻呢？

冯国璋是一位铁血战将。他忠心耿耿，不仅忠于朝廷，也忠于袁世凯。冯国璋从当年的小站练兵开始跟随袁世凯，一步一步在袁世凯的门下加官晋爵。袁世凯非常赏识他，把女儿的家庭教师当做亲人嫁给他，又亲手为他备办嫁妆婚礼。他跟袁世凯的关系，是部属又是门生，还带有一点点姻亲。袁世凯的话，他一般都听。现在，袁世凯叫他停止进攻武昌，他也听了。但是，武昌唾手可得，机不可失，时不再来，冯国璋蠢蠢欲动，急得像热锅上的蚂蚁，三番五次给袁世凯打电话，但袁世凯就是不准他打。

1911 年 12 月 4 日，袁世凯电请朝廷，正式任命唐绍仪为朝廷谈判代表，南下武昌跟黎元洪所代表的民军谈判。

唐绍仪，广东香山县人，跟孙中山是同乡，比孙中山大两岁。他的一个族叔唐廷枢曾经担任过上海轮船招商局总办，父亲唐巨川是上海的茶叶出口商。唐绍仪幼年在上海读书，从小就接触外语。1874 年，年仅 12 岁的唐绍仪作为第三批留美幼童之一被带到大洋彼岸的美国留学。他在美国度过了 7 年的时光。从 12 岁到 19 岁，这是人在成长中最为关键的年龄，美国的自由民主和近代科学伴随着他从少年进入青年，塑造了他独特的人生观和价值观。1881 年，唐绍仪从美国归来。当时的留学经历不像今天，可以成为官场升迁的显赫资本。唐绍仪回国后在天津税务衙门谋取到一个小差事，1885 年被派往朝鲜，成为袁世凯的部下，由此开始了他跟随袁世凯一生的宦海生涯。

　　唐绍仪是如何获得袁世凯的信任呢?

　　唐绍仪一进入朝鲜就被袁世凯召来作为自己的随员和英文翻译，相当于现在的秘书这一角色。领导跟秘书的关系永远是最密切的，否则就很难形成默契。领导信任秘书，秘书升官发财的机会就来了。1889年，袁世凯给他的上司李鸿章写报告，要求让他的秘书唐绍仪兼任大清驻汉城领事，得到李鸿章的批准。从此，唐绍仪渐渐成为袁世凯在朝鲜最重要的助手。在私人关系上，袁世凯和唐绍仪义结金兰，拜了把兄弟。

　　唐绍仪担任汉城领事期间，有一件事值得一提。汉城有一家名为"三合兴"的华商连锁商号，不知道什么原因被人纵火烧了几家店门，里面的中国伙计惨遭杀害。案件发生后，很长一段时间都不能破案。唐绍仪急了，认为这是一件极为严重的事情，非要小题大做不可。他向朝鲜方面严正提出要求：一定要限期破案，从速缉拿人犯；在未破案之前，必须设法赔偿中国商号损失的财产，抚恤死者家属！朝鲜方面不敢抗拒，照着他的要求一一做了。这本来只是一个正常的民事案件，完全可以不当一回事，唐绍仪的做法却深得袁世凯的赞赏。袁世凯认为，任何事情都不能敷衍了事，或者不问不闻，随时都应该拿出天朝上国的威风来威慑朝鲜当局，这样才能使朝鲜永远臣服于中国。唐绍仪的精明和干练，在袁世凯这里简直如鱼得水，两人配合得天衣无缝！1891年10月，袁世凯的嗣母牛氏病重，身为孝子的他马上请假回国照顾嗣母。他走时，把权职交给唐绍仪，朝鲜的一切事情由唐绍仪负责代办，可见唐绍仪在袁世凯心目中的地位。

　　唐绍仪也是外交的能手，袁世凯对他赞不绝口，说他是"才智卓越，血气忠诚，谙熟外交，能持大体，实为洋务中杰出人员，环顾时流，实罕其匹"。袁世凯回国后无论在哪里做官，唐绍仪都跟在他身边。1899年12月，袁世凯任山东巡抚，唐绍仪帮袁世凯处理了极为棘手的山东教案赔款问题，将法国人坚持索赔84万两白银最后谈成仅以17万两了事。1901年冬，袁世凯接替吐血而死的李鸿章任直隶总督兼北洋大臣，唐绍仪为袁世凯掌管天津海关，成功地靠谈判让各国军队撤出天津，恢复了天津的主权。1904 年，英国侵略西藏，西藏地方当局未经清政府的同意，擅自跟英国人签订《拉萨条约》。袁世凯上书朝廷，推荐唐绍仪为全权议约大臣，赴印度加尔各答跟英国谈判，成功地废除《拉萨条约》，迫使英国人承诺不再侵略西藏，不再干涉西藏政治，承认中国政府对西藏的领土主权。1908 年，唐绍仪借美国国会通过将部分庚子赔款退还中国这一法案一事专访美国，打算建立中国、美国、德国三国同盟，来制衡日本在中国东北三省的扩张。日本人千方百计进行阻挠。当唐绍仪 1909 年从国外回来时，袁世凯已被新上任的摄政王载沣罢职回乡，唐绍仪感到心灰意冷，辞官回家。直到武昌起义爆发后盛宣怀被罢职，通过袁世凯的推荐，朝廷才请他出来接任邮传部大臣。

袁世凯跟唐绍仪的关系虽然谈不上一荣俱荣、一损俱损，但这两个教养和经历完全不同的人，在共同事业中已经非常深刻地了解彼此的价值。当袁世凯指派唐绍仪为谈判全权代表时，袁世凯的身边谋士杨士琦说："少川（唐绍仪的字）是广东人，广东人最讲乡谊，伍廷芳是广东人，广东人和广东人碰头，几句广东话一说，倒不可不提防一下啊？"袁世凯笑着说："杏城（杨士琦的字）你还不放心的话，就随着少川南下吧。"就这样，杨士琦被任命为副全权代表，作为唐绍仪的副手，随唐绍仪一道南下。

唐绍仪南下之前，袁世凯把即将陪同唐绍仪南下的 20 位谈判代表，都请到锡拉胡同自己家里来。那一天，袁家的客厅里坐满了人，代表们济济一堂。袁世凯心情很好，穿着便服从里屋出来跟大家见面。座中数陈宝琛年纪最大，陈宝琛是福建人，曾任山西巡抚，刚刚奉召回京。袁世凯很客气地对陈宝琛说："这番和谈是朝廷的大事，所以请老世叔出来。"陈宝琛谦逊地说："近来岁数大了些，身体也不很好，还是请严又陵（严复）去，要好得多了。"袁世凯又继续跟陈宝琛多聊了几句，才转身向各代表作了一个简短的谈话。袁世凯说他个人主张君主立宪，但是南方的民军很猖狂，我们总要想出确保社稷的万全之策。他故意问大家："诸位想想，到底采用什么国体最为恰当？"大家都对他主张君主立宪的意见无异议。他强调说："我是主张现在实行君主立宪最为恰当，将来国民程度渐渐开通，懂得共和的真谛，再慢慢改为共和政体。为此请各位代表南下谈和，并请少川为总代表，杏城为副总代表。"最后，袁世凯还客气地征询了一句："诸位代表有什么意见，请发表发表，兹事体大，请发表发表好了。"大家没什么意见，或因那样的场合，不便提什么意见，不多时，谈话便在一团和气中结束了。

12月9日，唐绍仪率代表团乘京汉铁路火车抵达汉口。由于代表团人数众多，唐绍仪只带了少数几个随从渡江去武昌跟黎元洪会晤，剩下的代表们没事就在汉口、汉阳到处瞎逛。其中有个叫冯耿光的朝廷军方代表，时任军谘府第二厅厅长兼第四厅厅长。冯耿光跑到汉口大智门车站前敌司令部去找冯国璋。冯国璋派了个参谋，陪同冯耿光骑马到汉阳龟山顶上观察敌情。冯耿光从龟山顶上用望远镜观望长江对岸武昌的情形，回到司令部来见冯国璋。冯国璋说："你都看见了吧，民军败退以后都已向上游四散，武昌民军寥寥无几，我军又将两岸大小红船全部调集北岸，长江随时可渡，武昌唾手可得。如要议和，我看最好让我先克复了武昌，三镇在握，再同他们城下议和，岂非必操胜筹！此种情况，我已屡次电告宫保，宫保却对此事始终没有答应，到底是什么意思，我真揣摩不透。老弟，你知道不知道？"冯耿光跟冯国璋一样，也揣摩不透袁世凯的用意，便对冯国璋说："北京流言很多，我们也不大有数，恐怕宫保也有他的心事，日子长了总会明白的。"

现在，唐绍仪已经南下汉口跟黎元洪议和，再放一个蠢蠢欲动的冯国璋在前线，保不准有一天冯国璋头脑发热，一冲动就渡江把黎元洪的老窝给端了。袁世凯不得不担心起来，于是派段祺瑞到前线接替冯国璋，把冯国璋从湖北调回北京，去当察哈尔都统。

冯国璋感到自己受了袁世凯的侮辱，回到北京后既不去见袁世凯，也不去察哈尔当都统。有一天，袁世凯的大儿子袁克定突然闯进冯家，手里拿着冯国璋以前向袁世凯拜门生的帖子，和袁世凯亲笔写的"兰谱"进门，大喊一声"四叔"，跟着就给冯国璋下跪。袁克定一面跪，一面向冯国璋解释说，他父亲今后把冯国璋看做兄弟，不再是门生了。冯国璋大吃一惊，赶紧扶袁克定起来，嘴里连连说："老弟，快起来！快起来！你这是寒碜我，我一半天就过去看宫保！"冯国璋去看袁世凯，袁世凯就把冯国璋任命为禁卫军的总统官（总司令）。

让冯国璋去当禁卫军的总统官，袁世凯是经过精心考虑的。禁卫军是摄政王载沣亲手打造的一支皇家卫队，其编制除了有一标步队士兵是从直隶、河南、山东一带招募的汉人外，其余的士兵全部是满人。冯国璋之所以能当禁卫军的统领，是因为他曾经做过朝廷贵胄学堂的总办，又亲自统兵攻占汉阳，被封为二等男爵，满族王公都认为他效忠朝廷。冯国璋确实是效忠朝廷的，他曾在隆裕太后面前请求说，只要给他充足的军饷，他就能一举攻克武昌，扫荡民军。冯国璋来当禁卫军总统官，朝廷放心。袁世凯通过冯国璋掌握了这么一支禁卫军，自己更加放心了。

唐绍仪会晤了黎元洪之后，南方独立各省谈判总代表伍廷芳不肯来武汉，建议把谈判地址改到上海。袁世凯秘密叮嘱唐绍仪："你到上海后，

唐绍仪抵达上海

必须想办法先与张謇见面，你得告诉他，我必尊重他的意见行事。"袁世凯没有忘记半年前他对张謇的承诺。半年前，张謇从汉口乘火车北上赴京，途中经过河南彰德车站时，特意下车拜访了他。他那时恳切地对张謇说："有朝一日，蒙皇上天恩，命世凯出山，我一切当遵从民意而行。也就是说，遵从你的意旨而行。"唐绍仪一到上海，首先去惜阴堂赵凤昌的家，一进门就恳求赵凤昌帮他去请张謇秘密前来跟他见面。张謇赶到惜阴堂，唐绍仪先代袁世凯向张謇表达关怀致意，然后把袁世凯的话转述给张謇听，请张謇帮忙调停南北冲突，促成和谈。

张謇说："所谓南北议和，照现在的形势，乃是项城与同盟会要人之间的谈判，与苏、浙两省，并无多大关系。苏、浙的独立，乃是被动而非主动，目的只在不遭战争。尤其是江苏省各地军队复杂，号称都督者有八人之多，如不拥戴程德全，不知如何收拾。因为这个原因，对于项城根本无所要求。但我只能代表苏、浙两省人民贡献意见，而不能保证同盟会必能听从。此事全仗你的手腕及能力如何。"

唐绍仪听后，马上对张謇表示："先生所说，开门见山，我当听从指示，尽力为之。"

张謇是东南众望所归的灵魂人物。南方各派人马，包括革命党人，也都景仰和听从于他，遇事都向他请教。张謇每次从南通来上海，必住在惜阴堂，必跟惜阴堂的主人赵凤昌商量一切。

惜阴堂的主人赵凤昌是一个具有传奇色彩的人物。小时候家里穷，在一家店铺里当伙计，那店主对他说："你不是当伙计的人，我给你几个钱，你去捐一个小官，到县候补，将来一定可以出头。"赵凤昌拿着那店主给他的钱，去捐了一个县丞，被分发到广州。赵凤昌在广州官场混了几年，张之洞来做两广总督，把他揽为亲信，对他言听计从，到哪里都带在身边。后来，张之洞被弹劾，赵凤昌帮他做替罪羊，被朝廷革职，永不叙用。后来赵凤昌跑到上海租界来做寓公，跟沪上各界名流都有交往，接触江浙两省的人也多。由于他多年混迹官场，国内情形，政治军事了如指掌。黄兴兵败汉阳，回到上海，即由陈其美陪同，去惜阴堂与张謇、程德全等人会面。由于张謇并不经常在上海，赵凤昌便代替他成了各方的中心人物。赵凤昌脚上有病，上下楼不大方便，大家为了迁就他，每遇重要事情都到他家来会见或开会。

12月18日，北方总代表唐绍仪和南方总代表伍廷芳正式在英租界工部局市政厅谈判。工部局市政厅对面就是巡捕房，有外国人保护。会议就是唐绍仪和伍廷芳两个人在谈，其他的双方代表多数是不允许参加的。被允许参加的北方代表许鼎霖、赵崇年和南方代表王正廷、汪精卫等少数几个人有列席权，没有发言权。汪精卫还是作为会谈秘书为记录谈判内容才允许参加的。

北方议和代表

有关会谈的电报，白天发出去的和晚上发出去的完全不同。白天会谈是在做文章，谈停战问题，规定你让多少里，我让多少里，因此发电报时互相斥责对方违反协定等无关痛痒的内容。重要的问题都在夜里谈。夜里发出去的电报才是会谈的真正内容，而这些内容在会议进行时并不公开。

在会谈期间，每个星期当中有一两天，程德全、汤寿潜、张謇、黄兴、陈其美、汪精卫等南方要人都要在惜阴堂聚会，有时候伍廷芳也来参加。唐绍仪差不多天天要跟惜阴堂的主人赵凤昌通电话。伍廷芳名义上是南方总代表，实际上做不出什么决定。真正能代表南方意见、能当事决断的倒是惜阴堂的主人赵凤昌。

　　通过五次公开的谈判和私下的会商，1912 年 12 月 28 日，唐绍仪和伍廷芳达成了共识：召开国民会议表决国体！当天，唐绍仪把这一共识电告袁世凯，袁世凯再电告隆裕太后。隆裕太后立即找皇室王公们会议商量。皇室王公会议以后，隆裕太后表示接受，下懿旨称：

　　兹据国务大臣等奏，请召集近支王公会议，面加询问，皆无异词。著内阁即以此意电令唐绍仪转告民军代表，预为宣示。一面由内阁迅将选举法妥拟协定施行，克期召集国会。并妥商伍廷芳，彼此先行罢兵，以安群生，而弭大难。

　　1911 年 12 月 31 日，伍廷芳、唐绍仪签署协议，决定国民会议在上海召开，日期定于 1912 年 1 月 8 日，唐绍仪打电报给袁世凯，请袁世凯从速电复。袁世凯接到电报，终于松了一口气，因为 1 月 8 日由国民大会表决出来的结果假如是共和，他袁世凯可以避免承担推翻朝廷的骂名。假如是立宪，皇帝也失去了实权，权力都掌握在内阁手里。无论怎样的结果他袁世凯都能接受。

南方议和代表

　　然而，令袁世凯万万想不到的是，双方谈判出结果仅仅过去三天，1912 年 1 月 1 日，革命代表在南京成立中华民国临时政府，孙中山就任国民政府临时大总统。袁世凯在北京得到消息，十分愤怒，大骂南京方面违约，立刻下令撤销唐绍仪的北方谈判总代表职位，并于 1912 年 1 月 2 日策动北洋军将领冯国璋、段祺瑞等联名发表通电，表示拥护君主立宪，决心与南方民军战斗到底。一时间，南北双方剑拔弩张，全国战云密布。

　　中华民国临时政府的成立，引起了袁世凯的愤怒。那么，南京临时政府是如何成立的呢？

民国政府成立

　　中华民国临时政府的成立，由来已久。

　　武昌起义后，可以说，黎元洪和他的湖北都督府从来就没想过，在战争之外，还有跟朝廷和平谈判的可能。当收到老朋友刘承恩两次代表袁世凯要求和谈的信后，他都置之不理，直到看到袁世凯的亲笔信才接受了和谈的要求。既然要跟袁世凯代表的朝廷方面和谈，就不能仅仅以武昌都督府的名义来进行。于是，1911 年 11 月 9 日，黎元洪一面给袁世凯回信，一面以首义都督的身份发出通电，倡议已独立省份各派代表来武昌讨论组织临时政府。但是，令黎元洪没有想到的是，他的倡议通电仅仅发出去两天，在上海英租界的一栋小洋房里，张謇、赵凤昌、雷奋、杨廷栋、沈恩孚、庄蕴宽、伍廷芳、温宗尧等人已经在开会讨论欲组织临时国会，并在当天就拟成《组织全国议会团通告书稿》，派人分头送交江苏都督程德全和浙江都督汤寿潜。11 月 12 日，程德全和汤寿潜联名致电上海都督陈其美，建议在上海设立临时议会机关。办法是由已独立各省的"旧时咨议局"和"现时都督府"各出一人为代表，常驻上海，只有要两省以上代表到会，即行开会，续到者，可随到随议。陈其美正求之不得，连忙响应通电，并在 11 月 14 日把程德全、汤寿潜给他的联电以及他的通电一起在《民立报》上发表。一夜之间，陈其美不仅在革命党内部身价倍增，而且也成为国内响当当的知名人物。

11 月 15 日，江苏、上海、福建三方代表在上海江苏会馆开会，把会议定名为"各省都督府代表联合会"，并邀请在上海的各省代表参加。两天之后，即 11 月 17 日，聚在上海的各省代表才从广东都督府来电中得知，武昌方面早已在 11 月 9 日通电各省派代表到武昌开会组织临时政府。11 月 20 日，"各省都督府代表联合会"通过决议承认武昌为民国中央军政府，以鄂军都督执行中央政务，并请以中央军政府名义委任各代表所推选的伍廷芳为外交总长。

伍廷芳是沪军都督府外交总长，广东人，以中国近代第一个法律学博士的身份进入政坛，是李鸿章的外交智囊，曾经连续八年担任中国驻美大使。伍廷芳从美国回国之后，就一直在上海闲居，向来不跟革命党人交往。沪军都督府成立以后，伍廷芳还不知道陈其美是谁。有一天，陈其美突然登门造访，请他出任都督府外交总长。伍廷芳不同意，陈其美就给他下跪，并说不同意就不起来。伍廷芳没法，只得同意了。但他出任外交总长只是挂名，从来不去陈其美的都督府办公，一直待在家里，不愿出门。

11 月 23 日，湖北代表居正到上海参加"各省都督府代表联合会"，详细报告黎元洪在 11 月 9 日通电各省请派代表到湖北组织临时政府的情况，并请代表们跟他一道去湖北。代表们在动身前往湖北组织临时政府之前，于 11 月 25 日留下一个决议："各省代表赴鄂，宜各有一人留沪，赴鄂者议组临时政府事，留沪者联络声气，以为鄂会后援。"

11 月 28 日，在上海的各省代表乘船逆江而上，前往武汉。他们当时还没得到消息，汉阳已于 27 日下午四点被冯国璋指挥的北洋军攻占。等他们的轮船 11 月 30 日抵达武昌时，武昌正处在北洋军的炮火淹没之中。

外国军舰在武汉江中游弋

在轰轰的炮火声中，武昌到处是残垣断壁，一片狼藉，代表们看呆了。幸亏英国驻汉口领事出面帮忙，他们才得以在汉口英租界一家洋行里开代表大会。武昌代表胡瑛的报告是整个大会的静心剂。胡瑛在报告中说："民军在汉阳失利，北方即有人来商和平解决，驻汉英国领事亦出面为介绍双方商议停战。停战问题分为两层：一、长期停战，以全国为范围，应与内阁电商；二、短期停战，只就武汉一隅而言，即与清军统领冯国璋商议。现英国领事已交冯军统所开停战条款，请大家讨论。至于长期停战，据英领事说，黎都督须代表各省，方可议及。"

胡瑛报告完毕，代表们二话不说，立即一致表决。承认武昌都督府为中央军政府，请黎都督以大都督名义，执行中央政务，答复清军统领冯国璋的停战条款。

这样，代表们又热心起来，接下来的三天时间，代表们起草了《中华民国临时政府组织大纲》。大会进行到第五天，英国领事派人到会议现场宣布了一个天大的消息：江浙联军攻克南京！代表们一片欢呼。在欢呼声中，一致决议将临时政府设于南京。还待在危险的武汉干什么呢，躲在汉口租界里开会毕竟丢人。大家都到南京去，各省代表在南京开会选举临时大总统。有十省以上代表到南京，即开选举会！兴高采烈的代表们并没有完全失去理智，在当天的决议里特意写下一笔："临时大总统未举定以前，仍认鄂军都督府为中央军政府。有代表各省军政府之权。"代表们之所以特意写下这么一笔，是为了方便黎元洪跟袁世凯派来的代表谈判。听到袁世凯的谈判代表唐绍仪即将沿京汉铁路南下武汉的消息后，各省代表决议：请伍廷芳来武汉，与唐绍仪商谈，代表们开出的谈判条件是：

一、推倒满洲政府。

二、主张共和政体。

三、礼遇旧皇室。

四、以人道主义对待满人。

12 月 7 日，各省代表在武汉召开最后一次代表会议，因为第二天就要乘船前往南京了。但就在这最后一次会议里，代表们得到一份西方报纸登载的消息：上海方面有十四省代表举黄兴为大元帅、黎元洪为副元帅。消息是真是假，还不能确定。但代表们还是作了决议：如情况查后属实，请上海方面宣告取消。

武汉方面得到的消息是真的，南京攻下之后的第三天，留沪代表在上海开会，选举黄兴为大元帅，这个消息千真万确。这次选举完全是宋教仁、陈其美一手策划搞成的。宋教仁怕武昌成了中央政府，对同盟会不利。投票选举那天，江苏都督程德全、浙江都督汤寿潜、沪军都督陈其美都亲临现场投票。湖南人欧阳振声不是湖南都督府或咨议局代表，而是宋教仁的个人委派的代表，居然也有投票权。章太炎、章驾时、蔡元培、黄中央、赵凤昌、顾忠深、彭锡范等虽然没有投票权，但也去了投票现场，明显对投票结果产生了一定的影响。按照规定，留沪代表只起通信联络作用，私自选举大元帅，既不合理，又不合法。但是，当武汉方面的各省代

国民会议在上海召开时的警卫情形

表和上海方面的各省代表都来到南京的时候，上海方面私自选举大元帅这一事实已没办法推翻了。难道就接受这样的结果吗？黎元洪拒不接受这一事实，当黄兴在汉口、汉阳指挥作战的时候，还只是黎元洪名下的总司令，怎么失败后跑到上海就成了大元帅，而黎元洪却成了副元帅了呢？武汉方面的代表也不明白，黄兴是"汉阳败将"，一个败军之将怎么能随随便便当上大元帅？就这样，武汉方面的质疑声越来越大。黄兴本人意识到这样的质疑声里面包含的危险性。在他的革命信条里，有一条是："功不成在我。"本着这个信条，黄兴致电在南京的各省代表，请辞大元帅一职，同时要求改选黎元洪为大元帅。在黄兴的谦让下，在南京的各省代表只好改选黎元洪为大元帅，黄兴为副元帅。

由于黎元洪离不开武昌的前线，只好由黄兴以副元帅的职位在南京暂行大元帅的职务。黄兴商请张謇向上海日本三井洋行借款30万元作为到南京的政府开支，打算早日从上海启程到南京就职。但在预定启程去南京的头一天晚上，黄兴突然改变了主意，通知他的参谋长李书城说他明天不去南京了。李书城大吃一惊，问他为什么。

黄兴说："刚接到孙中山先生来电，他已经启程回国，不久可到上海。孙先生是同盟会的总理，他未回国时我可代表同盟会；现在他已在回国途中，我若不在上海等待他，抢先一步到南京就职，将使他感到不快，并使党内同志发生猜疑。太平天国起初节节胜利，发展很快，但因几个领袖们互相争权，终至失败。我们要引为鉴戒。肯自我牺牲的人才能从事革命。革命同志最要紧的是团结一致，才有力量打击敌人。要团结一致，就必须不计较个人的权利，互相推让。"

李书城听了黄兴的这番话，感动异常。很多年以后，他还念念不忘地回忆说："我听了黄先生的这一番话，感到他的人格非常伟大，感到他对革命事业的忠诚纯洁，深为佩服。这一晚的谈话，深深印在我的脑海，永不磨灭。我看他以后处理一切事，对待一切人，都是从这种精神出发的。"

当武昌起义发生时，孙中山在哪里呢？他在美国北部科罗拉多州丹佛市的一家旅馆里。他对武昌起义一无所知，只是从美国当地的一张报纸上看到武昌起义成功的消息。得到消息的孙中山并没有马上启程回国，而是继续留在美国，之后辗转去了欧洲的英国、法国，然后乘船回国，途经新加坡，北上香港。

孙中山归国途至香港与胡汉民、宫崎滔天等人在船上留影

到香港时，广东都督胡汉民亲自到香港迎接他。胡汉民要他留在广东，不要继续北上，但孙中山坚决要北上。胡汉民最后被孙中山说服，自己也跟着孙中山一起北上了。

12月25日，孙中山乘坐从香港来的外国轮船抵达上海，黄兴带着一大帮人亲自到码头迎接。之前，听说孙中山要从海外回来，而且已在海外向华侨筹得巨款，购买五艘军舰和大批枪支弹药，上海的革命党报纸争相报道，一片欢呼。一时间，孙中山给人带来巨大的希望。大家都眼巴巴地等待他的奇迹。可是，孙中山走下船来，他的身后只跟着胡汉民等少数几个人，并没有看到军舰和弹药。孙中山对此解释说："外国人曾向我说过，只要中国革命党得到政权，组织了政府，他们就可同中国革命党的政府商谈借款。"

1912年1月1日，南方革命党违背南北和谈达成的默契，抢先在南京成立中华民国临时政府，孙中山就任临时政府大总统。袁世凯在北京闻讯，大发雷霆，下令取消南北停战协议，南北形势骤然紧张，战争一触即发。

孙中山虽然就任南京临时政府大总统，但他刚刚由海外归来，而且他从1895年至今，已有16年没有在国内待过，对国内的情况相当陌生。南京临时政府的人员大部分跟他关系疏远，而跟黄兴的关系比较亲近。黄兴虽然只担任临时政府陆军总长，实际上却掌管了整个临时政府的军政大权。临时政府成立以后，军费开支大得惊人，行政办公也急需费用，黄兴为此大伤脑筋，东奔西走，忙得焦头烂额。一天晚上，黄兴带着他的参谋长李书城去询问孙中山回国时向大家承诺的向英美借款的事有无头绪。孙中山当时正在看外国报纸，他不紧不慢地放下报纸对黄兴说："外国人曾向我说过，只要中国革命党得到政权，组织了政府，他们就可同中国革命党的政府商谈借款。我就职以后，曾向他们要求借款，并已电催过几次，昨日还曾发电催问，请他们实践诺言。但今日是星期六，明天是星期日，外国人在休假，照例不办公的。明日不会有复电，后天可能有复电来，我再告诉你。"[1] 到了后天，没有消息。再过几个星期，仍没有消息。黄兴继续焦头烂额，但再也不去问孙中山了。

孙中山通过临时政府外交总长王宠惠的哥哥王勋，与流亡日本的盛宣怀密商，由盛宣怀向日本财团借款接济南京临时政府。南京临时政府打算将汉冶萍公司出让给日本财团，以换取日本财团五百万元的现金支持。但这件事情泄露出去以后，舆论一片哗然，南京参议院和汉冶萍公司股东大会激烈反对。但孙中山并没有被舆论和反对声吓倒，亲自去会见日本政府的联络人森格，打算将满洲（东三省）租让给日本，再换来日本政府一千万元的借款支持[2]。但这一谈判遭到日本陆军大臣石本新六的反对，石本新六说："满洲是日本人为之抛洒珍贵鲜血的地方，理应享有一切权益，而无须以金钱收买。"这样，借款没有借到，南京临时政府也就无法维持下去，孙中山只好向袁世凯表示屈服，承诺只要袁世凯迫使清帝退位，便将临时大总统一职让给袁世凯。

---

[1] 李书城：《辛亥前后黄克强先生的革命活动》，载中国人民政治协商会议全国委员会文史资料委员会编：《辛亥革命亲历记》，中国文史出版社 2001 年版，第 218—219 页。

[2] 杨天石：《国民党人与前期中华民国》，中国人民大学出版社 2007 年版，第 25 页。

第九章

紫禁城的黄昏

· 太后让国
· 尾声：何去何从？

太后让国

　　当南方选出孙中山为临时大总统的消息传到北京，袁世凯大发雷霆，指责南方方面违反了双方达成的默契。1912 年 1 月 2 日，袁世凯罢黜了唐绍仪的首席谈判代表的职务，亲自用电报来跟南方谈判。

　　南京成立中华民国临时政府，孙中山当选临时大总统，这两件事大大刺激了袁世凯。他吃惊地发现，事情已经不再朝着他所引导的方向发展了。为了寻回主动权，袁世凯决心加速逼迫宣统皇帝退位。

　　这时袁世凯已经成功地掌握了朝廷的政治、军事、财政三大权。他到北京不到一个月的时间，就通过奕劻在隆裕太后面前玩了个把戏，把摄政王挤掉，返归藩邸。接着，以接济军费为名挤出了隆裕太后的内帑，同时逼着亲贵们输财赡军。亲贵感到了切肤的疼痛，皇室的财力陷入了枯竭之境，至此，政、兵、财三权全落到了袁世凯的手里。接着，袁世凯授意驻俄公使陆征祥联合各驻外公使致电清室，要求清帝退位，同时以全体国务员名义密奏太后，说国家除了实行共和，别无出路。

　　宣统三年十一月二十八日（1912 年 1 月 6 日），袁世凯以全体国务员的名义，进宫面见太后和小皇帝溥仪，并递上了一份密折。

　　在密折中袁世凯谈道：海军尽叛，天险已无，北洋六镇的兵力难以拱卫京津，即使效仿周室迁都，也没有相容之地，目前只有"民主如尧舜禅让"，下诏退位，实行共和，否则皇室性命难保。在皇帝和太后面前，他表现得痛哭流涕，似乎自己有着"不得已"的苦衷。

隆裕太后万万没有想到，袁世凯竟然当着她和皇帝的面提出皇帝退位！她被吓得不知所措，连续召开多次御前会议，集中宗室王公商讨对策。但宗室王公中，除了已被袁世凯收买的奕劻、溥伦等少数人外，良弼、铁良、载沣、载涛、载泽、溥伟、善耆等少壮派都极力反对。

反对最激烈的人是溥伟！

1912年1月17日，溥伟抱病出席内阁会议。内阁总理袁世凯借病请假不来，派赵秉钧、梁士诒代他出席，醇亲王、庆亲王等王公和蒙古王公都来了。令溥伟感到惊讶的是，出席内阁会议的王公大臣们，三三两两，各在说各的事，彼此闲谈，谁也不提及国事。他坐不住了，就质问赵秉钧和梁士诒说："总理大臣要我们来参加会议，究竟是要谈些什么事，请指示。"赵秉钧说："南方的革命党势力强盛，现在各省都在响应。北方的军队也靠不住了。袁总理打算在天津设立临时政府，跟南方谈和，是战是和，再作打算。"溥伟说："朝廷先是派慰庭为钦差大臣，后又任命他为内阁总理，是靠他来讨贼平乱的。现在他要在天津另立临时政府，难道是想把北京的朝廷晾在一边吗？我方军队已经收复汉阳，正应该乘胜攻占武昌，然后再停战议和。你们说是不是？"梁士诒说："我方军队虽然攻占汉阳，奈何各省已纷纷独立，我方缺枪少弹，已是强弩之末。设临时政府在天津，以便尽量避免惊扰年幼的皇帝。"溥伟说："以前的长毛之乱，捻匪之乱，都侵扰到近畿地区，朝廷用兵近二十年，也没有说要跟乱匪谈判。今天的革命党，远远没有到达当年长毛、捻匪的气势，为什么要跟他谈判呢？假如是为筹集军饷，这是朝廷应尽的责任，当勉为其难。如果是一遇到乱匪就讲和，那么人人都可以去做，何必召袁慰庭出来呢？"梁士诒和赵秉钧被问得哑口无言。胡惟德说："外国人都不愿意看到我们两边一直打下去，北方如果一直主战，恐怕会遭到外国人干涉。"溥伟说："这是中国的内政，外国人哪里来干涉？英国、德国、俄国、日本，都是君主国，哪里肯支持乱党迫胁他们的皇帝？没有这个道理嘛！你既然说有外国人干涉，请你指出是哪个国家的人，我当面去问他！"这个时候，庆亲王奕劻说话了："不要再争论下去了，这么大的事情，我们都做不了主，应该听太后的意见，太后怎么主张就怎么办。"说完，庆亲王奕劻站起来征求大臣们的意见，大家都一致附和他，不附和溥伟，内阁会议就这么散了。

1月19日，隆裕太后召集了十四位王公贝子开御前会议。会议前，五叔载沣对溥伟说："今天这个会，老庆本来不想让你参加，如果有人问起，你就说你自己要来。"等到十四位王公贝子到齐，会议开始。关于这个会议的过程，溥仪在他的回忆录《我的前半生》中写道：

太后问："你们看是君主好还是共和好？"

大约有四五个人立刻应声道："奴才都主张君主，没有主共和的道理。"接着别人也表示了这个态度，这次奕劻和溥伦没参加，没有相反的意见。有人还说，求太后"圣断坚持，勿为奕劻之流所惑"。

太后叹气道："我何尝要共和，都是奕劻跟袁世凯说的，革命党太厉害，咱没枪炮没军饷，打不了这个仗。我说不能找外国人帮忙吗？他们说去问问。过了两天说问过了，外国人说摄政王退位他们才帮忙。载沣你说是不是这样说的？"

溥伟愤愤地说："摄政王不是已退位了吗？怎么外国人还不帮忙？这显然是奕劻欺君罔上！"

那彦图接口道："太后今后可别再听奕劻的啦！"

溥伟和载泽说："乱党实不足惧，只要出军饷，就有忠臣去破贼杀敌。冯国璋说过，发三个月的饷他就能把革命党打败。"

"内帑已经给袁世凯全要了去，我真没有钱了！"太后摇头叹气。

溥伟拿出日俄战争中日本帝后以首饰珠宝赏军的故事，劝太后效法。善耆支持溥伟的意见，说这是个好主意。隆裕说："胜了固然好，要是败了，连优待条件不是也落不着了吗？"

这时优待条件已经由民清双方代表议出来了。

"优待条件不过是骗人之谈", 溥伟说, "就和迎闯王不纳粮的话一样, 那是欺民, 这是欺君。即使这条件是真的, 以朝廷之尊而受臣民优待, 岂不贻笑千古, 贻笑列邦?" 说罢, 他就地磕起头来。

"就是打仗, 只有冯国璋一个也不行呀!" 太后仍然没信心。溥伟就请求 "太后和皇上赏兵去报国"。善耆也说, 有的是忠勇之士。

太后转过头, 问跪在一边一直不说话的载涛: "载涛你管陆军, 你知道咱们的兵怎么样?"

"奴才练过兵, 没打过仗, 不知道。" 载涛连忙磕头回答。

太后不做声了。停了一晌才说了一句: "你们先下去吧。"

末了, 善耆又向太后嘱咐一遍: "一会, 袁世凯和国务大臣就觐见了, 太后还要慎重降旨。"

"我真怕见他们。" 太后摇头叹气。

王公大臣中主战最得力的人是34岁的良弼。良弼是青年王公中最有头脑和最有能力的军事人才。他的先祖是大清帝国的开国元勋、赫赫有名的摄政王多尔衮。良弼出生在成都, 和四川人一样健谈, 他早年丧父, 与母亲相依为命, 长大后旅居湖北, 被张之洞派往日本陆军士兵学校留学。良弼是一个非常时新的人物, 很赞成康梁的主张, 对于戊戌变法失败, 感到深深惋惜, 曾在别人面前大声朗诵谭嗣同那首 "我自横刀向天笑" 的绝命诗。

良弼

在留学日本期间，良弼知道汉人在奔走革命，图谋推翻清朝，但仍然跟汉人交往。他有很多很要好的汉人同学，吴禄贞算是其中一个。良弼对吴禄贞说："吾两人尔汝如兄弟，如携手练兵以御外侮，左提右挈，天下事大可为。尊主庇民，何必革命？"虽然吴禄贞没有听从他的意见，他仍然跟吴禄贞交往。回国后，吴禄贞每次来北京，都住在良弼家里，二人意气相投，无话不谈。良弼极力在军谘府大臣载涛面前赞誉吴禄贞，说吴禄贞在日本士官学校毕业学生中，不但是学科术科兼优的后起之秀，而且是当今堪能独当一面的军事人才，因而保荐他担任第六镇统制。

有人说，良弼如果是个汉人的话，以他的性情和为人，他一定会是革命党，但他是个满人，有着纯正的皇家血统，因此不甘心把三百年的江山拱手让给汉人。于是想效法明治维新，采用君主立宪政体，延续满人的统治。武昌起义爆发后，良弼很快组织宗社党，是宗社党众望所归的灵魂人物。载涛一次对良弼说："我们宗社党也可以学学革命党人的暗杀手段，我和其他几个密谋好了在京师屠杀汉人，对那些反满的人来个杀一儆百。"良弼一听，连忙劝止说："他们搞得暗杀，我们不行，现在全国的汉人都要起来反对我们满人，你这样做只能激发全国人民的公愤，加速革命党人和民军北上，这不是自取灭亡吗？"一席话，说得载涛心服口服，对良弼更加言听计从。

1912年1月26日，良弼在自己的家门口附近被革命党人彭家珍扔炸弹刺杀，炸成重伤，抬回家后不治身亡。良弼一死，王公大臣中主战派群龙无首，人心顿时涣散。段祺瑞等清军统兵将领又联名从前线发来通电，声称如不接受共和，将率军进京，直接推倒朝廷。隆裕太后吓坏了，只好接受袁世凯跟南方谈定的《大清皇帝辞位后之优待条件及优待满蒙条件》，同意宣统皇帝退位。

《大清皇帝辞位后之优待条件及优待满蒙条件》共分甲、乙、丙三项：

甲：关于大清皇帝宣布赞成共和国体，中华民国于大清皇帝辞位之后，优待条件如下：

第一款：大清皇帝辞位之后，尊号仍存不废，中华民国以待各外国君主之礼相待。

第二款：大清皇帝辞位之后，岁用四百万两，俟改铸新币后，改为四百万元。此款由中华民国拨用。

第三款：大清皇帝辞位之后，暂居宫禁，日后移居颐和园。侍卫人等，照常留用。

第四款：大清皇帝辞位之后，其宗庙陵寝，永远奉祀，由中华民国酌设卫兵，妥慎保护。

第五款：德宗崇陵未完工程，如制妥修，其奉安典礼，仍如旧制，所有实用经费，均由中华民国支出。

第六款：以前宫内所用各项执事人员，可照常留用，惟以后不得再招阉人。

第七款：大清皇帝辞位之后，其原有之私产，由中华民国特别保护。

第八款：原有之禁卫军，归中华民国陆军部编制，额数俸饷，仍如其旧。

乙：关于清皇族待遇之条件：

一、清王公世爵，概仍其旧。

二、清皇族对于中华民国国家之公权及私权，与国民同等。

三、清皇族私产，一体保护。

四、清皇族免当兵之义务。

丙：关于满、蒙、回、藏各族待遇之条件：

今因满、蒙、回、藏各民族赞同共和，中华民国所以待遇者如下：

一、与汉人平等。

二、保护其原有之私产。

三、王公世爵，概仍其旧。

四、王公中有生计过艰者，设法代筹生计。

五、先筹八旗生计，于未筹定之前，八旗兵弁俸饷，仍旧支放。

六、从前营业、居住等限制，一律蠲除，各州县听其自由入籍。

七、满、蒙、回、藏原有之宗教，听其自由信仰。

优待条件已经谈定，但不能马上公布，因为各方面的阻力仍在。其中，最大的阻力来自于禁卫军。载沣亲手创建的禁卫军，其编制除了步队第三标是从直隶、河南、山东三省招来的汉人外，其余的步队三标、马队三营，炮标及工程、辎重两营，全是旗人。禁卫军军官认为袁世凯跟民军谈议和，皇室灭亡，旗人也要灭亡，于是非常反对议和。以致袁世凯的议和条件迟迟不能公布。禁卫军总统冯国璋是效忠朝廷的，但作为袁世凯派来掌管禁卫军的军官，地位非常尴尬。隆裕太后已经跟袁世凯签订了优待条件，禁卫军仍然蠢蠢欲动。冯国璋集合全体官兵，在广场上摆了三张大方桌，正中的大方桌上面又摆上一张。冯国璋站在最上面，先作一番解释性讲话之后，就开始大声地宣读《大清皇帝辞位后之优待条件及优待满蒙条件》。

读着读着，下面队伍开始乱了，很多官兵都在彼此小声议论，一场骚乱似乎不可避免。冯国璋不理会，读完之后，冯国璋提高嗓门大声地说："我刚才所说的事情，不论是官长或是士兵，有什么话都可以对我说。"官兵很快推出代表出来说话："刚才总统所说的话，我们全听明白了。不过，我要代表大家问两句话：第一，皇太后、皇上的安全，总统能够担保吗？第二，我们禁卫军将来归陆军部编制，是不是会取消？总统对于这一点是不是可以担负完全责任？"冯国璋立刻答复："两宫的安全，我姓冯的敢以身家性命担保。在优待条件上，虽然有日后要搬到颐和园的条文，可是，我敢担保两宫决不离开宫禁，仍然由禁卫军照常担任守卫；至于我们禁卫军，不论我日后调任什么职务，走到什么地方，永远不跟你们脱离关系。"官兵们不信，冯国璋就说："我还有话跟你们说，你们不管是官还是

禁卫军出巡

兵，赶紧推出两个人来，今天就发给他们每人一支手枪，从今天起就跟随在我的左右，以后不论在家在外，只要发现我和革命党有勾结，准许这两个人开枪把我打死，并且不准许我的家属出来报复！"官兵们一听，当场公推出福喜、德禄这两个人，冯国璋当天就发布命令，将这两个人任命为他的副官，每人月支银饷50元。于是，一场暗藏的流血大风波就这样平息了。

过了禁卫军这一关之后，没过几天，朝廷的退位诏书就公开发表了。宣统三年十二月二十五日（1912年2月12日），隆裕太后在乾清宫举行了清朝最后一次召见大臣的仪式，宣布接受经南北协商达成的优待条件，颁布退位诏书。

这天清早，外务大臣胡惟德、民政大臣赵秉钧、度支大臣王士珍、海军大臣谭学衡、学部大臣唐景崇、司法大臣沈家本、邮传大臣梁士诒、农工商大臣熙彦、理藩大臣达寿等，仍旧顶戴花翎，早早来到乾清宫东南角上的廊子里等候。没过多久，便有人过来传话说："太后就要上殿了，请各位大臣上殿。"胡惟德等依次进入乾清宫，在距宝座约 1 丈远的地方停下，横列一排。片刻，先进来两名太监，分列两边。随后，隆裕太后领着小皇帝溥仪进殿。胡惟德带领大臣们向太后和皇帝三鞠躬，这是大臣们上朝时首次变跪拜为行礼。隆裕点了点头作为还礼，然后在正中宝座上落座，溥仪则坐在旁边的一把椅子上。胡惟德上前一步说："受总理袁世凯委托，胡惟德带领各国务大臣到宫里来给太后请安，给皇上请安。"隆裕回答："是。"就把预先写好的诏书拿在手里说："我和皇上为了全国老百姓早一天得到安顿，国家早一天得到统一，过太平日子不打仗，所以我按议和条件把国家大权交出，交给袁世凯办共和政府。今天颁布诏书，实行退位，叫袁世凯早点出来，使天下早点安宁吧。"说完，隆裕太后慢慢站起身来，将诏书递给胡惟德。胡惟德毕恭毕敬地走到太后座前，鞠着躬双手接过诏书，又说了几句冠冕堂皇的话。此时，小皇帝坐在那里一动不动，隆裕的表情却很是凄惨。胡惟德讲完话后，隆裕就退朝了。

《清帝退位诏书》以宣统皇帝的名义颁布，全文如下：

前因民军起事，各省响应，九夏沸腾，生灵涂炭。特命袁世凯遣员与民军代表讨论大局，议开国会，公决政体。两月以来，尚无确当办法。南北暌隔，彼此相持。商辍于途，士露于野。徒以国体一日不决，故民生一日不安。今全国人民心理多倾向共和，南中各省既倡议于前，北方诸将亦主张于后，人心所向，天命可知。予亦何忍以一姓之尊荣，拂兆民之好恶。是用外观大势，内审舆情，特率皇帝将统治权公诸全国，定为立宪共和国体。近慰海内厌乱望治之心，远协古圣天下为公之义。袁世凯前经资政院选为总理大臣，当兹新旧代谢之际，宜有南北统一之方，即由袁世凯以全权组织临时共和政府，与民军协商统一办法。总期人民安堵，海宇乂安。仍合满、汉、蒙、回、藏五族完全领土为一大中华民国。予与皇帝得以退处宽闲，优游岁月，长受国民之优礼，亲见郅治之告成，岂不懿欤！

这份诏书，系由立宪派大臣张謇的幕僚、清末举人杨廷栋捉刀，经张謇润色、袁世凯审阅写成的。它将清帝被迫逊位写得含有禅让味道，多少给清室留了一些面子，对于辛亥民军起事则不贬不褒，不致引起各方面的反对，文辞十分得体。袁世凯审阅时，又在里面加了"袁世凯前经资政院选为总理大臣，当兹新旧代谢之际，宜有南北统一之方，即由袁世凯以全权组织临时共和政府，与民军协商统一办法"的话，则试图表明他接管政权是受命于清廷，源自正统，在与南方革命政府打交道时可以加重自己的砝码。

同日，又颁布了《大清皇帝辞位后之优待条件及优待满蒙条件》，诏书内容和优待条件均被列为正式公文，由清室和袁世凯双方代表照会各国驻北京公使，请其转达各自的政府。至此，大清帝国267年的统治，以《清帝退位诏书》的颁布为标志，正式宣告结束。

尾声：何去何从？

当大清皇帝的逊位诏书昭告天下之时，陕甘总督长庚正在率军猛攻陕西，他强忍着泪水，将诏书秘而不发。全国各地像长庚那样的官吏并不少见，他们一面流着泪，一面不愿意将事实告诉他们的民众，但事实终将不可逆转，大清终将一去不复返。在遥远的蒙古、新疆、西藏等边疆地区，由于世代的封闭和有别于内地的文化，他们很少知道世界和中国正在发生什么事情，也弄不清世界和中国将会发生什么事情。他们只知道，有个地方叫北京，北京住着一个皇帝。这个皇帝派官员来管他们。地方的王爷、喇嘛、土司都是北京的皇帝册封的，皇帝把土地交给他们管理。老百姓服从皇帝委派或册封的大人，是因为他们服从皇帝。如今世道变了，皇帝没有了，曾经令人敬畏的神圣没有了，一夜之间，这些地方的百姓也跟官吏一样，一下子不能适应过来。从北京那边传来皇帝逊位的消息，新疆好多地方的官府迟迟不肯把皇帝逊位的文告公之于众，甚至伊犁的军队响应革命，在新疆的大部分地方只是传闻而已。

早在武昌起义爆发前，伊犁将军志锐对新军极不信任，下令解散新军，停办讲武堂，并将新军协统杨瓒绪免职，收走新军士兵的子弹，但保留他们的枪支。志锐遣散新军，但又不发遣散费，新军士兵都是从内地招募去的，回不了家，便只能坐困伊犁。于是，坐困伊犁的新军士兵饥寒交迫，怨声载道。1911年12月27日，迪化（乌鲁木齐）的哥老会会众在革命党人的煽动下，猛攻新疆巡抚衙门，但被巡抚袁大化击败，消息传到伊犁后，新军士兵打算于1912年1月12日起义。然而，起义事先泄密，伊犁将军志锐认为，新军的子弹都收走了，单凭空枪，是闹不出什么名堂的。1月7日晚上，新军士兵提前起义，以迅雷不及掩耳之势攻到将军署，锐志从睡梦中醒过来，慌忙越墙逃入协领乌尔格春府内。锐志和前任伊犁将军广福有矛盾，广福系蒙古族旗人，是个老好人，他叫蒙古旗兵停止抵抗，新军士兵得以顺利占领惠远城（伊犁将军府所在地）。当晚，志锐在乌尔格春府内被搜出来枪决。第二天，也就是1月8日，伊犁临时都督府成立，推广福为临时都督，杨瓒绪为总司令。临时都督府电告驻迪化的新疆巡抚袁大化，要求他向都督府投降。

新疆巡抚袁大化怎能轻易投降？他紧急调兵遣将，于2月初派兵向伊犁都督府进攻。正当双方打得难解难分的时候，宣统皇帝退位的消息传来，袁大化大哭，不得不跟伊犁方面议和。正当议和期间，1912年4月，喀什独立，袁鸿佑得到袁大化的支持任新疆都督，但袁鸿佑还没得到袁世凯的任命就在喀什被部下杀死，袁世凯只好任命镇迪道杨增新为新疆都督，主持跟伊犁方面议和。杨增新先跟伊犁达成和平协议，但后来就大肆捕杀伊犁的起义人员。接着，新疆的局势因为俄国人的介入而日趋复杂。虽然在名义上新疆仍隶属于中国，但历届的北洋政府和后来的南京国民政府在相当长的时间内也管不了它，直到"二战"时苏德战争爆发，蒋介石和他的重庆战时政府趁苏联红军全力抵抗德军之际，派兵进入新疆，才将新疆重新纳入中央的实际控制范围之内。

武昌起义爆发前，西藏拉萨的驻藏川军正为没发军饷闹事。1911 年 11 月 15 日，闹事士兵扣押驻藏大臣联豫，川军统领钟颖派队官丁克敌直接到闹事士兵的兵营里枪杀带头闹事的叶纶三。11 月 21 日，联豫逃回驻藏大臣官署，但终日惶惶不安，一个星期之后便悄悄潜逃进入藏人的哲蚌寺。钟颖见事情闹大了，又枪杀李冶平和范金这两个带头闹事者。正在这时候，驻江孜一带的川军士兵突然开回拉萨。钟颖打算遣散川军士兵，就要求西藏地方政府发给川军士兵每人三个月的银饷和从西藏返回四川的路费，西藏地方政府照发了。12 月中旬，驻波密的川军士兵杀死参赞罗长琦和标统陈庆，并离开波密，杀向拉萨，川军士兵抢夺官库，劫掠藏民财产，接着包围三大寺中最富有的色拉寺，企图抢劫，但被色拉寺的喇嘛打退。

川军士兵的烧杀抢掠激起了藏民的愤怒。驻藏大臣联豫是满人，他联合达赖喇嘛和英国人，以打击汉人为目标，调集五千藏兵向驻藏川军进攻，先攻占江孜，后攻拉萨。达赖喇嘛下令西藏地方政府以后不听令中央政府，命令各地的藏民把汉人驱逐干净。由此，西藏的混乱局面开始形成，虽然南京国民政府曾设立蒙藏委员会驻藏办事处，但并没有对西藏实施真正意义上的管辖。直到 1951 年西藏和平解放，西藏才又重新回到了祖国的怀抱。

北地边疆的蒙古就不同了，内地各省的独立如同儿戏，独立这两个字的意义，仅仅是宣布跟北京满人的朝廷脱离关系。而蒙古的独立，不仅是宣布跟北京满人的朝廷脱离关系，而且是宣布同中国脱离关系。外蒙古的哲布尊丹巴活佛于 1911 年 12 月 28 日在库伦（今乌兰巴托）宣布独立，库伦办事大臣三多被驱逐出境。

为了实现真正意义上的独立，外蒙古引入俄国人的势力，局面更加复杂化。内蒙古的一些王公和活佛起来响应哲布尊丹巴活佛，秘密投往库伦。后来，袁世凯当政，花大力对内、外蒙古的王公和活佛进行拉拢和封赏，他的努力只能把内蒙古拉回中国的版图，外蒙古则越去越远，最终彻底脱离了中国。

隆裕太后主动宣布宣统退位，让中国社会在 20 世纪初从帝制向共和转身时避免了很多的流血牺牲。但隆裕太后毕竟是身处历史漩涡的人，毕竟是大清帝国最后的皇太后，她的地位和身份，使得她在退位后的岁月里整天以泪洗面。大清帝国近三百年的江山就是在她的手上丢失的。隆裕太后越来越心如刀割，她认为自己犯了滔天罪行，经常在噩梦中惊醒，感到大清帝国的列祖列宗在遥远的天国等着她，召唤着她，不觉一病不起，于1913 年 2 月 22 日医治无效去世。在弥留之际，她喃喃地对由她封为太保的世续说："孤儿寡母，千古伤心。睹宫宇之荒凉，不知魂归何所！"死时才 45 岁。

载沣倒没有隆裕太后那样的痛苦，照理说，他才是真正送断大清帝国的人。

作为一个历史失败者，载沣用他的安静和淡定来回应所有对他的指责。他在他的书房里张挂着他亲笔写的一副对联："有书真富贵，无事小神仙。"外面的世界风雨飘摇，动荡不安的政局给各色政治人物都提供了振臂呼喊的机会，但载沣对一切都无动于衷，一天到晚躲在书斋里闭门读书。孙中山来到北京，想见一见曾经的大清帝国监国摄政王。见过世面的载沣竟然非常紧张，手脚都抖了，因为孙中山曾经是他的"大囚徒"，曾经提出"驱除鞑虏"，他没想到这个人竟然要闯到他的家里来访问他了。孙中山一见面就说："你拥护共和，这很好呀！虽然你是摄政王，但将来在中华民国五族共和的大家庭里，你还是有前途的。"载沣赶紧回答说："我拥护民国，这是大势所趋，感谢民国政府对我们的照顾。"直到后来民国政府对他不照顾了，不发优待费了，他才对儿女们发点牢骚："你看，英国征服了印度，可是印度的王公贵族，至今照样存在。日本灭了高丽，李王一家在日本也继续保持着贵族的爵位。可是咱们，现在一点优待都没有。"

载沣的妻子瓜尔佳氏很看不起载沣，瓜尔佳氏对丈夫的安静嗤之以鼻。大清的江山丢掉了，她不甘心，也不服气。瓜尔佳氏没有像隆裕太后那样每天以泪洗面，为了儿子溥仪继续登上皇帝的宝位，不惜四处大手大脚地花钱。瓜尔佳氏经常教育她的二儿子溥杰，要他辅佐哥哥恢复祖业，把本来属于大清的江山重新夺回来。

瓜尔佳氏一天到晚在外面跑，企图用钱去拉拢军阀，结果钱被骗走，复辟事业一次也没有搞成。张勋算是给她带来一次最大的希望，但仅过月余就彻底地失败了。张勋的忠诚使她相当感动，一听到外面对张勋不利的谣言，就对天磕头祈求张勋的安全。她又是一个很有自尊的女人，受不了一点小小的刺激。溥仪在宫中跟端康太妃闹翻，端康太妃找瓜尔佳氏告状，瓜尔佳氏作为生母，觉得儿子不听管教，委屈得受不了，就要吞服鸦片自杀。在自杀之前，她给二儿子溥杰留下一封遗书："你长大了，千万不要像你父亲那样没志气，要好好地念书，好好地帮助你哥哥，才不负我生你一场！"

溥杰因为受母亲影响，就把帮助哥哥溥仪恢复大清祖业作为自己一生的奋斗目标。他九岁进宫会亲，整个青春期都在陪哥哥溥仪在宫中读书。溥杰身体较弱，当军人不够资格，但他雄心勃勃，拼了命去日本留学学军事，然而日本军校严酷的军事训练并不能改变他多少，他到底只是一个柔弱而温和的人。

溥仪退位后，根据优待条件，"皇帝"尊号仍存不废；仍在紫禁城过小朝廷生活。后来，随着自己的逐渐长大，渐渐对自己失掉的江山怀着无限的遗恨。他开始不安分，不甘心只在紫禁城里生活，他渴望到外面的世界去，渴望复辟。

复辟与反复辟，在一段不短的时间内是中国政治的主旋律。袁世凯当上中华民国大总统之后，"共和"这个名词的实际意义因为宋教仁的遇刺而变得渺茫。孙中山掀起"二次革命",袁世凯轻易地把它镇压下去。胜利来得太容易了,举着"共和"大旗的革命党似乎不值一提,袁世凯变得更加自信起来。他厌倦了"共和",经不起身边人的吹捧,妄图给自己黄袍加身,贸然复辟帝制,最后在一片反对声中死去。

失去了袁世凯的中国,再也没有一个强人能收拾这个摇摇欲坠的国家。国家命运沦落在一群又一群不负责任的军人手中,共和政治有名无实。各派军阀混战不已,中华大地四分五裂。孙中山扛着"共和"的大旗,经历了一次又一次失败,以他接班人自居的蒋介石通过北伐取得全国政权,形式上统一了中国,随后又是日本侵华。回首20世纪前半期,中华大地没有一日安宁,人民饱受痛苦。直到1949年共产党取得政权,建立了新中国,才真正实现了国家的统一和社会安定。

——龙成武 2010 年 11 月完成于上海

主要参考书目

商务印书馆编译所编：《大革命写真画》（1—10集），上海：商务印书馆1911年版。

国民编译社编：《黄花岗烈士殉难记》，国民编译社1926年版。

戴执礼：《四川保路运动史资料》，北京：科学出版社1953年版。

吴玉章：《辛亥革命》，北京：中国人民大学出版社1960年版。

张权、王忍之编：《辛亥革命前十年间时论选集》（一、二、三卷），北京：三联书店1960—1977年版。

扬州师范学院历史系编：《辛亥革命江苏地区史料》，南京：江苏人民出版社1961年版。

中国人民政治协商会议内蒙古自治区委员会文史资料委员会编：《内蒙古辛亥革命史料》，呼和浩特：内蒙古人民出版社1962年版。

魏宏远：《孙中山年谱：1866—1925》，天津：天津人民出版社1979年版。

章开沅、林增平主编：《辛亥革命史》（上、中、下册），北京：人民出版社1980—1981年版。

〔美〕薛君度：《黄兴与辛亥革命》，杨慎之译，长沙：湖南人民出版社1980年版。

中国人民政治协商会议湖北省暨武汉市委员会编：《湖北革命实录馆：武昌起义档案资料选编》（上、中、下卷），武汉：湖北人民出版社1981年版。

中国人民政治协商会议浙江省委员会文史资料研究委员会编：《浙江辛亥革命回忆录》，杭州：浙江人民出版社1981年版。

中国人民政治协商会议广东省委员会文史资料研究委员会编：《广东辛亥革命史料》，广州：广东人民出版社 1981 年版。

中国人民政治协商会议全国委员会文史资料委员会编：《回忆辛亥革命》，北京：文史资料出版社 1981 年版。

冯自由：《革命逸史》（初集—第 6 集），北京：中华书局 1981 年版。

谢本书：《云南辛亥革命资料》，昆明：云南人民出版社 1981 年版。

湖南省社会科学院编：《黄兴集》，北京：中华书局 1981 年版。

〔日〕宫崎滔天：《三十三年之梦：回忆录》，佚名初译，林启彦改译，广州：花城出版社 1981 年版。

中国人民政治协商会议全国委员会文史资料研究委员会编：《辛亥革命回忆录》（1—8 集），北京：文史资料出版社 1982 年版。

〔美〕周锡瑞（Joseph W.Esherick）著：《改良与革命：辛亥革命在两湖》，杨慎之译，北京：中华书局 1982 年版。

曹亚伯：《武昌革命真史》，上海：上海书店 1982 年版。

中国人民政治协商会议陕西省委员会文史资料研究委员会编：《陕西辛亥革命回忆录》，西安：陕西人民出版社 1982 年版。

吴长翼：《八十三天皇帝梦》，北京：文史资料出版社 1983 年版。

·《英国蓝皮书有关辛亥革命资料选译》，胡滨译，北京：中华书局 1984 年版。

〔美〕费正清（Fairbank, John King）主编：《剑桥中国晚清史》（上、下册），中国社会科学院历史研究所编译室译，北京：中国社会科学出版社 1985 年版。

乔志强：《辛亥革命前的十年》，太原：山西人民出版社 1987 年版。

凌冰：《爱新觉罗·载沣——清末监国摄政王》，北京：文化艺术出版社 1988 年版。

陈锡祺主编：《孙中山年谱长编》（上、下册），北京：中华书局 1991 年版。

吴剑杰：《湖北咨议局文献资料汇编》，武汉：武汉大学出版社 1991 年版。

成都市政协文史资料委员会编：《辛亥四川风雷》，成都：成都出版社1991年版。

中国人民政治协商会议广西区政协文史资料委员会编：《辛亥革命与广西》，南宁：广西人民出版社1991年版。

沈渭滨：《孙中山与辛亥革命》，上海：上海人民出版社1993年版。

林风：《孙中山与袁世凯》，北京：中国档案出版社1995年版。

李吉奎：《孙中山与日本》，广州：广东人民出版社1996年版。

孟庆鹏：《孙中山文集》（上、下），北京：团结出版社1997年版。

吴春梅：《一次失控的近代化改革：关于清末新政的理性思考》，合肥：安徽大学出版社1998年版。

刘光永：《大清的挽歌：清末改革管窥》，西安：三秦出版社1999年版。

〔美〕唐德刚：《晚清七十年》，长沙：岳麓书社1999年版。

吴长翼：《魂断紫禁城：袁世凯秘事见闻》，北京：中国文史出版社2001年版。

党德信主编，中国人民政治协商会议全国委员会文史资料委员会编：《辛亥革命亲历记：亲历·亲见·亲闻》，北京：中国文史出版社2001年版。

孙中山故居纪念馆编：《孙中山的家世：资料与研究》，北京：中国大百科全书出版社2001年版。

刘艺江：《袁世凯评传》（上、下），北京：经济日报出版社2004年版。

袁世凯原著，骆宝善评点：《骆宝善评点袁世凯函牍》，长沙：岳麓书社2005年版。

爱新觉罗·溥仪：《我的前半生》，北京：群众出版社2007年版。

金满楼：《帝国的凋零：晚清的最后十年》，南昌：江西教育出版社2008年版。